비전공자도
이해하는 IT지식과

나에게 맞는
IT 직업찾기

비전공자도
이해하는 IT지식과

나에게 맞는
IT 직업찾기

나성호 | 글 · 그림

나앤북

들어가며

IT 개발자가 되려 하는데 어떤 교육기관을 선택해야 할지 모르겠어요.

비전공자는 어느 정도 프로그래밍을 배워야 IT분야에 취업할 수 있을까요?

AI 분야에서 일하고 싶은데 전산을 전공하면 되나요?

IT분야에서 오랫동안 일하다 보니 주변에서 이런 질문을 많이 받습니다. 질문하는 처지에서는 뭔가 도움이 될 만한 답을 듣고 싶지만, 대답하는 저로서는 궁금증을 시원하게 풀어 줄 만한 답을 해줄 수 없어 답답합니다.

이 글을 시작하기에 앞서 먼저 저에 대해 말할까 합니다. 저는 개발자로 시작해서 외국 IT 회사의 컨설턴트로, 또 얼마 전까지 금융기관 IT 자회사에서 사업과 기술담당 임원으로 재직했습니다.

저는 IT 전공을 하지 않은 비전공자지만 이런저런 계기로 IT 업계에 발을 디뎠습니다. 물론 전환 과정이 많이 힘들었지만, 그때 결정이 옳았다고 아직도 확신합니다. IT 비전공자이지만, 개발자로서 출발하여 IT 컨설턴트가 되었고, 이후 회사 내에서 최고 IT 기술 전문가인 기술 담당 임원인 CTO 역할, IT 사업과 운영을 하는 최고 관리자가 되었습니다.

그러면 질문에 대한 답을 해 볼까요. 저 개인적인 경험을 통해 보더라도 IT 비전공자라고 해서 개발자가 되는 데 아무런 어려움이 없습니다. 오히려 본인의 전공이 장점이 될 수 있습니다. 그러니 미리 겁먹을 필요가 없습니다. 프로그래밍을 잘하고 못하고는 능력의 차이가 아니라 적성의 차이라고 생각합니다.

다음으로 말씀드리고 싶은 것은 IT 직업에는 개발자만 있는 것이 아닙니다. IT 분야는 여러분이 생각하는 것 이상으로 넓고 다양합니다. 따라서 꼭 개발자가 되어야만 IT 분야에서 일할 수 있는 것은 아닙니다. 개발이 적성에 맞지 않으면 다른 IT 직업을 찾으면 됩니다.

IT 직업에 대한 비전을 여러분은 어떻게 전망하나요? 제 대답은 스마트폰입니다. 현대 생활을 지배하는 스마트폰은 IT 기술의 총아입니다. 앞으로 IT가 어떻게 발전할지 아무도 모릅니다. 중요한 것은 지금의 발전 속도가 특별한 상황이 아니라면 달라지지 않을 거라는 것이지요.

물론 직업으로서 IT 업계 노동 현실은 그다지 좋은 평가를 받고 있지 않습니다. 많은 IT 종사자가 힘들어서 떠나기도 합니다. 그러나 다행인 것은 그런 노동 조건이 조금씩 개선되고 있고, IT 중요성을 기업들이 더 알아 가고 있다는 것입니다.

여러 단점에도 불구하고 IT는 새로운 기회를 줍니다. 현실적으로 대학 전공과 무관하게 새롭게 도전할 수 있는 분야이기도 합니다. 본인의 실력만 있다면 전공, 성별, 학력은 상대적으로 다른 업계보다 중요하지 않습니다. 평범한 사람들이 기술로서 전문가가 될 수 있는 분야입니다. 이런 IT 직업의 매력을 충분히 잘 활용한다면 괜찮은 진로를 꿈꿀 수 있겠지요.

임원으로서 그동안 많은 직원을 채용했습니다. 처음부터 방향을 잘 못 잡은 지원자를 면접에서 만났을 때 매우 안타까웠습니다. IT에 대한 전반적인 지식이 있었더라면 더 나은 방향으로 진로를 잡을 수 있을 텐데 하는 생각이 많이 들었습니다. 그런데 그 시기 대부분은 IT의 피상적인 것만 알고 있어, 올바른 판단을 하기가 쉽지 않습니다. 처음 선택한 분야가 나중에 적성에 맞지 않아 다시 진로를 전환해야 하는 어려움을 겪을 수 있습니다.

그냥 아는 대로 진로를 정하지 말고, IT 업계 전반을 이해하고 방향을 잡아야 합니다. 소위 말해 걸리는 대로 진로를 정하지 말고 큰 그림을 보면서 어떤 것을 배우고, 어떤 IT 직업을 고를지 결정해야 합니다.

IT 지식이나 직업을 설명하는 책이 많이 있습니다. IT의 다양한 일을 이해하는 데 많은 도움이 됩니다. 그러나 IT 일이 어떤 것인지, 왜 그런 일이 필요한지, 다른 일들과 어떻게 연관이 되는지를 알지 못한다면 그 일을 온전히 이해하는 데 한계가 있습니다.

저는 IT 전반적인 기술적인 이해를 통해 다양한 IT 직업이 어떤 일을 하고, IT 전체에서 어떤 위치에 있는지를 말씀드릴 것입니다. 그러면 자연히 그 일을 이해하고 특성을 알게 될 것입니다. 일을 제대로 알 때 비로소 그 일이 내게 적합한지를 판단할 수 있습니다. 더불어서 오랜 IT 현장 경험에서 느낀 업무 고유의 특성과 장단점에 대해 주관적일 수 있지만 저의 의견을 말씀드릴 것입니다.

이 책은 단순히 IT 분야에서 직업을 가지려는 분뿐만 아니라, 현재 IT 업계에 계신 분들과 IT 종사자는 아니지만 IT와 같이 일을 해야 하는 현업 담당자에게도 필요한 IT 지식을 전달하려고 합니다.

따라서 이 책은 IT에 대해 잘 알지 못하는 독자를 염두에 두고 기술적인 부분을 쉽게 쓰려고 했습니다. 그래서 이미 알고 계시는 분은 싱거울 수도 있습니다. 이 책은 IT 기술서나 전공 서적이 아니므로, IT 직업을 이해하는 데 필요한 정도의 기술과 전문적인 내용을 다루었습니다. 전문적인 부분을 최소화하여 누구나 쉽게 이해할 수 있도록 심혈을 기울였습니다. 혹시 더 많은 내용이 필요하다면 별도의 책이나 자료를 참고하시기 바랍니다.

IT 직업을 알아보기 위해 양파 껍질을 벗기듯 하나씩 접근할 것입니다. 그러기 위해 IT를 먼저 이해해야 합니다. 그래서 IT 이해를 위한 앞부분이 조금 길어질 수 있습니다. 느리다는 생각도 들 겁니다. 그러나 차근차근 걸어가겠습니다. 꽉 짜인 이해가 되지 않으면 뒤에 나오는 IT 일을 이해하는데 부실한 구멍이 생길 수 있습니다.

아는 돌다리도 두드려서 건넌다는 심정으로 같이 가도록 합시다.

그럼, 지금부터 여유를 가지시고 저와 함께 IT 직업의 세계를 같이 천천히 걸어가 보실까요.

목차

들어가며 … 4

1부 IT에 대한 기본 이해 … 11

- 1장 넓고 다양한 IT 직업 … 13
- 2장 IT라는 숲 살펴보기 … 25
- 3장 IT 서비스의 핵심, '서버' … 39
- 4장 웹 서비스의 발전 … 53
- 5장 웹 서비스를 위한 시스템 구축 … 69

2부 개발자, 소프트웨어를 만드는 사람 … 75

- 6장 세분화된 웹 개발 … 77
- 7장 웹 개발자 직무와 자격요건 … 83
- 8장 모바일 앱(App) … 107
- 9장 임베디드(Embedded) 소프트웨어 개발 … 123
- 10장 IT직업에서 개발자의 위치 … 131
- 11장 개발자 양성 교육기관 살펴보기 … 141

3부 데이터, IT의 중요한 자산 ... 157

- 12장 데이터 관리, 정보처리 기술의 본질 ... 159
- 13장 데이터베이스 구축 ... 173
- 14장 데이터 웨어하우스(DW) 이해하기 ... 183
- 15장 데이터 아키텍트와 데이터베이스 관리자의 직무 ... 191
- 16장 데이터베이스와 빅데이터의 비교 ... 207

4부 IT 인력이 일하는 방식 ... 219

- 17장 SI와 SM ... 221
- 18장 IT 프로젝트의 이해 ... 237
- 19장 프로젝트 관리 직종 ... 257
- 20장 IT 컨설턴트 ... 267

5부 IT인프라, 서비스의 기반 ... 277

- 21장 IT 인프라의 이해 ... 279
- 22장 IT 인프라의 직무 ... 287

마치며 ... 299

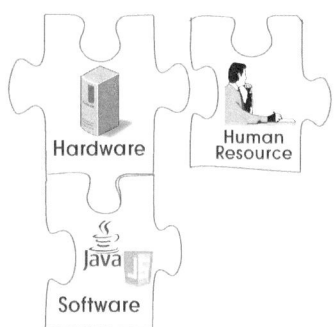

IT에는 개발자 이외에 많은 직업이 있습니다. IT 직업은 IT에 대한 기본 이해가 있을 때 제대로 파악할 수 있습니다.

IT를 이루는 생태계는 '하드웨어', '소프트웨어', '인력'과 같은 내부 요소와 다양한 외부 환경 요소로 구성되어 있습니다. IT 생태계에서 일어나는 일을 이해함으로서 IT 내의 다양한 직업을 하나씩 알아보도록 합시다.

1부

IT에 대한 기본 이해

1장 넓고 다양한 IT 직업
2장 IT라는 숲 살펴보기
3장 IT 서비스의 핵심, '서버'
4장 웹 서비스의 발전
5장 웹 서비스를 위한 시스템 구축

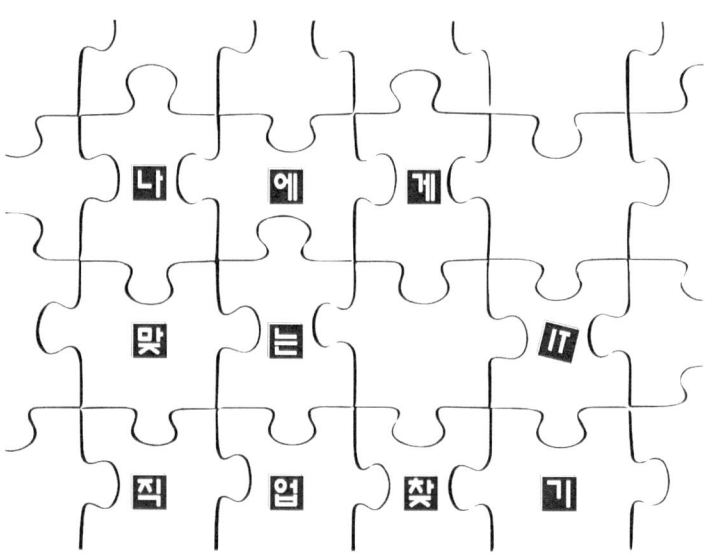

1장
넓고 다양한 IT 직업

한가한 저녁 시간 후배로부터 오랜만에 전화가 왔습니다.

"형, 저예요. 지금 통화돼요?"

"응, 그래. 오랜만이구나. 그동안 별일 없었니?"

"네, 별일 없어요. 형도 잘 지내시죠."

"그래. 나야 별일 있겠나. 조용히 잘 지내고 있지. 그런데 무슨 일 있어? 저녁에 전화를 다 하고?"

"다름 아니라, 둘째가 고3이라 대학 학과를 결정해야 하는데 형에게 좀 여쭤보려고요."

"잉? 벌써 그 녀석이 고3이라고. 꼬맹이 때 우리 애들하고 같이 놀았던 때가 엊그제 같은데."

"참, 형도 그때가 언젠데요."

"그렇구나. 하긴 우리 애들도 다 대학생이니 말이다. 벌써 오래된 이야기구나. 그래, 내가 뭘 도와줄까?"

"지원해야 할 과를 정해야 하는데 마땅히 갈만한 학과도 없고. 그래서 IT 관련 학과가 어떨까 싶은 생각이 들어 형에게 전화했어요. 형이 그쪽에 오래 계셨으니까 아무래도 잘 아시니까요."

"그래. 뭔지 들어나 보자. 혹시 특별히 관심이 있는 분야가 있어?"

"IT에도 분야가 따로 있나요? 다 프로그램 개발하는 거 아닌가요? 아들 말로는 AI가 전망이 좋다고 하던데. 제가 AI 말은 들어 봤지만, AI를 하려면 전산과에 가면 되는 건지 도대체 알 수가 없어……."

"IT 쪽에 일한다고 해서 다 프로그램 개발하는 것은 아니야. 특히 AI를 하고 싶다면 프로그래밍보다 통계에 대한 지식이 있어야 해. 전산과보다 통계학과나 수학을 전공하는 것이 더 좋을 수도 있어."

AI에 관해 설명하다 보니 통화는 자연스레 길어졌습니다. AI가 일반적인 개발과 무엇이 다르며 AI 직업에 필요한 지식과 능력에 대해서 한참 설명했습니다. 후배가 설명을 얼마나 알아들었는지 모르겠지만 대충 감 정도는 잡지 않았을까요. 후배 아이가 어떤 학과를 선택했는지 뒷이야기는 듣지 못했지만, 전공을 선택하는 데 조금 도움이 되었기를 바랐습니다.

이처럼 IT 진로에 관해 묻는 전화를 지인에게서 가끔 받습니다. 앞 이야기처럼 학교 전공 선택에 대한 것도 있고, 졸업해서 취업이 어려워 IT 교육을 받으려는데 어떤 교육기관을 선택해야 하는지 묻는 경우도 많습니다. 그런 전화를 받을 때마다 간단하게 말할 수 없습니다. 그러다 보면 설명이 길어집니다. 이를 본 아내가 한날 '그러지 말고 차라리 유튜브를 찍어둬. 그러면 필요한 사람들이 보면 되잖아'라는 우스갯소리를 했습니다.

전공자이든 비전공자이든 IT분야의 직업을 생각한다면 대부분 개발자가 된다고 생각합니다. 전산 전공자는 학교에서 IT 즉, 정보기술에 대한 여러 과목을 배우지만, 학생 대부분은 개발자로 진로를 선택합니다. 비전공자는 주로 IT 교육기관에서 직업훈련을 받는데, IT 교육기관 대부분은 개발자를 양성하는 데 초점을 두고 있지요. 이는 IT 직업 중에서 개발자가 가장 많은 인력이 필요하기 때문이기도 합니다. 이런 이유로 IT업계로 취업은 개발자가 되는 것으로 생각하는 것 같습니다.

그러나 IT업계에 발을 딛고자 하는 이들이 생각하는 이상으로 IT업계는 다양한 직업이 있습니다. 다른 직업도 개발자 못지않게 전문적이며 수요도 만만치 않습니다. 개발자만 알다 보니 IT 내 다양한 직업에 눈길을 주기가 어렵습니다. 이는 전공자든 비전공자든 모두 마찬가지인 것 같습니다. 그리고 개발자도 한 가지만 있는 것이 아닙니다. 개발자가 되더라도 어떤 종류의 개발자가 되느냐, 어떤 산업에 특화된 개발자가 되느냐에 따라 IT 내에서 진로가 달라질 수 있고, 또 그 사람의 인생이 바뀔 수도 있답니다.

IT 직군의 다양한 직업 분류

개발자 이외에도 많은 IT 직업이 있다고 하는데, 어떤 것들이 있는지 궁금합니다. 물론 개발자 말고도 알고 있는 IT 직업이 더러 있습니다. 한편으로 굳이 개발자 이외 다른 직업을 알아야 할 필요가 있을까라는 생각도 듭니다. 여러 생각이 들지만, IT 내에서 어떤 직종이 있는지를 살펴본다면 좀 더 넓은 시야를 가질 수 있겠지요.

| 워크넷(https://www.work.go.kr) |

직업을 구하기 위해 많이 찾는 사이트 중 하나가 고용 노동부에서 운영하는 워크넷입니다. 워크넷의 한국직업정보 직무 분류에 따르면 개발자는 직업분류 1차 선택에서 '연구직 및 공학 기술직'을 선택하고, 직업분류 2차 선택에서 '정보통신 연구개발직 및 공학 기술직'을 선택합니다. 그러면 많은 세부 직업이 나옵니다.

워크넷에서는 정보통신 분야를 13개의 직군으로 분류하고, 하위 24개의 직무로 구분하고 있습니다. 가장 하위 24개 직무를 하나의 직업으로 본다면 IT에 24개의 직업이 있다고 할 수 있겠네요.

개발자 이외에도 생소한 여러 IT 직업이 있어 약간 놀랍기도 합니다. 개발자도 여러 종류가 있는데 어떤일을 하는지 알 수 없어 어떤 개발자가 내게 적합할지 알 수가 없네요. 응용 소프트웨어 개발자, 웹 개발자가 어떻게 다른지 솔직히 잘 모릅니다.

분류별 찾기	내게 맞는 직업 찾기
직업분류 1차 선택	직업분류 2차 선택
연구직 및 공학 기술직	인문·사회과학 연구직
교육·법률·사회복지·경찰·소방직 및 군인	자연·생명과학 연구직
보건·의료직	정보통신 연구개발직 및 공학기술직
예술·디자인·방송·스포츠직	건설·채굴 연구개발직 및 공학기술직
미용·여행·숙박·음식·경비·청소직	제조 연구개발직 및 공학기술직
영업·판매·운전·운송직	
설치·정비·생산직	
농림어업직	

워크넷의 1차 분류

IT 직업은 연구직 및 공학 기술직 〉 정보통신 연구 개발직 및 공학 기술직을 선택한다

연구직 및 공학 기술직 〉 정보통신 연구개발직 및 공학기술직

- **컴퓨터 하드웨어 기술자 및 연구원**
  - 컴퓨터 하드웨어 기술자 및 연구원
- **응용 소프트웨어 개발자**
  - 응용소프트웨어개발자
  - 가상현실전문가
  - 게임프로그래머
  - 모바일앱개발자
- **네트워크 시스템 개발자**
  - 네트워크 시스템 개발자
- **통신·방송송출 장비 기사**
  - 통신장비기사
  - 방송송출정비기사

- **통신공학기술자 및 연구원**
  - 통신기기·정비기술자
  - 통신기술개발자
  - 통신망운영기술자
- **앱 개발자**
  - 앱개발자
  - 웹기획자
- **정보시스템 운영자**
  - 정보시스템운영자
  - 네트워크관리자
  - IT기술지원전문가

- **컴퓨터시스템 전문가**
  - 컴퓨터시스템설계 및 분석가
  - 정보통신컨설턴트 및 감리원
- **시스템 소프트웨어 개발자**
  - 시스템소프트웨어개발자
- **기타 컴퓨터 전문가 및 소프트웨어 전문가**
  - IT테스트 및 QA전문가(SW테스터)
- **데이터 전문가**
  - 데이터베이스개발자
  - 빅데이터분석가
- **웹 운영자**
  - 웹운영자
- **정보보안 전문가**
  - 정보보안전문가

워크넷의 IT관련 직종의 세부 직무 분류

정보통신 연구 개발직 및 공학기술직 하위에는 13개의 직군〉 24개의 직무가 있다

| 국가직무능력표준 (NCS, https://ncs.go.kr) |

워크넷 외에도 직업 및 직무(일)에 대한 분류를 NCS에서도 파악할 수 있습니다. NCS(국가직무능력표준, National Competency Standards)는 산업현장에서 직무를 수행하는 데 필요한 능력(지식, 기술, 태도)을 국가가 표준화한 것입니다. NCS 목적은 산업현장의 모든 일을 분류하고, 일을 수행하는 데 필요한 역량과 교육, 훈련을 정리하기 위해서입니다. 최근 일부 기업의 부정 채용이 문제가 된 적이 있었는데, 이후 공정성 확보 차원에서 직원 채용 및 교육 표준으로 NCS를 활용하는 기업이 늘고 있습니다.

NCS가 분류한 IT 직업을 살펴보면, 대분류 '정보통신' 아래 중분류 '정보기술'의 소분류는 10개로 구성되고, 소분류에는 60개의 세분류가 있습니다.

소분류코드명	세분류코드명	소분류코드명	세분류코드명
정보기술전략 계획	정보기술전략	정보기술관리	IT프로젝트관리
	정보기술컨설팅		IT품질보증
	정보기술기획		IT테스트
	SW제품기획		IT감리
	빅데이터분석	정보기술영업	IT기술영업
	IoT융합서비스기획		IT마케팅
정보기술개발	빅데이터기획	정보보호	정보보호관리운영
	핀테크기술기획		정보보호진단·분석
	SW아키텍처		보안사고대응
	응용SW엔지니어링		정보보호암호·인증
	임베디드SW엔지니어링		영상정보처리
	DB엔지니어링		생체인식(바이오인식)
	NW엔지니어링		개인정보보호
	보안엔지니어링		디지털포렌식
	UI/UX엔지니어링		영상정보보안운영
	시스템SW엔지니어링		개인정보가명익명처리
	빅데이터플랫폼구축	인공지능	인공지능플랫폼구축
	핀테크엔지니어링		인공지능서비스기획
	데이터아키텍처		인공지능모델링
	IoT시스템연동		인공지능서비스운영관리
	인프라스트럭처아키텍처구축		인공지능서비스구현
	클라우드솔루션아키텍처		인공지능학습데이터구축
	클라우드인프라스트럭처엔지니어링	블록체인	블록체인분석·설계
	PaaS엔지니어링		블록체인구축·운영
정보기술운영	IT시스템관리		블록체인서비스기획
	IT기술교육	스마트물류	스마트물류체계기획
	IT기술지원		스마트물류플랫폼구축
	빅데이터운영·관리		스마트물류통합관리
	IoT시스템운영·관리	디지털원	디지털원기획
			디지털원설계
			디지털원구축

국가직무능력표준(NCS)의 직무 분류

NCS 분류에서 개발자에 해당하는 직무를 찾아본다면, 소분류 '정보기술개발'이 개발자에 해당합니다. 개발자를 기술의 종류에 따라 16가지로 세분화했습니다. 보통의 Java 개발자라면 세분류 '응용 SW엔지니어링'이 해당 직무로 매칭할 수 있습니다.

> **직업, 직군, 직무, 업무, 일**
> 각각의 의미와 지칭하는 레벨이 다르지만, 여기에서는 구분 없이 사용한다. 현장에서 일로 구분되는 업무, 직무는 때로 독립된 직업이 될 수도 있고, 다른 직무와 결합하여 직업이 되는 경우도 많다. 구분 없이 사용해도 맥락을 이해하는 데는 무리가 없을 것으로 생각한다.

워크넷의 하위 직무 24개, NCS의 세분류 직무 60개로 분류한 것을 보니 정보기술, 즉 IT에 많은 직무가 있는가를 알 수 있습니다. 물론 이들 직무가 다 하나의 직업이 되는 것은 아닙니다.

예를 들어 NCS의 'IT기술교육', 'IT테스트'와 같은 세분류는 직업이라기보다는 IT 담당 업무의 성격이 강합니다. 따라서 이러한 분류는 직업으로 보기는 어렵습니다. IT기술교육은 전문 교육 담당자도 있겠지만 개발자나 관련 엔지니어 또는 컨설턴트가 하는 경우가 많습니다.

그러나 '정보 기술개발 〉 DB엔지니어링'과 '정보기술개발 〉 UI/UX 엔지니어링'은 엄연히 독립적인 직종입니다. 전자는 DA, DBA라는 직업이 있고, 후자는 UI/UX 개발자입니다. 따라서 세분류 직무가 직업일 수도, 아닐 수도 있지만 전부를 직업으로 본다면 최대 60개의 직업이 있다 하겠습니다.

지금까지 직무 분류를 보면서 생각보다 IT 내의 직업이 많다는 생각이 듭니다. 개발자 외에도 잘 모르는 IT 직업이 있다는 것을 알았습니다. 개발자도 여러 개발자가 있어 어떤 개발자가 우리가 알고 있는 개발자 직무인지 명확하지 않아 뭔가 복잡해 보입니다.

IT에 많은 직업이 있다는 것은 알겠는데, 왠지 이런 분류들이 너무 잘게 쪼갠 것 같고, 교과서적인 것 같다는 생각도 듭니다. 사실 그런 면이 많습니다. 좀 더 현장의 상황을 잘 반영한 IT 직업 분류가 있다면, 참고로 하여 직업을 하나씩 파악해 나가면 좋을 것 같은데 말입니다.

| 한국소프트웨어산업협회(https://www.sw.or.kr) |

한국소프트웨어산업협회(KOSA, Korea Software Industry Association)는 "소프트웨어산업의 건전한 발전과 소프트웨어 및 시스템의 이용 촉진을 통하여 소프트웨어산업을 진흥함으로써 국민 생활의 향상과 국민경제의 건전한 발전에 이바지함을 목적" 만든 민간 단체입니다. 소프트웨어 회사들이 자발적으로 만든 단체입니다. 본 협회는 민간 단체임에도 불구하고 1988년 설립 이후 IT 업계에 중요한 위치를 차지하고 있습니다.

한국 소프트웨어 협회는 매년 IT 현장의 직업별 평균임금을 조사하여 발표하는데, 이 자료를 근거로 IT 현장의 직무별 단가 산정에 활용하고 있습니다. 현장에서 인지하는 IT 직업을 파악하기 위해 협회가 발표한 IT 기술자의 평균 임금을 살펴볼까요.

【SW기술자 평균임금】

(단위: 원)

구 분	일평균임금 (M/D)	월평균임금 (M/M)	시간평균임금 (M/H)	포함직무
① IT기획자	419,656	8,644,914	52,457	
② IT컨설턴트	476,007	9,805,744	59,501	정보보호컨설턴트
③ 업무분석가	544,972	11,226,423	68,122	
④ 데이터분석가	347,476	7,158,006	43,435	
⑤ IT PM	463,265	9,543,259	57,908	
⑥ IT아키텍트	518,084	10,672,530	64,761	SW아키텍트, 데이터아키텍트, Infrastructure아키텍트, 데이터베이스아키텍트
⑦ UI/UX기획/개발자	291,414	6,003,128	36,427	UI/UX기획자, UI/UX개발자
⑧ UI/UX디자이너	217,843	4,487,566	27,230	
⑨ 응용SW개발자	311,962	6,426,417	38,995	빅데이터개발자, 인공지능개발자
⑩ 시스템SW개발자	247,590	5,100,354	30,949	임베디드SW개발자
⑪ 정보시스템운용자	326,653	6,729,052	40,832	데이터베이스운용자, NW엔지니어, IT시스템운용자
⑫ IT지원기술자	190,219	3,918,511	23,777	
⑬ IT마케터	378,726	7,801,756	47,341	SW제품기획자, IT서비스기획자, IT기술영업
⑭ IT품질관리자	402,626	8,294,096	50,328	
⑮ IT테스터	208,959	4,304,555	26,120	
⑯ IT감리	456,540	9,404,724	57,068	
⑰ 정보보안전문가	362,961	7,476,997	45,370	정보보호관리자, 침해사고대응전문가

2022년 SW기술자의 평균임금(ⓒ 한국소프트웨어산업협회)

IT 기술자별 임금 차이가 생각보다 많습니다.

SW 기술자의 평균 임금도 중요하지만, 여기서 우리가 보고자 하는 것은 현장에서 인식하고 있는 IT 직업의 종류입니다.

표에서 보는 바와 같이 SW 기술자 직업을 17개로 분류해 놓았습니다. 이 분류는 SW 기술자만 포함되었는데, IT에는 SW 기술자 이외에 HW 기술자 등 다른 분야의 직업도 있습니다. 이러한 모든 IT 직무를 포함해서 한국 소프트웨어 협회는 NCS와 유사한 IT 현장의 직무 전체를 분류하여, 직무를 규정하고, 직무에 대한 역량과 교육체계를 마련하였습니다.

> **IT분야역량체계(ITSQF, IT Sectoral Qualifications Framework)**
> IT산업 현장에서 통용되는 직무를 도출하여 표준화하고 직무수행에 필요한 능력을 구조화한 것으로, 국가직무능력표준 등을 토대로 학위 자격 교육훈련, 현장 경력을 연계하여 활용하는 체계이다.

한국 소프트웨어산업 협회의 IT 직종과 직무를 분류한 IT 역량 체계(ITSQF)는 IT 직무를 10개 직종과 38개 직무로 분류하였습니다.

ITSQF 직종	직무	ITSQF 직종	직무
IT컨설팅 및 기획	정보기술컨설팅	SW개발	임베디드SW개발
	정보보호컨설팅		빅데이터개발
	데이터분석		인공지능SW개발
	업무분석	시스템 구축 및 운영	데이터베이스관리
	정보기술기획		NW엔지니어링
	빅데이터기획		IT시스템관리
	UI/UX기획		IT시스템기술지원
	인공지능서비스기획		빅데이터엔지니어링
IT프로젝트관리	IT프로젝트관리		인공지능서비스관리
	* IT프로젝트사업관리	IT마케팅	SW제품기획
IT아키텍처	SW아키텍처		IT기술영업
	인프라스트럭처아키텍처		IT서비스기획
	데이터아키텍처	IT품질관리	IT품질관리
	빅데이터아키텍처		IT테스트
	인공지능아키텍처		IT감리
SW개발	UI/UX디자인	정보보호	* IT감사
	UI/UX개발		정보보호관리
	응용SW개발		보안사고대응
	시스템SW개발	IT기술교육	IT기술교육

한국소프트웨어산업협회의 IT분야 역량 체계(ITSQF)

어떤 업계의 직무를 완벽하게 분류하기는 불가능합니다. 현장마다, 보는 이에 따라 직종, 직무를 다양하게 분류할 수 있습니다. 따라서 지금까지 살펴본 세 기관의 직군, 직종, 직무 분류에서 한국소프트웨어산업협회의 IT 직무 분류가 현장을 좀 더 잘 반영하고 있어, 향후 IT 직업에 대한 설명 기준으로 삼겠습니다. 전체 직무를 다 살펴볼 수는 없고, IT 일을 찾으려는 전공자, 비전공자가 알아야 하는 중요 직무 위주로 살펴볼 것입니다.

여기서 잠깐 2022년 SW 기술자의 평균임금을 살펴볼까요. 어떤 직업이 가장 임금이 높은가요? 업무분석가, IT 아키텍트, IT 컨설턴트의 평균임금 수준이 높은 편입니다. 9번째 응용소프트웨어 개발자의 평균임금은 전체에서 중간 정도입니다. IT에서 일한다면 이왕이면 개발자보다 임금이 좋은 직업을 알고 있는 것도 좋겠지요. 개발자 외의 직업은 어떤 일을 하는 직업이며, 이런 직업을 위한 진로는 어떻게 되는지도 궁금합니다.

IT 직업을 제대로 알아야 하는 이유

이렇게 많은 직업을 다 이해할 필요가 있을지, 또 제대로 이해는 할 수 있을지도 걱정이 됩니다. IT 종사자들도 다 모르는 IT 직업들을 꼭 알아야 하나라는 의문이 들 것입니다. 제 생각은 알아야 한다는 것입니다. 알아야 하는 이유를 두 가지로 요약할 수 있습니다.

첫째, 직업을 구하는 시점에 다양한 IT 직종을 이해한다면 본인의 적성에 알맞은 직종을 고를 수 있습니다. 적성이 뭐 그리 중요할까 싶지만, 어떤 사람은 프로그래밍 교육을 아무리 해도 안 되는 사람이 있습니다. 지능이 모자라 그런 것이 아닙니다. 변수를 이해 못 해 개발 교육 과정에서 탈락하는 사람도 있습니다. 또 개발자로 어렵게 입사했는데 경력이 쌓여도 실력이 늘지 않아 후배보다 못해 결국 퇴사하는 직원도 많이 봤습니다.

이런 경우 개인도 회사도 손해가 큽니다. 본인의 적성을 잘 알았다면 개발자가 아닌 다른 IT 직종을 선택했으면 어땠을까 하는 생각이 듭니다.

두 번째는 경력 관리를 위해서입니다. 개발자로 시작했지만 만연 개발자로 있을 수는 없습니다. 나이가 들면 조직 내 역할도 자의 반 타의 반 변할 수밖에 없습니다. 나이 든 과장, 차장 개발자가 신입 시절 하던 화면 개발만 계속할 수 없지요. 고급 개발자는 어려운 개발을 맡거나, 아니면 개발 보다 관리 일을 더 많이 해야 합니다. 평생 프리랜서 개발자로 지낼 수도 있지만, 회사직원이라면, 개발자로만 직장생활을 끝까지 하기 쉽지 않습니다.

IT 내 다양한 일을 안다면 본인에게 맞는 커리어 패스를 설계할 수 있습니다. 예를 들어 개발자 경력을 쌓은 후 고임금의 아키텍트 준비를 한다든지, 더 전문적인 직업을 준비할 수 있습니다. 특히 대기업이나 외국계 회사에서 컨설턴트로 일하고 싶다면 커리어 관리를 빈틈없이 해야 합니다.

    IT 업계 직업을 정확히 알아야 하는 이유 :
    · 취업 전 자기 적성에 맞는 IT 직업을 선택할 수 있다.
    · 취업 후 자신의 경력 관리에 맞는 직업을 미리 준비할 수 있다.

이 책은 IT 구조와 일하는 방식의 이해를 통해 IT 직업을 자연스럽게 이해할 수 있도록 할 것입니다. 그러기 위해 IT 구조와 일하는 방식을 알아보는 어쩌면 지루할 수도 있는, 그러나 꼭 필요한 과정을 지나가야 합니다.

2장
IT라는 숲 살펴보기

IT 업계의 구조와 일하는 방식에 대해 전반적인 이해를 하기 위해, IT 업이라는 숲을 살펴봅시다. IT라는 숲 안을 들여다보기 전에 숲 전체를 살펴보면서 IT 숲이 어떻게 구성되어 있는지를 알아봅시다.

숲을 이루는 것을 파악하고, 그 구성 하나하나를 다시 살펴본다면 IT를 더 잘 이해할 수 있겠지요. 복잡하고 어렵게 생각했던 IT를 하나하나 양파처럼 벗겨보도록 합시다.

IT 업이란?

얼마 전까지 유행한 말이 있습니다.

"뱅킹은 필요하지만 뱅크는 필요 없다. (Banking is necessary, Banks are not)"

빌 게이츠가 이 말을 했다고 하는데 진짜 그가 그런 말을 했는지 모르지만 핀테크, 블록체인과 같은 새로운 방식의 금융거래가 은행이라는 '업'을 위협할 것이라는 예측입니다. 디지털화로 인해 은행이라는 '업'이 없어진다고 하네요. 제3자로서는 쉽게 하는 말일 수도 있지만, 은행에서 일하는 당사자들은 매우 두려운 말입니다. 직장도 아닌, 은행이라는 업이 없어진다고 하니 심각할 수밖에 없었지요. 당시 (물론 지금도 마찬가지지만) 그 말에 답이라도 하듯 모든 은행이 디지털 뱅킹에 사활을 걸고 너도나도 디지털 디지털 하고 외쳤습니다.

> 그러나 그 말이 무색하게도 다들 어려운 코로나 시절에도, 은행은 나 홀로 수익이 늘어 표정 관리를 해야 했다.

은행이라는 '업'이 없어진다는 말은 '업'이 변화를 맞이할 수밖에 없다는 말로 해석할 수 있습니다. 여기서 말하는 '업'이란 무엇인가요? 쉽게 말하면 '업종', '업계'와 비슷한 말이라고 생각하면 좀 더 이해가 쉽습니다.

> **업, 업계**
> '업'이란 직업, 일을 말한다. '업계'란 같은 업종이나 취급 상품을 다루는 사람들의 사회를 의미한다. 업계는 상품이나 제품, 서비스에 따라 분류된다.

IT 업은 IT 직업, IT 일을 의미하고, IT 업계는 IT 직업을 가진 사람들이 이루어 놓은 사회를 말합니다. 즉, IT에 종사하는 사람, 기업 또 이를 둘러싼 주변 환경을 의미합니다.

IT 업은 IT 기술을 이용해서 사용자가 요구하는 서비스를 할 수 있는 IT 시스템을 만들거나 운영하는 일입니다. 문자 채팅 서비스를 위해 카톡 앱을 만들어 서비스하고, 모바일 뱅킹 서비스를 위해 모바일 뱅킹 앱을 개발해 은행을 가지 않고도 은행 일을 할 수 있도록 합니다.

문자 채팅 서비스를 제공하는 SNS 회사나 모바일 뱅킹 서비스를 제공하는 은행은 IT 업은 아니지만, 이러한 앱을 만들고 유지보수하는 회사나 직무를 맡은 담당자는 IT 직업이라 할 수 있습니다.

일반적으로 많이 쓰는 용어는 아니지만, IT 업계가 움직이는 세계를 'IT 생태계'라 한다면, IT 서비스는 IT 생태계라는 커다란 숲을 이루는 구성요소들이 유기적으로 작용하여 만들어낸 활동의 결과라 할 수 있습니다. IT 생태계 어떤 것 하나라도 제대로 작동하지 않으면 서비스는 실패합니다. 우주선의 수많은 부품 중 나사 하나가 문제가 되어 발사에 실패하는 것과 같은 이치겠지요.

IT 생태계 구성은 크게 '**하드웨어**'와 '**소프트웨어**' 그리고 이 양자를 개발하고 통합하고 운영하는 '**인력 서비스**'로 나눌 수 있습니다. 구성 요소의 유기적인 상호 결합으로 IT 서비스가 이루어 집니다. IT내부 구성은 IT 외부 요소인 고객, 내부 사용자, 법규와 같은 환경 요소로부터 끊임없이 서로 영향을 주고받습니다.

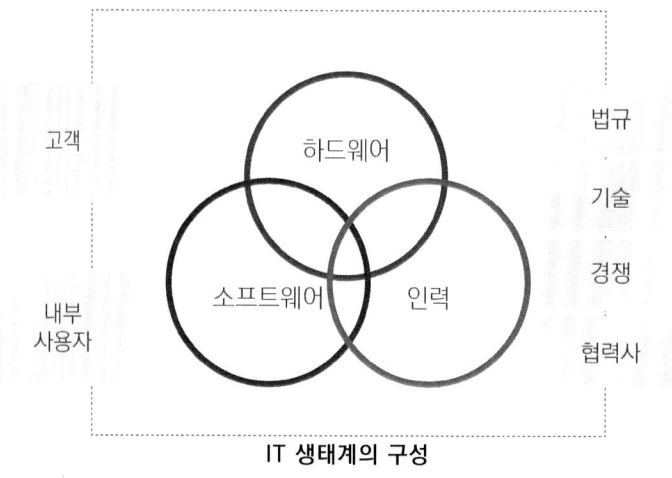

IT 생태계의 구성

IT 생태계는 내·외부로 구성되며, 내부 구성요소는 하드웨어, 소프트웨어, 서비스를 수행하는 인력으로 구성된다. IT 생태계 구성요소는 상호 작용하고 영향을 주고 받는다

IT의 일이 곧 IT 직업이므로 IT 직업이란 결국 IT의 내·외부 요소에서 파생되는 일, 직무라 할 수 있습니다. 즉, 하드웨어를 다루고, 소프트웨어를 개발하고, 일을 하기 위한 사람과 조직의 행위가 IT 직업이라 할 수 있습니다.

소프트웨어와 관련 대표 직업이 소프트웨어 개발자입니다. 하드웨어와 관련된 일을 하는 직업 중 하나가 시스템 관리자입니다. 또한 IT업계의 인력이 일하는 방식인 프로젝트를 관리하는 사람이 프로젝트 관리자입니다.

개발자를 이해하기 위해 소프트웨어를, 시스템 담당자 직무를 이해하기 위해 하드웨어를 알아야 합니다. IT업계의 일하는 방식인 프로젝트를 이해하지 않고서는 프로젝트 관리자라는 직업을 알 수 없습니다.

생소한 IT를 이해하기가 어렵고 지루할 수 있지만, IT에 대한 기본 지식을 얻고자 한다면, 또 IT 직업에 대해 알기로 했다면 처음부터 하나씩 알아 가는 것이 결코 시간 낭비는 아닐 것입니다. 돌을 쌓아 성을 만든다는 심정으로 하나하나 쌓아 올려보도록 합시다.

IT 서비스가 이루어지는 과정

어떤 내용을 이론적으로 설명하는데 이해가 잘 안될 때 우리는 '예를 하나 들어봐'라고 합니다. 구체적인 예를 듣고 나면 어떤 내용인지를 더 잘 이해할 수 있습니다. 마찬가지로 IT 생태계 구성이 어떻게 작동하는지 알아보기 위해 말로 설명하는 것보다 우리가 알 만한 구체적인 IT 서비스 과정을 살펴보면서 IT 생태계를 이해하도록 해 볼까요.

카카오톡, 인터넷/모바일 뱅킹은 IT 시스템을 이용한 서비스입니다. IT 생태계는 각 구성요소가 서로 결합하여 사용자에게 어떠한 기능을 제공하는, IT 서비스를 위해 존재합니다.

보편적인 뱅킹 서비스를 통해서 전반적인 IT 서비스가 어떻게 수행되는지를 알아보도록 하겠습니다. 뱅킹 서비스를 예를 들지만, 대부분 IT 서비스는 유사한 구조라고 해도 무방합니다.

뱅킹 서비스 구성도는 우리가 이용하는 은행 서비스를 하는 시스템을 간략하게 그린 것입니다. 일반적으로 서비스 구성도를 보는 방법은 왼쪽에서 오른쪽으로, 위에서 아래 순서로 보면 됩니다.

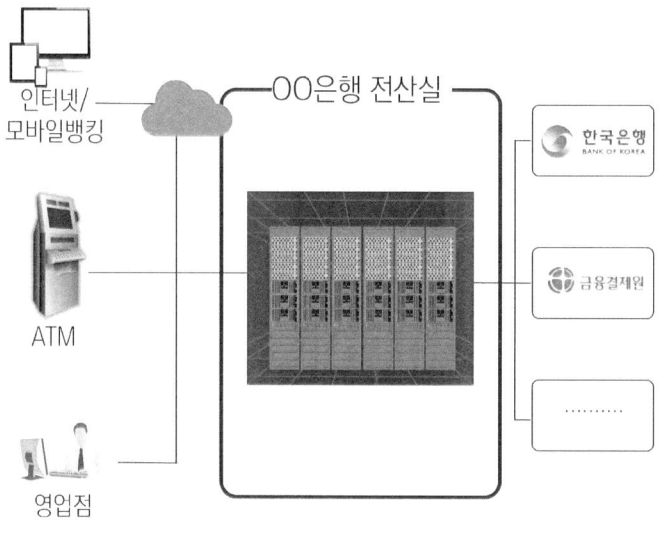

뱅킹 서비스 구성

왼쪽 끝에는 뱅킹 서비스를 이용하는 사용자들입니다. 그중 가장 위에는 인터넷이나 모바일을 통해 뱅킹 서비스를 이용하는 사용자입니다. 인터넷 뱅킹은 PC에서 웹 브라우즈를, 모바일 뱅킹은 스마트 폰에서 앱을 통해 서비스를 이용합니다. 두 번째는 자동화기기, 즉 ATM을 이용해서 돈을 찾거나 이체하는 경우입니다. 이 두 가지 이외에도 고객이 영업점을 직접 방문하여 뱅킹서비스를 이용하기도 합니다. 영업점을 방문하면 고객이 직접 뱅킹 서비스를 수행하지 않고 영업점 직원을 통해 은행 업무를 봅니다.

뱅킹 서비스 이용자는 은행 고객과 같은 외부 사용자만 있는 것이 아니라, 영업점 직원 같은 내부 사용자도 있습니다. 또 뱅킹 서비스 이용자는 각자 편한 기기를 통해 서비스를 이용합니다. 인터넷과 모바일이 편한 고객은 인터넷/모바일 기기를 이용하고, 현금이 필요하면 가까운 ATM기나 영업점을 찾습니다. 어르신은 영업점을 방문하여 직원을 통해 은행 일을 보는 것이 편리할 수 있습니다.

고객은 각자 다양한 방법을 통해 서비스를 이용할 수 있습니다. 이렇게 서비스를 수행 가능한 방법을 '채널'이라 합니다. 따라서 '뱅킹시스템의 채널로는 인터넷/모바일, ATM, 영업점이 있다'라고 할 수 있겠네요.

사용자는 PC, 스마트폰, ATM과 같은 단말기 또는 단말장치를 통해 정보를 주고받습니다. 사용자의 단말기는 뱅킹 서비스를 처리하는 은행 전산실에 있는 많은 시스템과 네트워크로 연결되어 있습니다. 네트워크로 연결된 전산실에 설치되어 있는 알 수 없는 시스템들이 뱅킹 서비스의 대부분을 처리합니다.

> **단말기, 단말장치(Terminal)**
> 디지털 데이터 전송시스템의 끝에서 데이터를 보내거나 받는 역할을 하는 장치로 인간과 가장 친숙하게 커뮤니케이션을 제공하는 사용자 장치로 PC, 컴퓨터 주변 장치, 모바일 장치, TV 셋, 모니터, 키오스크 등의 장치를 말한다.

단말기에 따라 네트워크도 달라지는데, 인터넷과 모바일은 인터넷망을 통해서 전산실의 시스템과 연결되고, ATM과 영업점 PC는 은행의 전용선으로 직접 연결됩니다.

채널 단말기와 은행 전산실 시스템은 네트워크로 연결되어 있는데, 시스템 간에 네트워크로 연결된 것은 선으로 연결 표시합니다. 복잡한 시스템 구성도에서는 시스템도 많고 네트워크도 복잡해서 굵은 실선 하나로 표시하기도 합니다.

인터넷 뱅킹과 모바일 뱅킹과 같은 인터넷망(네트워크를 '망'이라고도 한다)은 공중의 다수의 사람이 사용하므로 보통 구름으로 표시합니다. 그러나 대부분 시스템은 내부망에서 직접 연결되므로 실선으로 두 시스템을 이어 표시합니다. 망으로 연결된 시스템은 데이터를 주고받을 수 있습니다.

인터넷/모바일 뱅킹은 유선 인터넷망이나 5G, LTE와 같은 무선 인터넷망으로 연결됩니다. 인터넷망은 많은 사람이 쉽게 사용할 수 있어, 인터넷/모바일 뱅킹은 인터넷이 있는 곳이라면 어디서든 쉽게 은행의 뱅킹 시스템에 접속할 수 있습니다. 이 말은 은행 보안 담당자 관점에서는 아무나 쉽게 들어올 수 있는 망이기 때문에, 보안이 취약하므로 더 신경을 써야하는 부분이라는 것을 의미합니다.

은행과 같은 조직이 크고 중요한 시스템은 자체 내부망을 사용합니다. 내부망이란 내부에서만 사용할 수 있도록 한 독자적인 네트워크입니다. 독자적이란 조직 내부에서만 사용이 가능한, 폐쇄적인 것을 의미합니다. 따라서 조직에서 허가되지 않은 사용자들은 접근할 수 없습니다. 인터넷/모바일 뱅킹이 인터넷망을 사용하는 반면, ATM기나 영업점 시스템은 위치는 은행 건물 외부에 있지만 은행 내부망을 사용합니다. 대부분의 ATM기는 은행 전산센터와 멀리 떨어져 있지만 보안을 위해 전용선으로 연결되어 있습니다.

전용망은 당연히 인터넷망에 비해서 비싸겠지요. 인터넷망은 여러 사람이 쓸 수 있어 저렴하지만, 전용망은 혼자만 쓰기 때문에 당연히 비용이 많이 듭니다. 이는 마치 게스트 룸의 독방과 도미토리 2층 침대 방의 비용이 다른 것과 비슷하다고 하겠습니다.

비싸지만 전용망을 쓰는 이유는 뭘까요? 네, 그렇습니다. 추측하는 대로 첫 번째는 네트워크의 성능인 속도 때문입니다. 영업점에서 업무처리는 인터넷 뱅킹에 비해 더 많은 업무를 빨리 처리할 수 있어야 합니다. 두 번째는 보안상의 이유입니다. 앞서 말한 대로 전용선은 허가된 내부 사용자만 접속 가능해 철저한 보안 유지가 가능하겠지요. 돈이 들더라도 돈을 안전하게 관리해야 하는 은행과 같은 금융기관은 보안에 특히 많은 투자를 할 수밖에 없습니다.

네트워크에 관한 말이 길어졌군요. 더 많은 것을 이야기할 수 있지만, 우리가 알고 싶은 것은 IT 직업에 대해 알아보는 것이기 때문에 이 정도만 아는 것으로 넘어가도록 합시다.

그림의 왼쪽에서 오른쪽으로 가면 모든 채널이 은행의 전산실과 연결되어 있습니다. 뱅킹 앱에서 서비스되는 조회, 입금, 이체와 같은 기능들은 전산실에 있는 서버에서 서비스 대부분을 처리합니다. 뱅킹 서비스에 보이는 화면, 데이터, 동작(이체 버튼 누르기 같은), 동작 후 데이터 처리와 같은 것은 전산실 서버에서 처리되어 결과를 PC나 스마트폰에 보여줍니다.

전산실은 앞서 살펴본 IT 생태계 내부를 잘 보여 줍니다. 전산실의 많은 하드웨어 장비, 하드웨어 장비에서 돌아가는 소프트웨어 그리고 이를 운영하는 인력까지. 전산실은 IT 생태계 모든 구성이 있으며, 여기서 IT 업계의 많은 일이 있습니다. 그러한 일이 IT 직업으로서 구체화 되겠지요.

전산실에는 무엇이 있을까?

서비스 구성도의 중간에 있는 전산실을 자세히 살펴볼까요. 전산실은 대형 컴퓨터와 같은 각종 장비가 많은 곳입니다. 은행과 같은 대규모 조직의 전산실에는 보통 별도의 건물에 많은 컴퓨터 장치를 집중적으로 배치를 하고 관리합니다. (이러한 전산실을 '전산센터', '데이터 센터'라고도 한다) 규모가 작은 조직이라면 별도 전산센터를 두지 않고 사무실 한쪽 공간에 컴퓨터 장치를 둡니다.

> 여기서 말하는 전산센터는 센터 건물과 공간을 말하는 것이 아니다. 전산센터에 있는 각종 컴퓨팅 장치가 있는 공간을 의미한다.

여러분은 혹시 뱅킹 서비스의 구성 그림과 같은 전산센터에 가본 적이 있나요? 일반인들이 전산센터에 들어가기는 쉽지 않습니다. 은행 전산센터는 매우 중요한 시설이기 때문에 보안이 엄격해서 일반인이 들어가 볼 기회가 거의 없습니다. 개발자도 전산센터에 있는 대형 컴퓨터 장비를 볼 일이 거의 없습니다.

> 필자가 있었던 회사에서는 신입사원 채용 후 전산센터 투어를 통해 전산센터에 있는 각종 시스템을 살펴보는 기회를 제공하였다.

대부분의 사람은 전산센터에 즐비하게 서 있는 '캐비닛' 같은 것을 보고, '와~ 컴퓨터 정말 크다'라고 감탄합니다. '저것이 말로만 듣던 슈퍼 컴퓨터 서버인가?'라고 생각할 것입니다. 그러나 캐비닛같이 나란히 서 있는 것 대부분은 정확히 말해 '랙'이지 서버 컴퓨터가 아닙니다.

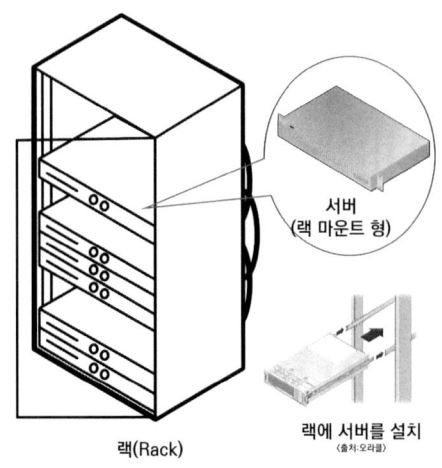

랙과 서버의 설치

전산실의 서버는 랙 내부에 설치되며, 랙에 설치되는 서버는 랙 마운트형으로 높이가 표준화되어 있어 랙 내부에 쉽게 설치되도록 되어있다

랙은 여러분이 알고 있는 마트에 가면 물건을 공간에 쌓아 놓기 편하도록 만든 것입니다. 캐비닛 같은 랙에 서버와 같은 전산 장비가 들어있습니다. 컴퓨터 장치를 각자 아무렇게나 두면 관리가 쉽지 않고, 전산실 공간을 많이 차지하겠지요. 그래서 서버나 장비를 랙 안에 쌓아서 설치하여 공간을 효율적으로 활용하고 관리를 더 쉽게 할 수 있도록 합니다.

전산센터에 줄지어 서 있는 랙은 캐비닛을 생각하면 됩니다. 캐비닛을 처음 사 왔을 때는 빈칸만 있고 아무것도 없습니다. 캐비닛 칸에 서류함을 넣듯, 랙 빈칸에 서버와 각종 장비를 끼워 넣습니다. 랙 좌우에 서랍장 레일과 같은 것이 있어 장치를 끼울 수 있게 되어 있습니다. 랙 하나에 장치를 층층이 설치할 수 있습니다.

랙에 설치되는 서버는 쉽게 끼워 설치할 수 있도록 납작한 형태입니다. 집에 있는 PC 같은 키가 큰 서버 컴퓨터는 타워형이라 하고, 랙 안에 설치하기에 적합하지 않습니다. (랙이 없는 소규모 전산실은 타워형 서버를 설치한다) 랙 설치에 맞게 나온 평평한 서버 컴퓨터를 랙 마운트형이라 합니다.

랙에 설치하는 서버나 네트워크 장비는 끼우는 높이와 폭이 표준화 되어 있어 장비를 생산한 회사가 달라도 맞게 끼울 수 있습니다. 랙이 단지 설치 공간만 제공하는 것이 아니라 장비에 필요한 파워와 같은 기본 설치가 되어 있어 랙도 장비와 같이 관리되어야 합니다. 일반적으로 하나의 랙에는 같은 서비스에 필요한 서버, 네트워크 장비 등을 함께 설치하여 쉽게 관리할 수 있게 합니다.

그러나 고성능의 슈퍼 컴퓨터는 컴퓨터 자체가 랙 만큼 커서 랙 처럼 독립적으로 설치합니다. 예전에는 고성능 슈퍼 컴퓨터 도입이 많았지만, 최근에는 슈퍼 컴퓨터 같은 대형 컴퓨터 한 대 보다 작은 랙 마운트형 서버를 여러 대 연결하여 사용하는 방식을 선호합니다.

다시 뱅킹 서비스 구성도를 볼까요. 왼쪽의 뱅킹 사용자들이 스마트 폰에서 앱을 실행하는 순간, 스마트폰에서 인터넷망을 타고 들어가서 은행의 전산센터 건물로 들어와 인터넷 뱅킹 서버가 있는 랙을 찾아서 인터넷 뱅킹 시스템 서버에 접속합니다. 스마트폰에서 타고 온 서비스 요청은 인터넷 뱅킹 서버에서 작동하고 있는 프로그램으로 전달되어, 프로그램은 요구하는 모든 처리를 하고 처리 결과를 다시 네트워크를 통해 사용자의 스마트폰으로 전달합니다. 이 모든 과정은 단 몇 초 만에 처리되어야 합니다. 네트워크 속도도 빨라야 하고, 전산센터의 서버도 빠른 처리를 해야 가능합니다. 단 몇 초 만에 이러한 많은 일이 처리되는 것이 놀랍습니다. 이것이 IT 기술의 강력한 힘이라 하겠습니다. 전산센터 내의 하드웨어, 소프트웨어, 인력 구성 요소들이 결합하여 이러한 훌륭한 서비스가 이루어지게 합니다.

은행 전산센터 오른쪽에는 한국은행, 금융결제원 같은 금융기관이 있습니다. 전산센터의 뱅킹시스템은 이러한 다양한 외부 기관들과 연결되어 있습니다. 특히 금융결제원은 금융공동망이 있어 여러 금융기관을 연결하고 있습니다. 금융공동망을 이용하여 금융기관 간의 자금 이체, 타 금융의 기관 계좌 조회와 같은 서비스를 제공합니다. 예를 들어서 여러분이 A 은행에서 B 은행으로 자금을 이체한다면, A 은행이 직접 B 은행에 자금을 전달하지 않고, 금융결제원의 금융공동망을 통해서 B 은행으로 금액 데이터만 전달합니다. 실질적인 화폐를 주고받는 것은 차후 금융기관간의 정산을 할 때 이루어지는데, 정산 금액을 한국은행에 있는 상대 금융기관의 계좌에 이체를 하면서 마무리됩니다.

뱅킹 시스템은 이 두 기관 말고도 서비스를 위해 많은 다른 내·외부 시스템과 연계되어 있습니다. 이는 뱅킹 시스템뿐만 아니라 대부분 시스템이 그러합니다. 복잡한 시스템일수록 연계되는 시스템이 많으며, 연계 시스템이 많을수록 시스템 개발과 관리는 당연히 더 어렵습니다.

IT 서비스에서 가장 중요한 역할을 하는 것은 전산센터이고, 전산센터 랙에는 서버를 비롯한 많은 하드웨어 장비가 있습니다. 서버 컴퓨터에는 개발자들이 개발한 프로그램, 다시 말해 SW가 돌아가고 있습니다. 서비스의 대부분은 서버에서 처리됩니다. 따라서 서버를 이해하는 것이 어쩌면 IT를 이해하는 가장 중요한 첫걸음일 수 있습니다. IT 생태계에서 가장 중요한 서버가 무엇인지, 어떤 역할을 하는지 더 자세히 알아보도록 하겠습니다.

3장

IT 서비스의 핵심, '서버'

IT 생태계는 크게 하드웨어, 소프트웨어, 인력(서비스)으로 구성되어 있습니다. 또 뱅킹 서비스에서 IT 구성 요소들이 어떻게 작동해서 서비스가 이루어지는지도 대략 파악했습니다.

간략하게 다시 정리해 보면,

"IT 서비스는 IT 생태계의 구성요소인 하드웨어, 소프트웨어와 인력이 결합해서 사용자가 요구하는 서비스를 하기 위한 것"

이라고 할 수 있습니다.

IT 서비스 핵심은 서비스를 제공하는 '서버'에 있습니다. IT의 발전은 어찌 보면 서버 같은 대형 컴퓨터 발전의 역사라 할 수 있습니다. 서비스 주체인 서버를 이해하면서 IT 기본 지식을 하나씩 내 것으로 만들어 볼까요.

'서버'에 대해 제대로 알기

IT나 전산을 잘 몰라도 '서버'라는 말은 들어 보았을 겁니다. 어디서 들어 봤는지 기억을 되새겨 볼까요. 인터넷 접속을 했는데 접속이 안 되는 경우 웹 페이지에 "서버에 접속할 수 없습니다"라는 메시지가 나옵니다. 아니면 "사용자가 너무 많아 서버가 폭주해서 서버가 다운되었습니다"라는 뉴스도 종종 듣기도 합니다.

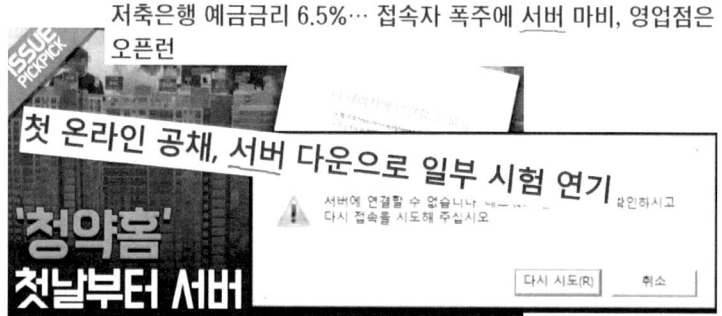

일상에서 사용되는 '서버'라는 용어

'서버'는 무엇일까요? 위의 사실을 종합해 보면 '어떤 IT 서비스에 있어 주요 기능을 담당하는 대형 컴퓨터, 중앙 컴퓨터' 정도로 정리할 수 있겠네요. 거의 가깝게 접근했습니다.

> **서버 (Server)**
> 서버는 클라이언트에게 네트워크를 통해 정보나 서비스를 제공하는 컴퓨터 시스템으로 컴퓨터 프로그램(server program) 또는 장치(device)를 의미한다. 특히, 서버에서 동작하는 소프트웨어를 서버 소프트웨어(server software)라 한다. 〈위키피디아〉

그러면 그냥 대형 컴퓨터 또는 중앙 컴퓨터라고 하지 않고 왜 '서버'라고 할까요?

'서버'는 영어 Server로 '서비스하는 사람, 주체'를 의미합니다.

중앙에 있는 대형 컴퓨터를 서버 즉 '서비스하는 것'으로 부르는지를 이해하려면 '서버'와 '클라이언트' 개념을 이해해야 합니다.

식당을 생각 해볼까요. 식당에서 주문 후 종업원이 음식을 가져다주고, 여러분은 손님으로서 식사를 합니다. 이때 음식을 제공하는 식당 종업원 또는 주인은 서비스하는 '서버'입니다. 여러분은 서비스 받는 손님이므로 '클라이언트'입니다. 식당과 마찬가지로 IT 시스템도 서비스를 제공하는 측을 '서버', 서비스를 요청하고 서비스를 받는 측을 '클라이언트'라 합니다.

앞의 뱅킹 서비스 구성도를 다시 머리에 떠올리면서 동작을 살펴볼까요. 여러분이 은행 계좌 이체를 하기 위해 모바일 뱅킹 앱에 로그인하면 화면에 잔액이 조회됩니다. 다음으로 친구에게 빌린 돈을 이체한다고 한다면, 이 과정에서 클라이언트와 서버는 누구일까요?

식당 주인과 손님을 생각해 봅시다. 여러분이 이체라는 금융 서비스를 이용하는 과정에서 누가 주인이고 손님일까요?

여러분은 손에 있는 스마트 폰을 통해 계속 무엇인가를 요구합니다. (로그인, 조회, 이체 등) 그 요구를 받은 전산센터의 컴퓨터는 스마트폰에서 네트워크를 타고 들어온 요청을 처리하여 그 결과를 스마트폰에 전달합니다. 따라서 여러분이 사용하고 있는 스마트폰, 또는 PC가 클라이언트가 되고, 전산센터에 있는 컴퓨터는 서버가 됩니다. 그래서 우리는 전산센터에 있는 대형, 성능이 좋은 컴퓨터를 '서버' 또는 '서버 컴퓨터'라 부릅니다.

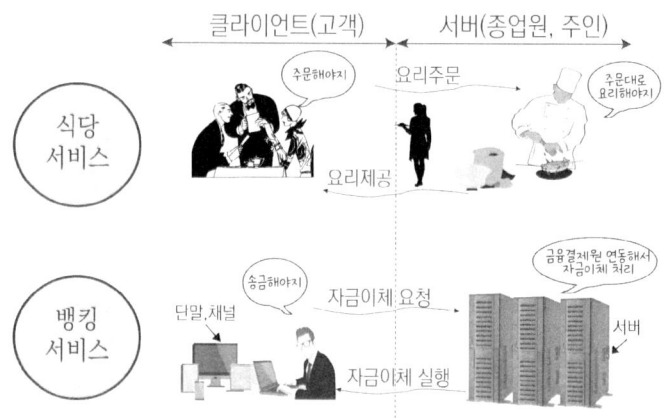

클라이언트와 서버의 역할

클라이언트는 식당의 손님과 같이 서비스를 요청하고 서비스를 제공받는 주체이고, 서버는 식당 주인이나 종업원 같은 서비스를 제공하는 주체이다

서버에 문제가 생기면 아무리 클라이언트가 많은 요청을 하더라도 클라이언트는 서비스받을 수 없겠죠. 또 서버가 처리할 수 있는 능력보다 너무 많은 클라이언트 요청이 있으면 서버가 감당하지 못해 클라이언트가 기다리든지 아니면 서버가 과부하 되어 다운되기도 합니다.

식당에 손님이 너무 많으면 종업원과 테이블 수를 늘립니다. 마찬가지로 서버도 클라이언트의 요청이 너무 많으면 용량을 늘려야 합니다.

서버 용량은 어떻게 늘릴 수 있을까요? 서버 용량을 늘리는 증설 방법도 여러 가지가 있습니다. 간단히 말한다면 ①현재의 서버 자원 즉, CPU, 메모리 성능을 늘리거나, ②서버를 추가 설치하고 서버 간 서로 연결하는 방법이 있습니다. 식당 비유를 적용한다면 ①의 방법은 식당에 남은 공간이 있어 식당의 테이블 개수를 늘리는 것이고, ②의 방법은 식당을 늘릴 공간이 없어 옆에 비어 있는 가게를 얻어 같이 식당을 운영하는 것과 유사합니다. (식당이 잘되는 곳은 주변에 가게를 얻어 주방은 한 곳이지만 식사하는 곳은 따로 운영하는 곳이 있다)

서버를 담당하는 시스템 담당자는 서버 증설이 필요하다면 어떤 방법을 적용할지 검토합니다. 뒤에서 다루겠지만 전산센터의 많은 시스템을 효율적으로 구성하고, 장애 없이 운영하는 시스템 담당자의 일은 전문적인 직무입니다. 문제 없는 원활한 서비스 시스템을 구성하기 위해 서버와 같은 하드웨어와 관련 소프트웨어에 대한 지식과 경험이 필요한 직업입니다.

이쯤에서 서버와 PC가 무엇이 다른가라는 의문이 들것입니다. 둘 다 CPU, 메모리, 저장장치, 네트워크 장치가 있는 컴퓨터라는 점에서는 같습니다. 서버와 PC의 가장 큰 차이점은 서버는 많은 시스템과 연결되어야 하므로 PC에 비해 CPU, 메모리, 네트워크 장치 등에 있어 더 높은 사양과 확장성이 있도록 설계되어 있습니다.

PC도 다양한 사양이 있듯, 서버도 고성능 PC와 별다른 바 없는 낮은 사양에서, 슈퍼컴퓨터와 같은 고도의 사양을 가진 하이엔드급에 이르기까지 천차만별입니다. 예전에는 중요한 업무에는 고사양 하이엔드급 서버를 사용하는 것이 보편적이었지만, 최근에는 저 사양 서버를 연결하여 성능을 얻을 수 있는 기술이 발전되어, 저 사양 서버를 서로 결합하여 사용하는 사례가 많아지고 있습니다.

고성능 하이엔드급 서버는 가격이 비쌉니다. 그러나 시간이 갈수록 하드웨어 가격은 낮아지고, 반면 성능은 높아지고 있어요. 그 말은 시스템을 만드는 데 있어 하드웨어 비중이 작아지고 있다는 의미입니다. 예전에는 100억짜리 시스템을 만든다고 할 때 하드웨어 즉 서버의 비용이 가장 많이 들었지만, 지금은 비중이 많이 낮아졌습니다. 대신 인건비 비중이 높아졌습니다. 제 경험으로는 전체 비용 100중에서 45가 인건비(개발자 등의 비용), 35 정도가 소프트웨어 비용, 그리고 하드웨어가 20 정도인 것 같습니다. 예전에 공짜라고 생각했던 소프트웨어가 이제 비용의 많은 부분을 차지하고 있어 시스템 구축에 많은 부하를 주고 있습니다. 인건비 비율이 높은 것도 개발자의 대가가 그만큼 높아졌다는 의미이기도 합니다.

클라이언트 - 서버 구조의 변천 과정

컴퓨터를 이용한 정보 처리 기술 발전은 크게 세 단계로 구분할 수 있습니다. 초기 IBM에 의해 시작된 대형 중앙 처리 컴퓨터인 메인프레임(Mainframe)에서 본격적인 클라이언트-서버 시스템, 그리고 오늘날 일반적 구조인 웹 서비스로 발전되었습니다. 이런 변화의 요인은 하드웨어, 소프트웨어, 네트워크와 같은 IT기술의 발전과 더불어 이루어졌습니다. 하드웨어 칩 성능이 좋아졌고, 네트워크 속도도 상상하지 못할 만큼 빨라졌습니다. 그래서 더 좋게, 더 빠른 IT 서비스(IT에서 안정성은 기본)를 만들 수 있게 되었습니다. 반면 기술의 내용은 더 복잡해졌고, 관리해야 할 것이 더 많아졌습니다.

| 메인프레임 |

1964년 IBM에서 출시한 시스템/360이 현대식 메인프레임의 시초라고 합니다. 초창기 국가나 기업에 필요한 복잡한 작업을 처리하는 대형 컴퓨터로서, 다수의 단말을 연결해서 사용하는 시스템이었습니다. 즉, 중앙의 시스템이 모든 처리를 하는 형태의 시스템입니다.

메인프레임은 고성능 중앙 컴퓨터이며, 데이터 저장과 관리를 전문으로 하는 장비입니다. 메인프레임과 연결된 더미 터미널은 키보드와 모니터(콘솔)로만 구성된 간단한 장비로, 메인프레임에 연결된 모니터와 같은 역할입니다.

모든 정보 처리는 중앙 컴퓨터인 메인프레임이 하고, 더미 터미널(컴퓨터가 아니므로 자체로 연산/저장 기능이 전혀 없다)은 입력과 결과를 보여주

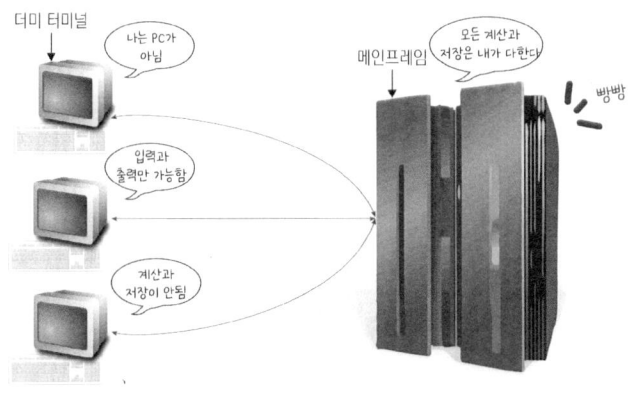

메인프레임과 더미 터미널

는 모니터, 콘솔 역할만 합니다. 사용자는 메인프레임이 보내 주는 단색의 문자만 볼 수 있습니다. (그림 표현도 단색의 점으로만 한다)

메인프레임 구조는 모든 처리를 중앙에서 하는 간단한 구조라서 안정적입니다. (시스템이 복잡해질수록 안정성은 떨어질 수밖에 없다)

정보 처리 시스템에서 가장 중요한 것은 안정성입니다. 장애가 나지 않아야 하고, 장애가 나더라도 데이터가 안전해야 합니다. 메인프레임의 폐쇄적이며 집중화된 단일 중앙 처리 방식은 안정적입니다. 이러한 장점에 따라 아주 중요한(mission critical) 기업 업무에서는 아직 메인프레임을 사용하고 있습니다.

메인프레임의 가장 큰 단점은 고가의 장비라는 것입니다. 쉽게 교체하거나 증설할 수 없습니다. 중앙에서 집중된 폐쇄된 시스템이다 보니 안정성은 높지만, 확장성이나 유연성이 부족합니다. 따라서 다양한 환경의 변화에 따른 대응이 쉽지 않습니다. 단순한 더미 터미널로는 사용자가 요구하는 다양한 그래픽 화면을 보여 줄 수가 없습니다.

> 당시에는 네트워크 용량이 적어 단말과 중앙처리 컴퓨터 간의 데이터를 최소화할 수밖에 없었다. 오늘날 그래픽 같은 고용량의 데이터를 전달할 수 없었다.

- 장점 : 안정성(처음으로 여러 사람이 동시에 사용하는 중앙 시스템을 구현함)
- 단점 : 고가의 장비. 폐쇄적이라 확장성, 유연성 부족. 더미 터미널이라 사용자 화면이 문자만 가능하며 그래픽 표현이 불가능함.

| 클라이언트-서버 구조 |

고가에다 덩치도 큰 메인프레임의 단점을 극복하기 위해 좀 더 작고 덜 폐쇄적이며 다른 시스템과도 연동이 가능한 서버를 원하게 되었습니다. 서버를 만드는 IT회사 체제가 IBM 메인프레임의 독주체제에서 IBM, HP(지금의 HPE), Sun(지금의 Oracle)의 3강 구도로 변했습니다.

IBM 메인프레임은 독자적인 운영체제(OS)를 사용했지만, HP, Sun은 공개적인 운영체제인 유닉스(Unix)를 기반으로 하여 개방적인 서버를 만들었습니다. 유닉스는 공개된 운영체제 소프트웨어라 데이터베이스와 같은 중요 소프트웨어 회사들은 유닉스에서 돌아가는 소프트웨어를 개발하였고, HP, Sun과 같은 유닉스 서버에 소프트웨어를 탑재할 수 있도록 했습니다. IBM 메인프레임이 모든 SW를 독자적으로 개발해서 메인프레임에 탑재한 것과 달리, 유닉스 서버는 공개되어 있어 다양한 SW 회사들이 유닉스용 SW를 만들고, 유닉스 서버에 탑재할 수 있게 되었습니다.

> **운영체제(OS, Operating System)**
> 컴퓨터 시스템의 자원들을 효율적으로 관리하며, 사용자가 컴퓨터를 편리하고, 효과적으로 사용할 수 있도록 환경을 제공하는 여러 프로그램이다. 운영체제는 컴퓨터 사용자와 컴퓨터 하드웨어 간의 인터페이스로서 동작하는 시스템 소프트웨어의 일종으로, 다른 프로그램이 유용한 작업을 할 수 있도록 환경을 제공한다.
> 일반인들이 사용하는 PC의 윈도우(Window), 매킨토시의 macOS가 대표적인 PC용 OS이고, 서버용 OS로는 메인프레임, Unix, Linux, Window(서버용) 등이 있다. 모바일 환경의 대표적인 OS로는 구글의 Android와 애플의 iOS가 있다.

이러한 점에서 유닉스 서버는 메인프레임에 비해 더 개방적인 서버 생태계를 구성할 수 있어 다양한 응용 SW를 활용할 수 있었습니다.

> **응용 소프트웨어(Application Software)**
> OS에서 실행되는 소프트웨어를 응용프로그램, 응용소프트웨어라고 하고 영어로는 애플리케이션(application), 앱(app)이라고 한다. 기업에서 사용하는 각종 업무 시스템, PC에서 사용하는 오피스, 한글, 모바일에서 사용하는 카카오톡, 유튜브와 같은 앱이 대표적인 응용 프로그램이라 할 수 있다.

메인프레임이 하나의 거대한 서버에 모든 소프트웨어를 집중해서 설치해야 하지만, 유닉스 서버는 필요에 따라 애플리케이션 서버와 DB 서버를 분리하여 서버 간 상호 연동하는 방식으로 구성하여, 작은 성능의 서버로도 메인프레임 못지않은 충분한 성능을 낼 수 있도록 구성하였습니다. 또한 IT 담당자는 개방적인 유닉스 환경에서 더 다양한 소프트웨어를 선택할 수 있는 선택권을 가질 수 있게 되었습니다.

서버의 변화와 더불어 IT에 혁신적인 변화를 이끈 것은 개인용 컴퓨터(PC)의 발전과 보급이었습니다. 메인프레임 시절 컴퓨터는 너무 비싸 개인이 사용하기는 어려웠지만, PC가 일반화되면서 더미 터미널 대신 PC를 단말로 사용할 수 있었습니다. 데이터는 중앙 서버에서 관리하고, 중앙에 있는 데이터를 여러 클라이언트가 사용하는 것은 동일하지만, 가장 큰 차이점은 클라이언트가 단순한 터미널이 아니라 프로그램을 실행할 수 있는 독립된 컴퓨터라는 점입니다.

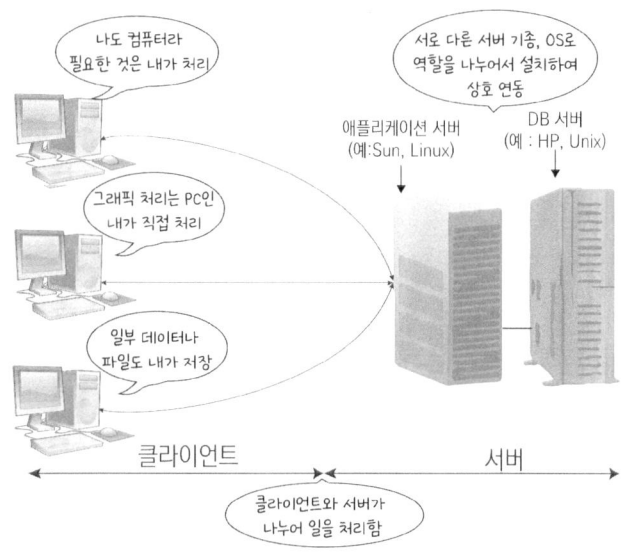

클라이언트-서버 구조

클라이언트가 PC이므로 애플리케이션 프로그램을 설치하여, 서버가 해야 할 일을 나누어 수행할 수 있습니다. 서버가 할 일을 클라이언트가 일부 수행할 수 있어 서버 부담과 서버에서 클라이언트로 전달되는 데이터 전송 양을 줄일 수 있게 되었습니다.

이는 다시 말해 서버 일을 클라이언트로 내려 주었다고 할 수 있습니다. 그렇게 하면서 서버는 서버의 부담을 줄이고 하드웨어 사이즈를 줄일 수 있습니다. 이렇게 서버의 역할을 나누고 규모를 줄이는 것을 '다운 사이징(Down Sizing)'이라 합니다. 예를 들어 복잡한 보고서 작성업무 기능의 애플리케이션에서, 보고서 작성에 필요한 데이터 처리만 서버에게 요청하고, 보고서의 계산이나 문서 양식, 그래픽 작업과 출력하는 일은 클라이언트에서 직접 수행 하는 식의 업무처리를 나누어 하는 것입니다.

> **다운 사이징(Down Sizing)**
> IT에서 다운 사이징이란 대기업 대형 컴퓨터로 수행했던 작업을 PC 또는 중소형 서버 등의 소규모 컴퓨터로 여러 대를 연결하는 시스템 환경의 변화를 말한다. 직접적으로는 메인프레임에서 유닉스와 같은 개방환경 서버로의 변경을 말한다. 국내에서는 90년대 유닉스 서버로 전환하는 다운 사이징 작업이 많았다.

터미널은 오로지 메인프레임이 제공하는 기능만 사용할 수 있지만, 클라이언트가 PC로 바뀌면서 흑백 문자만 보아야 했던 사용자는 컬러에 그래픽이 있는, 오늘날 사용하고 있는 다양하고 풍부한 사용자 인터페이스를 접할 수 있게 되었습니다.

하지만 세상일이 좋은 것이 있으면 또 그 이면에는 안 좋은 것도 있기 마련이지요. 클라이언트-서버 구조에서 클라이언트의 역할이 커지면서 클라이언트 관리도 중요해졌습니다. 클라이언트-서버 구조에서는 프로그램 사용을 위해 모든 클라이언트마다 애플리케이션 프로그램을 깔아야 합니다. 온라인 게임 스타크래프트를 하기 위해 스타크래프트를 여러분 PC에 깔아야 하는 것과 같습니다.

따라서 클라이언트에 프로그램을 배포하고 설치하는 클라이언트 관리를 하는 것이 중요한 과제가 되었습니다. 설치 이후에도 프로그램이 변경되면, 다시 재설치하거나 업데이트해야 하죠. 이 역시 쉬운 일이 아닙니다. 그것이 무슨 큰일일까 하지만, 전국 지점이 있는 은행을 생각해 보면, 지점마다 설치되어 있는 많은 PC가 문제없도록 프로그램 설치와 관리하는 일이 쉬운 일이 아님을 충분히 상상할 수 있습니다.

메인프레임이 터미널만 있으면 접속해서 프로그램을 사용할 수 있는 것과는 달리, 클라이언트-서버 구조에서는 해당 프로그램을 클라이언트에 설치해야만 프로그램을 사용할 수 있습니다. 클라이언트-서버 구조에서 클라이언트의 성능이 좋아져 사용자 인터페이스, 빠른 시스템 성능과 같은 IT 환경이 좋아졌지만, 클라이언트 프로그램 설치와 관리라는 또 다른 비용이 발생하였습니다.

- 장점 : 상대적으로 저렴한 하드웨어 비용
  오픈 시스템으로 다양한 소프트웨어를 탑재, 타 시스템 연동 가능
  풍부한 사용자 인터페이스(그래픽 등)
- 단점 : 클라이언트에 프로그램 배포, 설치 및 업데이트와 같은 관리 비용이 발생

클라이언트-서버 구조로 시스템 환경이 바뀌면서 오늘날과 같은 IT 서비스 구조로 정착되었습니다. 현재에도 이 구조는 유효합니다. 클라이언트에서 작업이 많거나(속도를 요구하는), 특별한 사용자 인터페이스가 필요한 애플리케이션 프로그램은 아직도 이 구조를 사용합니다.

클라이언트 PC에 설치해야 하는 소프트웨어나 프로그램은 대부분 이 구조라고 보면 됩니다.

PC의 발전과 보급이 메인프레임 환경에서 클라이언트-서버 구조를 만들어 낸 것처럼, 클라이언트-서버 구조의 단점을 극복할 수 있는, IT에서의 혁명적인 발전이 다시 새로운 IT 시스템 구조를 만들어 놓았습니다. 그 혁명적인 발전은 무엇이며, 어떠한 시스템 구조를 만들어 냈을까요?

4장

웹 서비스의 발전

클라이언트 - 서버 구조는 풍부한 그래픽, 빠른 성능, 다양한 소프트웨어의 활용 같은 만족할 만한 결과를 주었습니다. 하지만 클라이언트마다 애플리케이션 설치와 지속적인 관리는 여전히 부담되었습니다. 그런데 뜻밖에도 인터넷과 웹의 결합에서 이 문제를 해결하는 길을 찾을 수 있었습니다.

웹의 발전으로 애플리케이션을 클라이언트에 설치하지 않고, 웹 브라우즈만 있으면 어떤 클라이언트에서도 서버에 접속하여 서비스를 이용할 수 있게 되었습니다. 그러면서도 클라이언트 - 서버에서 제공하는 그래픽 같은 풍부한 사용자 인터페이스도 누릴 수 있었습니다. 클라이언트의 브라우즈와 네트워크만 있으면 내·외부 어디서나 서버에 접속할 수 있어 비로소 프로그램 배포와 설치로부터 자유로워졌습니다. 바야흐로 웹 서비스의 혁명이 시작되었습니다. 하지만 이런 발전은 한 번에 이루어지지 않았죠.

웹 서비스의 시작

인터넷은 1960년대 군사 목적으로 서버와 서버 간의 통신 필요 때문에 등장했습니다. 초기 메인프레임은 연결된 더미 터미널의 요청을 중앙에서 혼자 처리하였습니다. 다른 서버나 시스템과 네트워크로 연결되어 있지 않았습니다. 그러나 점차 전산실의 서버와 서버 간의 통신이 필요하게 되었습니다. 이후 서버와 서버, 또 다른 전산실의 서버와 연결하기 시작했고, 그 연결은 진화에 진화를 거듭하여 오늘날 전 세계 32억개의 스마트폰까지 연결하고 있습니다.

인터넷의 등장으로 바로 웹 서비스 환경이 만들어진 것은 아닙니다. 웹은 30년 뒤 1990년대 등장하였고, 웹의 등장으로 인터넷은 활성화되기 시작했습니다. 인터넷이라는 네트워크 기반에서 사용자들이 쉽게 사용할 수 있는 웹 브라우즈를 통한 웹 서비스 구조가 만들어지고, 발전을 거듭하여 오늘날 가장 일반적인 IT 서비스 구조로 자리 잡게 되었습니다.

웹 서비스의 발전 과정을 일반적으로 4단계로 구분하나, 4단계는 지금도 진행 중이므로 여기서는 3단계까지 살펴보고자 합니다. 웹 서비스의 발전 과정을 살펴보는 이유는, 웹 서비스 발전 과정을 이해해야 오늘날의 웹 서비스 구조를 제대로 이해할 수 있기 때문입니다. 웹 발전 과정을 살펴보면서 웹의 중요한 기술과 용어, 또 웹 환경에서의 개발자 역할도 자연스럽게 이해할 수 있을 것입니다.

1세대 웹

: 단순 HTML 페이지를 보여주는 정적 서비스

웹 사이트의 시초는 1990년대 팀 버너스 리가 개발한 월드 와이드 웹 (WWW, World Wide Web)입니다. 팀 버너스 리는 서버에 있는 문서를 웹으로 열람할 수 있도록 웹 서버를 구축하고, 클라이언트에서 문서를 보여 주는 웹 브라우즈를 만들었습니다. 웹 서버와 클라이언트가 통신할 때 사용하는 프로토콜로 HTTP라는 통신 규약을 정의하고, 웹 브라우저에 정보를 표시할 수 있게 하는 프로그래밍 언어 HTML을 만들었습니다.

웹 서비스 과정을 이해하기 위해 사람이 전화로 서비스를 요청하는 것과 비교해서 살펴보겠습니다. 이 과정에서 방금 언급한 웹 서비스 관련 용어를 살펴보도록 하겠습니다.

웹 서비스도 전화 서비스와 같은 과정을 거쳐 서비스가 이루어집니다. 고객이 고객센터에 서비스를 요청하기 위해 전화번호를 알아야 하듯, 클라이언트도 서비스 받으려는 서버에게 요청하기 위해 웹 서버의 주소(abc.co.kr 과 같은 주소, URL이라고도 한다)를 입력해야 요청할 수 있습니다.

고객이 전화를 걸어 한국말로 요청하듯, 클라이언트는 HTTP라는 프로토콜을 이용하여 서버에 접속하여 서비스를 요청합니다. 서비스 요청을 받은 고객센터 담당자가 고객이 볼 수 있는 형태인 한글 파일로 문서로 전달하는 것과 같이, 서버는 요청한 클라이언트가 볼 수 있는 형태인 HTML 파일 형태로 문서를 전달합니다. 고객이 한글 파일을 한글에서 조회하듯, 클라이언트는 HTML 파일은 브라우즈를 통해 조회할 수 있습니다.

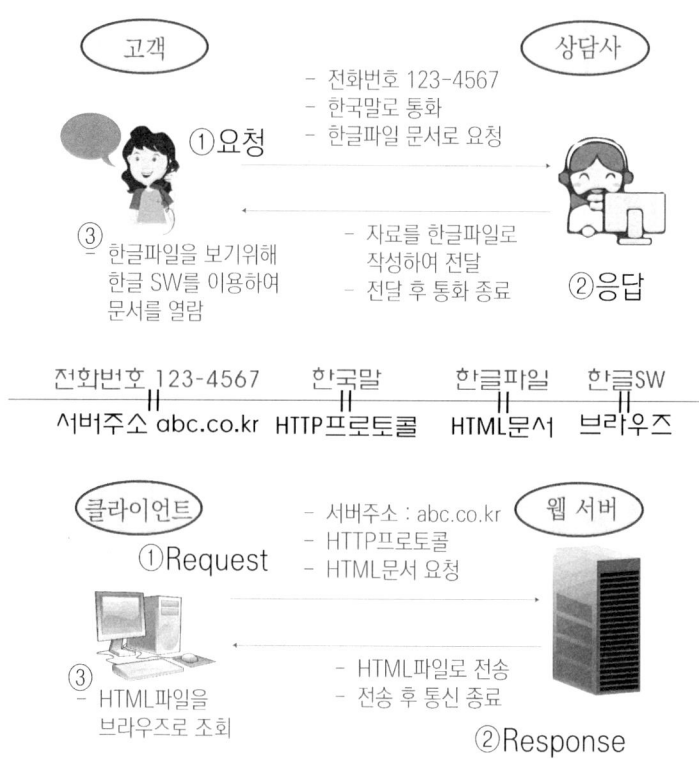

웹 서비스 과정

가운데 점선 위는 사람이 전화를 통해 서비스를 요청하는 과정이고, 아래 부분은 웹 시스템의 서비스 과정이다. 고객 A씨는 본인의 보험 계약 문서를 조회하고자 한다. ①A씨는 보험회사 서비스를 요청하기 위해 서비스가 가능한 고객센터 전화번호에 전화를 걸어 한국말로 서비스 요청을 한다. ②서비스 요청을 받은 콜센터 담당자는 A씨에게 문서를 어떤 형태로 전달할지를 물어보고, A씨가 요구대로 문서를 한글파일로 만들어 전달하고, 상담을 종료한다 ③파일을 받은 A씨는 문서를 보기 위해 한글을 실행하여 계약 문서를 조회한다. 이와 마찬가지로 웹 서비스도 ①클라이언트가 웹 서버에게 서비스를 요청하기 위해 웹 서버의 주소를 입력하고 http프로토콜로 서버를 연결하여 서비스를 요청한다 ②클라이언트 요청에 따라 웹 서버는 클라이언트가 원하는 문서를 HTML형태로 전달하고 클라이언트 요청을 종료한다 ③클라이언트는 전달받은 HTML문서를 보기 위해 브라우즈를 열어 원하는 문서를 조회한다

하나의 서비스 요청이 완료되면 상담이 끝나 상담원이 전화를 끊는 것같이, 웹 서버도 서비스가 완료되면 클라이언트와 접속을 끊습니다. 다시 클라이언트가 호출할 때까지 대기합니다.

> **웹 서버(Web Server)**
> 웹 서버는 인터넷 기반으로 클라이언트에게 웹 서비스를 제공하는 서버이다. 서버는 서비스 목적에 따라 이름을 붙이는데, 예를 들어 웹 서비스를 목적으로 하면 웹 서버, 파일 서비스를 하면 파일 서버, 메일 서비스를 하면 메일 서버, DB 목적으로 사용하면 DB 서버라고 한다.

HTTP(HyperText Transfer Protocol)는 웹 서비스 통신 프로토콜로 클라이언트가 요청하면, 웹 서버가 요청에 응답하는 방식입니다. 이는 클라이언트가 요청하지 않으면 웹 서버가 먼저 클라이언트에 접근할 수 없다는 뜻입니다. 웹 서버는 응답을 완료하면 통신은 끊어지고 다음 요청 때까지 기다려야 합니다.

> 브라우즈에서 주소 입력하는 곳에 http(s)://www.abc.co.kr같은 주소에 http와 https가 있다. 이는 http 프로토콜로 www.abc.co.kr웹 서버로 접속하겠다는 의미이다. https는 보안이 적용된 http 프로토콜이다.

> **프로토콜, (일반적으로) 통신 프로토콜**
> 웹프로토콜은 컴퓨터 내부, 또는 컴퓨터 사이에서 데이터의 교환 방식을 정의하는 규칙 체계이다. 기기 간 통신은 교환되는 데이터의 형식에 대해 상호 합의를 요구한다. 이런 형식을 정의하는 규칙의 집합을 프로토콜이라고 한다.

웹 페이지는 HTML로 만들어져 있습니다. HTML(Hypertext Markup Language)의 'Hypertext는 링크가 포함된 텍스트'를 의미합니다. Hypertext의 가장 좋은 예는 구글 검색결과 페이지입니다.

구글로 검색하면 검색 결과 제목과 내용이 나오고, 제목을 클릭하면 관련 페이지 화면으로 이동합니다. 검색 결과 제목 텍스트 내부에는 마우스로 클릭하면 해당 페이지(사이트)로 연결되는 링크 정보가 포함되어 있어 마우스로 클릭하면 링크 정보에 따라 페이지로 이동하는 것이지요..

웹 문서를 이루고 있는 HTML이 어떤 것인지 그림으로 알아볼까요.

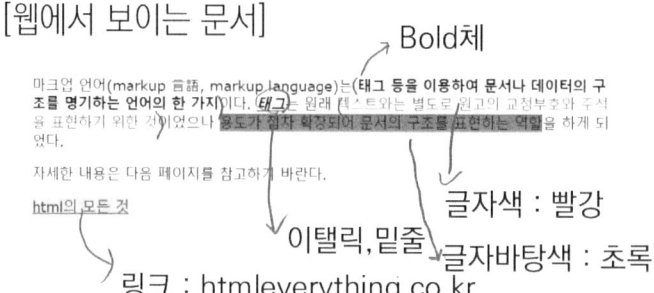

웹 문서를 표현하기 위한 HTML문서

그림에서 [웹 페이지에서 보이는 문서]를 표현하기 위해 HTML이 어떻게 작성되는지 대충 이해할 수 있습니다. HTML 문서에는 문서 교정 부호처럼 교정 부호를 '〈 〉' 안에 태그라는 명령어를 사용하여, 브라우즈가 ◇안의 명령어를 해석하여 문서를 표현하게 합니다. ◇에는 문서의 텍스트를 표현하는 명령어(예를 들어 강조, 이탤릭, 문자 색상 등)와 문자를 클릭하면 연결되는 하이퍼 링크 등을 표시합니다.

> **웹을 이루는 세가지 기술**
> HTTP(프로토콜), URL(서버 주소), HTML(문서표준)

HTML의 ◇ 안 명령어, 태그는 표준화되어 있습니다. 따라서 표준을 수용하는 브라우저라면 어떤 HTML 문서를 똑같이 화면에 나타낼 수 있겠지요. 브라우즈에서 웹 문서를 보려면 HTML 양식에 맞추어 작성만 한다면, 브라우즈가 있는 클라이언트라면 동일한 문서를 어디서든 조회할 수 있습니다.

사람 욕심은 한이 없는 것 같습니다. 브라우즈만 있으면, 클라이언트에 프로그램을 설치하지 않아도 언제 어디서나 서버에 있는 문서를 볼 수 있게 되자, 이를 이용하여 더 많은 것이 가능하지 않을까 생각하게 된 거죠.

텍스트 위주의 문서로 시작한 HTML은 시간이 지날수록 텍스트보다 그래픽과 같은 디자인에 대한 요구가 더 커졌고, HTML 태그에 디자인 관련 태그가 늘어났습니다. 당연히 HTML 태그도 더 복잡하게 되었지요. 태그가 복잡해지자 HTML 문서 제작과 수정이 더 어려워졌습니다. 디자인 변경을 위해 일일이 디자인이 적용된 부분의 태그를 수정해야 했습니다. HTML 문서의 디자인의 적용과 변경을 더 쉽게 처리할 방법이 필요하게 되었습니다.

그래서 HTML 문서 내용과 문서 디자인 요소를 분리하는 방법을 생각하게 되었습니다. HTML 문서 내에서 사용하는 디자인 요소들(폰트, 색상, 백그라운드 색상 등)을 별도로 만들어 놓고 문서에 적용하는 방법을 고안했습니다. 예를 들면 1번 스타일은 폰트 굴림체 9, 폰트 색상 검정, 배경 색상 하양, 2번 스타일은 폰트 굴림체 15, 강조, 폰트 색상 빨강, 배경 색상 노랑 등과 같이 스타일 패턴을 만들어 놓고 문서에 스타일 패턴을 적용하면, 일일이 폰트, 색상, 백그라운드 태그를 달 필요가 없습니다. 또 수정이 필요한 경우도 일일이 수정하기보다는 스타일 패턴을 변경하면, 스타일 패턴을 적용한 부분은 일괄적으로 변경이 됩니다. 마치 파워포인트의 템플릿, 마스터 페이지와 비슷하다고 생각하면 될 것 같네요.

이렇게 디자인을 별도로 프로그래밍하는 것을 CSS (Cascading Stylesheets - 종속형 스타일 시트)라 하고, 웹 표준개발기구 W3C에서 HTML 표준으로 받아들여 기능을 확장하였습니다.

> **CSS(Cascading Stylesheets - 종속형 스타일시트)**
> CSS는 HTML과 함께 웹을 구성하는 기본 프로그래밍 요소이다. HTML이 텍스트나 이미지, 표와 같은 구성요소로 웹 문서 뼈대라면, CSS는 색상이나 크기, 이미지 크기. 위치 등 웹 문서의 디자인을 만드는 것으로, 템플릿처럼 재활용이 가능하다.

1세대 웹 서비스는 HTML 페이지를 전송하는 정적인 웹입니다. 초창기 웹 사이트는 HTML 페이지만 보여주는 단순한 텍스트와 간단한 이미지 정도 페이지만 서비스가 가능했습니다. 마치 위키 페이지를 보는 정도 수준이었습니다. 웹 페이지는 보여주기만 하는 정적인 페이지였고, 어떤 동적인 움직임이나 기능이 없는 단순한 페이지였습니다.

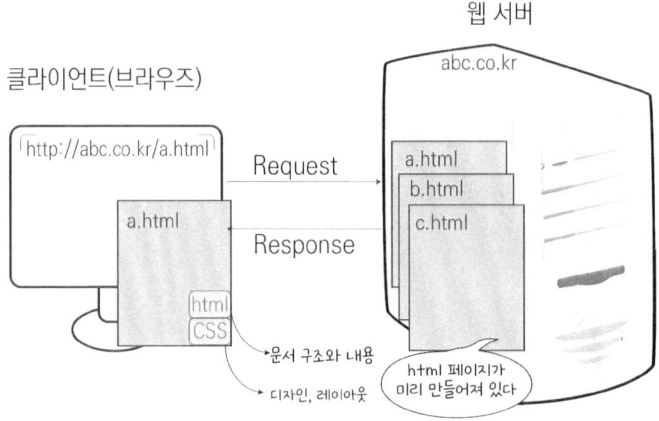

1세대 웹 서비스 구조

웹1세대 웹 서비스는 웹 서버의 HTML문서를 가져와서 브라우즈로 보여주는 정적인 서비스 방식이다

2세대 웹

: 자바스크립트를 통한 동적 요소 적용

웹의 편리함과 무궁무진한 가능성을 인식한 사람들은 웹 서비스에 더 많은 기능을 넣으려고 했습니다. 전혀 움직이지 않는 웹 페이지에서 사용자는 클라이언트-서버 구조의 클라이언트 프로그램처럼, 움직이는 화면과 같은 화면 기능이 있는 웹 페이지를 구현하고 싶어 했습니다.

웹 서비스는 클라이언트가 웹 서버에서 페이지를 호출하면 통신은 단절되고 더 이상 움직임이 없습니다. 서버와 접속이 끊어지면 웹 브라우즈의 웹 페이지 자체에서 무언가를 할 수 있는 것은 없습니다. 아무리 작은 것이라도 하려고 하면 서버를 호출해야 하는 구조입니다.

그러나 사용자는 웹 화면에서 클라이언트 애플리케이션처럼 움직이는 다양한 화면을 보고 싶어 했습니다. 웹 위 메뉴에 마우스를 갖다 대면, 메뉴가 펼쳐지고 마우스가 있는 메뉴 색상이 반전되는 것 같은 경험을 원했습니다.

문서 중심의 HTML과 디자인 기능을 프로그래밍하는 CSS로는 이런 화면의 동작을 만들기에는 한계가 있었습니다. 웹 브라우즈에서 작동하는 프로그래밍이 필요했습니다. 웹 서버를 갔다 오지 않고 웹 브라우즈 상에서 바로 기능을 수행할 수 있는, 웹 브라우즈 내에 프로그래밍이 실행될 수 있는 체계가 필요했습니다.

이러한 요구를 가능하게 해 준 것이 자바스크립트(JavaScript)입니다.

> **자바스크립트(JavaScript)**
> 웹 페이지에서 복잡한 기능을 구현할 수 있도록 하는 프로그래밍 언어다. 웹 페이지의 내용을 정적이 아닌 주기적으로 갱신되거나, 사용자와 상호작용이 가능하거나, 애니메이션이 적용된 2D/3D 그래픽을 볼 수 있도록 하는 프로그래밍할 수 있는 언어다.
>
> *자바스크립트는 우리가 알고 있는 개발 언어 자바(Java)와 전혀 다른 프로그래밍 언어이다.

자바스크립트는 웹 브라우즈가 프로그래밍을 수행할 수 있도록 하여, 웹 페이지에서 다양한 기능을 수행할 수 있게 되었습니다. 자바스크립트가 웹 표준이 되면서, 이를 적용한 2세대 웹 브라우즈가 나오면서 웹 화면은 더 다이내믹하고 풍부한 사용자 경험을 구현할 수 있게 되었습니다.

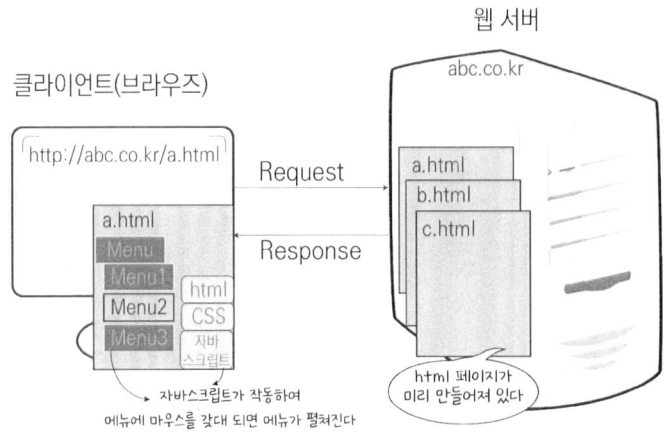

2세대 웹 서비스 구조

HTML 내의 자바스크립트로 웹 서버와의 연결이 없어도 브라우즈에서 동적 화면 구현이 가능해졌다

웹 화면을 동적으로 움직이게 하는 것 이외에 서버의 데이터를 웹 페이지에서 직접 조회하는 기술이 등장하기 시작하였습니다. 자바스크립트도 처음에는 화면 기능 중심으로 활용하다가 점차 서버의 데이터를 웹으로 조회할 수 있는 개발에 활용하기 시작하였습니다.

서버 데이터를 웹에서 조회하는 방법을 살펴볼까요. 웹에서 학생들의 성적 문서를 보기 위한 방법을 1세대 웹과 2세대 웹을 비교해 보도록 하겠습니다.

1세대 웹에서 학생들의 점수를 조회하기 위해서는 학생들의 점수를 미리 페이지에 표로 만들어 놓고 조회합니다. 그러나 2세대 웹에서는 웹 페이지에서 홍길동이라는 이름을 입력하면 홍길동의 점수가 나오는 동적인 서비스를 구현합니다. 홍길동의 점수를 DB에서 조회해서 HTML 문서로 만들어 웹 브라우즈에 조회할 수 있습니다.

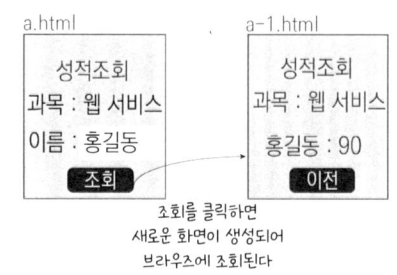

1세대(좌)와 2세대(우)에서 데이터 조회 방법의 차이

브라우저에서 자바스크립트를 이용하여 프로그래밍이 가능하면서, 이제 웹은 단순한 문서 조회 역할만 하는 것이 아니라, 서비스를 수행하는 시스템으로 확장할 수 있게 되었습니다. 웹에서 자바스크립트의 도입은 단순히 동적인 요소 이외에 웹을 이용하여 클라이언트-서버 구조와 같은 서비스 프로그램을 만들 수 있게 되었습니다.

> **2세대 웹 대표 기술 :** 자바스크립트

웹 클라이언트에서 서버 프로그램을 호출하는 방법은 자바스크립트 외에 여러 기술이 있다. 그러한 기술을 오늘날은 많이 사용하지 않아 여기서는 생략하고, 개념 중심으로 설명한다.

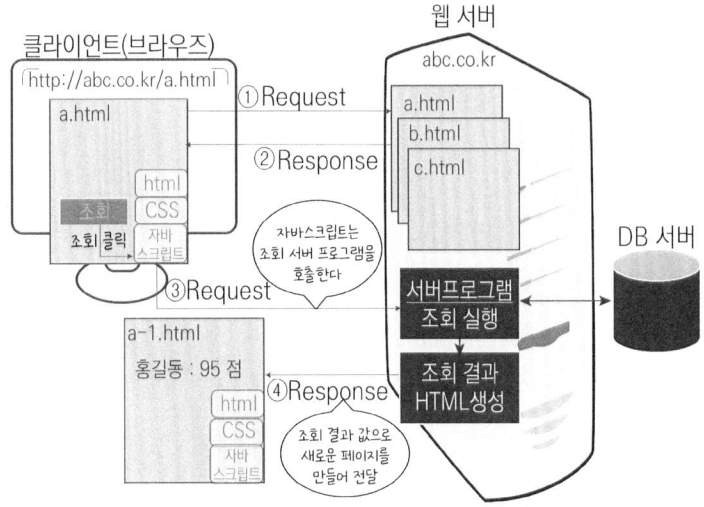

서버 프로그램이 실행되는 2세대 웹 서비스 구조

클라이언트 HTML 내의 자바스크립트를 통해 서비스 처리를 수행하는 서버 프로그램을 호출하여, 서비스 처리를 요청하고 처리 결과를 웹으로 조회할 수 있다

3세대 웹

: 웹 서버와 웹 애플리케이션 서버의 분리

정적인 HTML 페이지만 보여주던 1세대 웹에 자바스크립트가 도입되면서 HTML 페이지를 동적으로 만드는 것이 가능해졌고, 웹에서 서비스를 수행하는 길이 열렸습니다. 동적인 요소가 점점 더 중요시되면서 HTML, CSS보다 자바스크립트 위주로 코드가 작성되고 그 안에 일부 HTML, CSS가 포함되는 형태가 되는 웹 화면의 주역이 바뀌었습니다.

2세대 웹 서비스는 브라우즈에서 요청할 때마다 웹 서버에서 매번 새로운 웹 페이지를 만들어 전달하는 형태라 전달해야 하는 파일(HTML, CSS 등)의 양이 많고 매번 다운로드 해야하므로 시간이 오래 걸렸습니다.

이러한 것을 개선하기 위해 HTML, CSS와 같은 잘 변하지 않는 정적인 부분과 서비스 수행 시 변하는 데이터 같은 동적인 부분을 분리해서 전달하는 방법을 생각하게 되었습니다. 서버가 페이지 구성에 필요한 모든 요소를 매번 전송하는 것이 아니라, 페이지 구성에 필요한 파일은 처음 호출 시 한 번만 전달하고 이후에 데이터만 전달하는, SPA(Single Page Application) 개념을 적용하기 시작하였습니다.

> **SPA(Single Page Application, 단일 페이지 애플리케이션)**
> 이름 그대로 단일 HTML 페이지에서 전체 웹 사이트/서비스를 구현하는 것이다. 처음 웹 호출 시 전체 웹 사이트를 전송하고, 다음에는 전송된 HTML 페이지의 자바스크립트를 통해 서버 프로그램으로부터 필요한 데이터만 전송받는 방식이다.

전통적인 웹 방식은 새로운 페이지 요청 때마다 정적 리소스(HTML, CSS)가 다운로드 되고 전체 페이지를 매번 만드는 방식이라면, SPA는 처음 요청 시 웹 애플리케이션에 필요한 모든 정적 리소스를 한번 다운로드 한 후 이후에는 페이지 갱신에 필요한 데이터만 수신하여 화면에 보여 주는 방식으로 네트워크 트래픽을 줄일 수 있습니다.

SPA 방식에 따라 웹 시스템 구조에 변화가 생겼습니다. **정적 리소소와 동적 리소스**를 구분하면서, 성격이 다른 두 리소스를 웹 서버에서 모두 다 관리하는 것은 효율적이지 않다는 것을 알게 되었습니다.

따라서 클라이언트가 URL을 통해 제일 먼저 접속하는 웹 서버에서 처음 접속 시 필요한 화면과 관련된 정적 리소스를 관리하고, 이후 서비스 호출시 작동하는 프로그램은 별도 서버로 분리하게 되었습니다. 이 서버를 웹 애플리케이션 서버라 합니다. 최초 웹 실행 시 필요한 정적 리소스를 전체를 다운 받은 이후, 동적 리소스는 굳이 웹 서버를 통하지 않고 바로 클라이언트의 자바스크립트에서 웹 애플리케이션의 서버 프로그램을 호출하는 형태로 서버를 분리하여 경로를 단순화 할 수 있게 되었습니다.

웹 서버와 웹 애플리케이션 서버 분리에 따라 웹은 단순 문서 조회에서 본격적인 서비스 시스템 구조를 갖추게 되었습니다. 웹 서버와 웹 애플리케이션 서버 분리는 단순한 서버 분리라는 의미를 넘어, 웹 서비스 구조를 정적인 부분, 동적인 부분으로 확연히 나누게 되었고, 개발에서도 독자적인 길을 걷게 되었습니다. 즉, 웹 서버가 담당하는 정적인 부분은 화면에 필요한 부분을 담당하고, 웹 애플리케이션 서버가 담당하는 동적인 데이터 처리 부분은 서비스 처리를 하는 서버 프로그램을 담당하게 되었습니다. 두 영역은 독립적으로 구성되고 개발되며, 서비스 호출할 때만 연결되는 느슨한 개방된 형태입니다. 어떤 화면에서도 서비스 프로그램이 있는 서버 위치와 서비스 호출 방식만 알면 서비스를 이용할 수 있는 구조가 되었습니다.

웹 서버 - 웹 애플리케이션 서버 - DB 서버로 웹 서비스 구조가 확정됨으로써 오늘날 보편적인 3세대 웹 서비스 구조가 갖추어졌습니다. 웹 서버는 화면과 관련되는 부분이므로 프런트 엔드 시스템이라 하며, 동적인 부분인 웹 애플리케이션 서버는 뒤 단의 서비스 프로그램을 담당하는 부분이므로 백 엔드 시스템으로 구분하게 되었습니다.

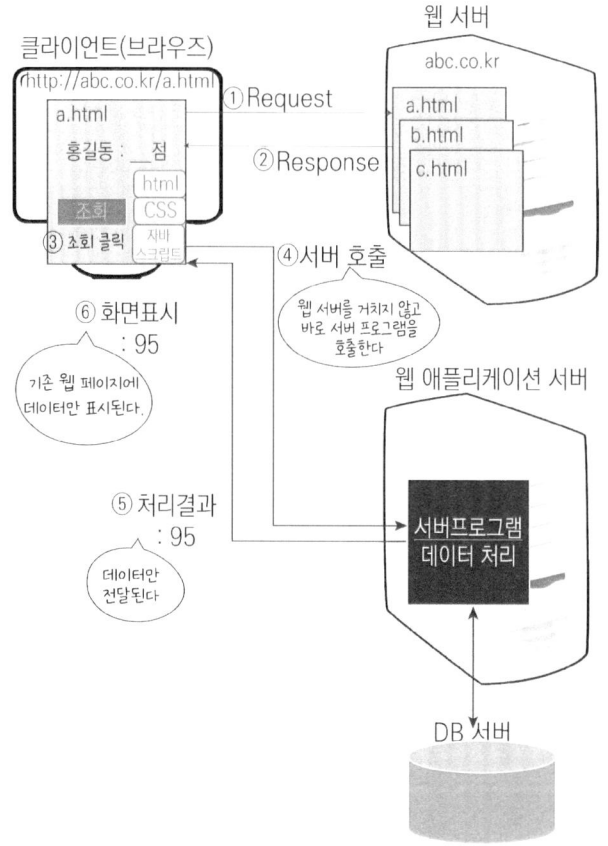

웹 서버와 웹 애플리케이션 서버가 분리된 3세대 웹 서비스 구조

①클라이언트에서 웹 서버에 서비스를 요청 ②웹 서버는 요청한 웹 페이지 전체를 전달함(전체 HTML, CSS 등) ③브라우즈 웹 페이지에서 조회 서비스를 요청함 ④클라이언트의 자바스크립트를 통해 바로 해당 애플리케이션 서버의 해당 서버 프로그램을 호출함 ⑤ 서버 프로그램은 DB에서 데이터를 조회하고 처리한 후 결과를 클라이언트로 전송함 ⑥ 클라이언트의 자바스크립트는 전송받은 데이터를 웹 화면에 바로 보여줌(웹 페이지를 새로 다운로드 받지 않는다)

5장

웹 서비스를 위한 시스템 구축

웹 서비스가 웹 서버와 웹 어플리케이션 서버로 분리되면서, 화면과 서비스는 서로 독자성을 갖추게 되었습니다. 화면을 위한 서비스 프로그램이 아닌, 서비스는 어디서든 호출할 수 있는 체계가 되었습니다. 네이버 지도 서비스, 공공의 날씨 서비스 같은 공개된 서비스를 호출할 수 있는 구조만 안다면 쉽게 이용할 수 있는 것도 이러한 구조 덕분이라고 생각하면 됩니다. 서비스를 이용하기 위한 서비스의 위치, 서비스 이용 방법만 알면 어떠한 웹에서도 이용이 가능한 것이지요.

프런트 엔드와 백엔드가 분리되어 DB 서버와 함께 세 개의 계층으로 구성되면서 웹 시스템을 구축하기 위한 개발 방법도 변화를 맞게 되었습니다. 개발자 한 명이 모든 것을 개발하던 것에서 시스템 구조에 맞게 화면 개발과 서비스 개발을 다른 개발자가 나누어서 하게 된 것이죠.

웹 시스템 구축을 위한 참여자들

간단한 웹 서비스를 하나가 동작하기 위해 세 계층의 서버가 작동해야 하는 것이 놀랍습니다. 그리고 하나의 서비스를 어떻게 나누어서 개발하는지 궁금합니다. 세 계층으로 나누어져서 더 복잡해진 웹 서비스가 어떤 과정으로 구축되는 지 알아 보도록 합시다.

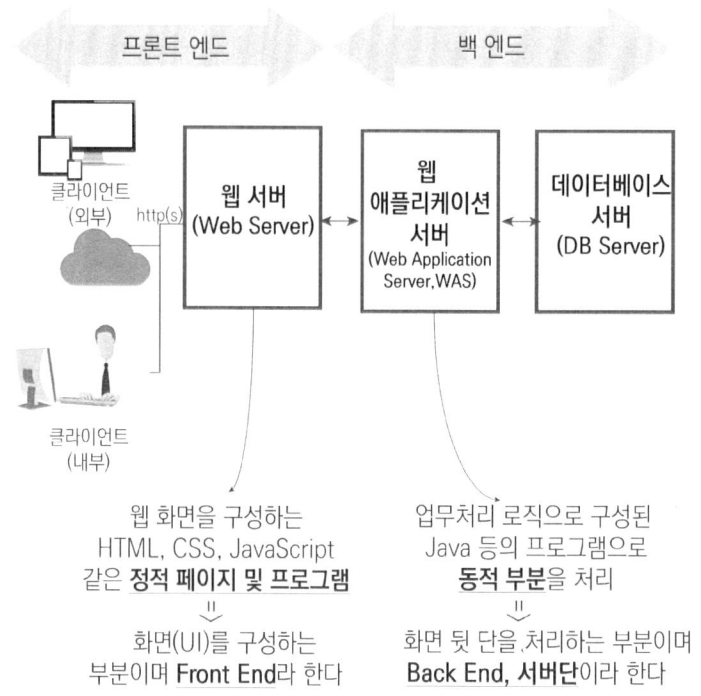

프런트 엔드와 백 엔드로 분리된 현재의 웹 서비스 구조

웹 시스템 구축 과정은 일반 시스템 구축과 특별히 다른 과정은 없습니다. 시스템 구축은 서비스 기획으로 시작합니다. UI/UX 기획자는 서비스에 대한 기본 콘셉트를 확정합니다. (예를 들자면 이번 시스템은 단순, 편리, 감성을 추구하는 방향으로 개발한다) 기본 콘셉트에 따라 업무를 분석하고 웹 화면을 기획합니다. 메뉴 구조, UX를 고려한 화면 레이아웃 표준을 만들고, 표준에 따라 구체적인 화면을 설계합니다.

서비스 기획이 마무리되면 디자이너는 기획 콘셉트를 근거로 디자인 콘셉트를 잡습니다. 콘셉트에 따라 기본 색상, 폰트 등을 결정하고 디자인 시안을 만들어, 현업 담당자가 디자인 시안을 결정하도록 합니다. 디자인 시안이 결정되면, 각각의 화면에 필요한 디자인 이미지 파일을 만들어 화면 개발자가 개발할 수 있도록 제공합니다.

> **UI(User Interface, 사용자 매체)**
> UI는 사용자 인터페이스, 즉 정보기기나 소프트웨어의 화면 등 사람과 마주하는 매체를 말한다. UI 디자인은 폰트, 칼라, 레이아웃과 같이 사용자가 마주하게 될 시각적인 디자인을 의미한다.

> **UX(User eXperience, 사용자 경험)**
> 소프트웨어를 사용하는 사용자의 느낌, 태도, 행동과 같은 것을 말한다. UI 디자인이 사용자 미적인 디자인 관점이라면, UX 기획/디자인은 사용자 행동과 같은 경험적 측면에 만족에 중점을 둔다.

화면 개발자는 UI/UX 기획자가 만든 화면 기획서와 디자이너가 만든 이미지 파일을 가지고 웹 화면을 개발합니다. 이와 별도로 서버 개발자는 화면에서 호출하는 서버 프로그램을 개발합니다. 개발과 테스트 과정이 최종 끝나면, 개발된 프로그램은 운영 서버에 올려, 서비스 오픈을 기다립니다. 모든 과정이 끝나면 서비스가 사용자에게 오픈이 됩니다.

웹 시스템 개발과정의 참여자를 살펴보면 현업부서 업무 담당자에서 개발자, 시스템 담당자에 이르기까지 다양합니다. 그림에서 참여자는 위쪽에 있을수록 업무 중심이며, 아래로 갈수록 IT 중심입니다. 현업의 개발 요건은 아래로 흐르면서 각 참여자에 의해 점점 IT 시스템으로 구현됩니다. 업무가 시스템화되는 것입니다.

개발자는 업무와 IT 기술의 중간에 위치합니다. 즉, 개발자는 업무와 IT 기술을 다 알아야 합니다. 물론 개발자가 현업 담당자만큼 업무를 알 수 없습니다. 그러나 업무를 모른 채 개발을 한다는 것은 거의 불가능합니다. 사용자 요구사항을 제대로 이해해야 요구사항에 충실한 개발을 할 수 있습니다. 반면, 가장 아래에 있는 시스템 담당자는 업무와 크게 상관없습니다. 서비스가 요구하는 시스템 요건만 잘 안다면 거기에 맞도록 하드웨어 장비를 구축할 수 있으면 됩니다.

앞서 웹 서비스 시스템은 웹 서버 - 웹 애플리케이션 서버(WAS) - DB 서버로 구성된다고 했습니다. 개발자도 프런트, 백 중 어떤 부분을 개발하느냐에 따라 개발의 기술과 방법이 달라 여러 개발자로 나누어 집니다.

웹 시스템을 개발하기 위해서 어떤 개발자(개발 직종)가 어떤 개발에 필요한지 구체적으로 살펴보면서, 개발자의 개발 내용과 갖추어야 할 기술에 대해 알아보겠습니다.

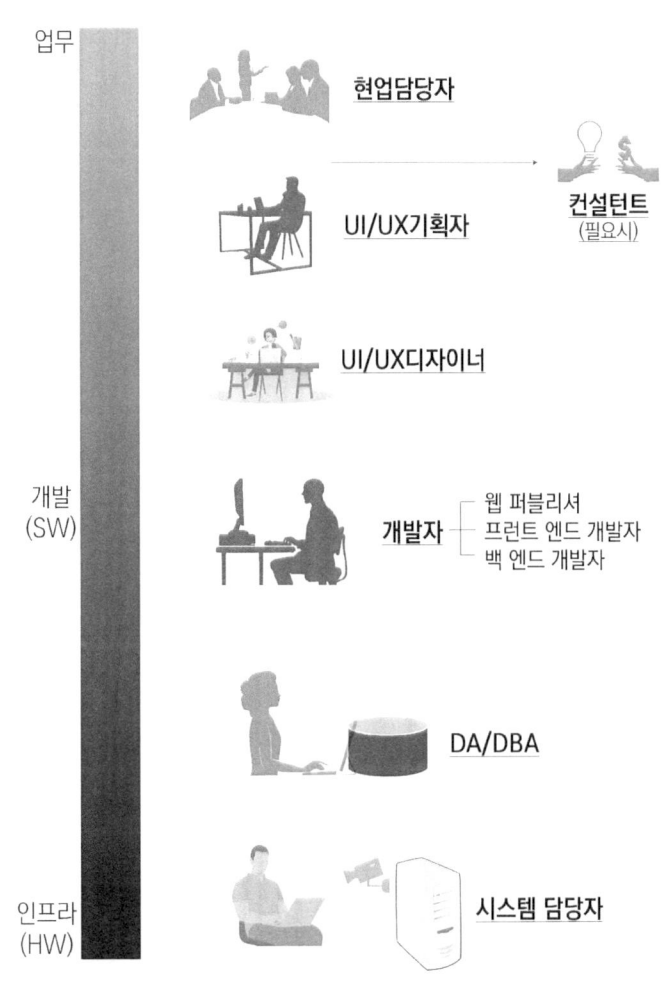

웹 시스템 구축의 참여자

웹 시스템 구축 참여자는 위로 갈수록 업무 연관성이 높고, 아래로 갈수록 IT 및 시스템 연관성이 높다

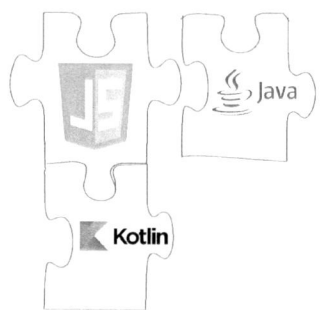

IT 생태계 구성 중 소프트웨어와 가장 밀접한 직업은 개발자입니다. 웹 서비스 구조가 일반화되면서 개발자도 웹 서비스 구조에 따라 나누어졌습니다. 하나의 완성된 서비스를 여러 개발자가 나누어서 개발하므로, 개발자 간의 협업이 필수가 되었습니다.

프런트와 백으로 나누어진 웹 개발자, 하드웨어를 컨트롤하는 임베디드 개발자 등 개발의 내용과 특성을 알아봅니다.

2부

개발자, 소프트웨어를 만드는 사람

6장 세분화된 웹 개발

7장 웹 개발자 직무와 자격요건

8장 모바일 앱(App)

9장 임베디드(Embedded) 소프트웨어 개발

10장 IT직업에서 개발자의 위치

11장 개발자 양성 교육기관 살펴보기

6장

세분화된 웹 개발

이제 본격적으로 웹 개발자에 대해 알아볼까요. 필자가 처음 개발할 당시는 클라이언트 - 서버 환경이 주였습니다. 지금은 화면 개발과 업무 개발, 즉 비즈니스 로직이 분리되어 개발하지만, 그때는 화면에 업무처리 로직이 같이 있어, 화면 개발이 개발의 대부분이었습니다.

화면 디자인도 별로 중요시하는 시절이 아니라 디자이너도 따로 없었습니다. 약간 감각 있는(?) 개발자가 디자인을 만들면, 그것을 표준으로 사용했습니다. 개발자는 모두 같은 종류의 개발자였고, 개발자는 자기가 맡은 업무의 화면에서 업무처리 로직, DB 처리에 이르기까지 혼자서 맡은 업무를 다 개발했습니다. 즉, 개발자가 하는 일은 동일하며, 업무별로 일의 양을 나누어서 개발하였습니다.

웹 개발자의 세분화

세상이 다양해지고 복잡해진 것처럼, IT도 복잡해졌습니다. 앞서 살펴본 바와 같이 특히 웹 시스템은 더 복잡합니다. 지금은 옛날처럼 개발자 혼자서 웹 화면을 온전히 개발할 수 없습니다. 웹 화면 하나를 여러 부류의 개발자가 같이 개발해야 하나의 웹 화면이 완성됩니다. 각기 개발한 것들이 연계되어야 작동하기 때문에 서로 협력해야 합니다. 그래서 혼자 다 개발하던 예전에 비해 여럿이 하나를 같이 개발하는 웹 개발은 더 복잡하고 시간과 비용이 많이 듭니다.

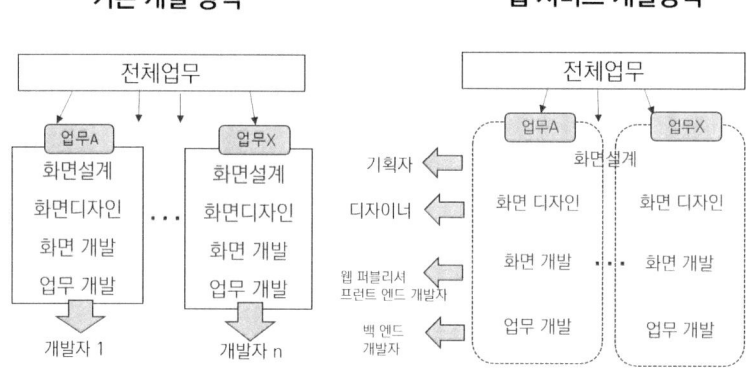

기존 개발 방식과 웹 서비스 개발 방식의 비교

기존 개발방식은 업무를 분담하여 개발자가 전체를 개발하는 방식이며, 웹 개발은 하나의 업무 개발을 계층에 따라 여러 개발자가 나누어서 개발한 후 하나로 연계해야 하나의 업무 개발이 완성된다

웹 개발 과정을 살펴보면, UI/UX의 화면 기획과 디자인 작업이 끝나면 본격적인 개발이 시작됩니다. 하나의 화면이나 업무가 개발되려면 최소 5단계

를 거쳐야 동작하는 화면이 완성됩니다. 개발도 세 단계로 나누어 진행되는데, 개발 단계별 독립적인 개발자가 있습니다. 독립적으로 개발된 프로그래밍은 서로 간에 조합을 맞추어야 합니다. 화면에서 전달된 데이터가 서버 프로그램에 정확하게 전달되어야 하고, 서버는 화면 즉 클라이언트가 요구하는 대로 정확하게 데이터를 처리하고 결과를 전달해야 제대로 된 하나의 웹 서비스가 가능합니다.

독립된 개발자들은 한 사람처럼 움직여야 합니다. 이것이 얼마나 어려운지 여러분도 알 것입니다.

웹 개발 과정 그림을 보면 웹 개발자는 '웹 퍼블리셔', '프런트 엔드 개발자', '백 엔드 개발자'로 나누어져 있습니다. 각자의 역할이 무엇인지 대강 이해할 수 있겠지요. 웹 시스템이 웹 서버와 웹 애플리케이션 서버로 분리되면서 개발과 개발자의 역할도 완전히 분리되었습니다. 다시 말해 화면 개발을 하는 프런트 엔드와 업무 프로그램을 개발하는 백 엔드가 완전히 분리되었고, 개발도 각자 독자적으로 수행됩니다.

웹 화면은 웹 퍼블리셔와 프런트 엔드 개발자(화면 개발자라고도 한다)가 개발합니다. 화면에서 호출하는 서버 프로그램 개발자를 백 엔드 개발자 또는 서버 개발자라 합니다. 웹 퍼블리셔는 HTML 화면을 만들고, 프런트 개발자는 웹 퍼블리셔가 만든 HTML 화면 데이터 처리나 서버 프로그램을 호출하는 개발을 합니다. 서버 개발자는 프런트 엔드에서 요구하는 서비스를 처리하는 개발을 합니다.

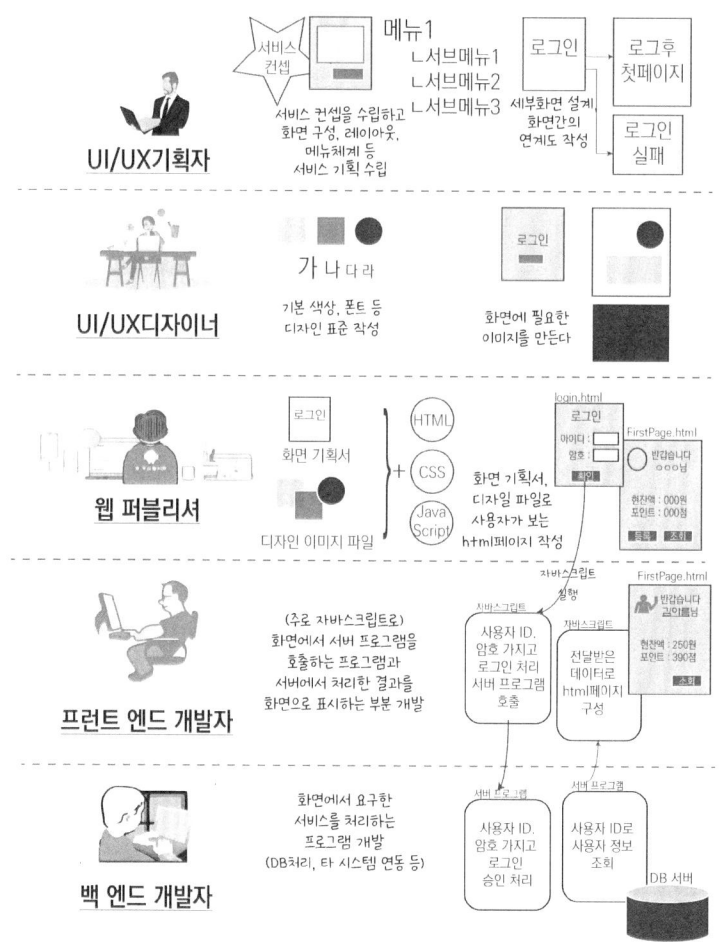

웹 개발 과정

웹 개발은 계층별 독립된 개발자에 의해 개발되어, 전체를 연계하여야 하나의 서비스가 완성된다

'서버 개발자'라는 용어를 다르게 사용되는 경우도 있다. 그러나 대부분 현장에서는 서버 로직을 개발하는 개발자를 '서버 개발자'라 한다. 그래서 백 엔드 개발자와 서버 개발자를 동일한 용어로 간주한다.

이들 웹 화면과 서버 프로그램은 한곳에 있지 않습니다. 퍼블리셔와 프론트 엔드 개발자가 개발한 웹 화면 프로그램은 웹 서버에 올라가고(배포되고), 반면 백 엔드 개발자가 개발한 서버 프로그램은 웹 애플리케이션 서버에 위치합니다. 따라서 프런트 엔드 개발자의 작업 서버는 웹 서버이고, 백 엔드 개발자의 작업 서버는 웹 애플리케이션 서버입니다.

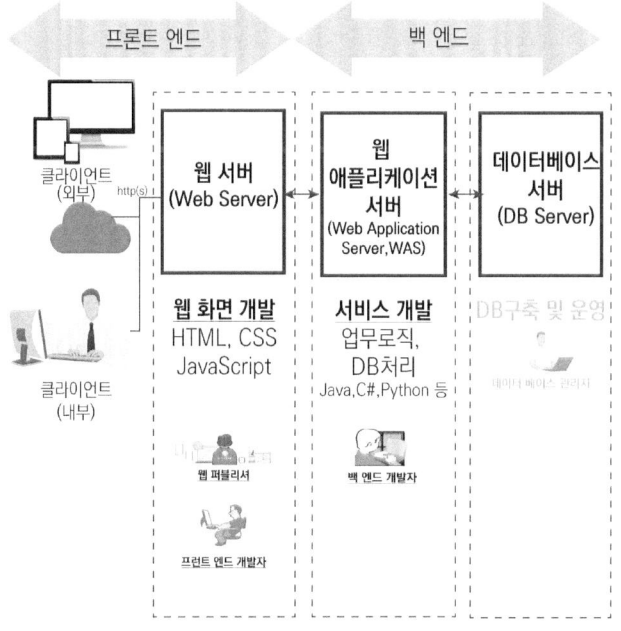

웹 시스템에서 프런트 엔드와 백 엔드 개발자의 개발 영역

하나의 화면을 개발하기 위해 여러 개발자가 필요합니다. 개발자 간에 사이가 안 좋아 소통이 안 되거나, 한쪽 실력이 안 되어 못 따라오면 다하도록 손 놓고 기다려야 하기도 하고, 커뮤니케이션 오류가 생겨 다시 개발해야 하는 경우도 많습니다. (개발자간의 협력을 도와주는 방법론이나 툴들이 많이 있다)

개발자들이 이렇게 나누어져 있는 이유는 무엇일까요? 그 이유는 개발자 한 사람이 다 하기에는 기술이 다르기 때문입니다. 이들 개발자가 사용하는 프로그래밍 언어, 개발 환경과 사용하는 툴이 다릅니다. (웹 퍼블리셔와 프런트 개발자는 겹치는 부분이 있다 - 뒤에 자세히). 그래서 개발자 한 명이 전체를 다 개발하기가 쉽지 않습니다.

물론 이것도 잘하고 저것도 다 잘하는 개발자도 있습니다. (Front End에서 Back End까지 개발을 다 할 수 있는 개발자를 Full Stack 개발자라 한다) 그러나 대규모 시스템 개발 프로젝트에서는 일의 양도 많고, 개발 부분별 전문성이 요구하기 때문에 엄격하게 개발자를 구분합니다. 반면, 작은 프로젝트에서는 조금 기술이 모자라도 두루두루 잘하는 개발자가 적합할 수 있습니다.

7장

웹 개발자 직무와 자격요건

웹 시스템은 웹 서버와 웹 애플리케이션 서버의 분리로 프런트 엔드와 백 엔드는 완전히 분리되었고, 자연히 개발도 분리되었습니다. 세분화된 각각의 개발자는 독자적인 기술과 개발 환경이 있습니다. 각자 만든 개발 산출물을 퍼즐 맞추 듯 하나로 맞추어서 서비스를 완성합니다.

혼자서 하던 개발을 나누어 하다 보니 개발자는 협력을 할 수밖에 없습니다. 역할과 개발 방식은 다르지만, 서로의 일을 이해하지 않으면 제대로된 서비스를 만들 수 없습니다.

웹 퍼블리셔

웹 퍼블리셔는 UI/UX 기획자가 설계한 화면과 디자이너가 만든 디자인 결과물로 웹 화면을 만드는 개발자입니다.

웹 퍼블리셔는 우리나라에만 있는 직업으로 디자인과 개발 중간 과정 역할을 합니다. 엄밀히 말해 개발자라고 할 수 없습니다. 그렇다고 디자이너도 아닙니다. 그래서 개발자라는 말보다 퍼블리셔라는 명칭을 씁니다. 그러나 웹 퍼블리셔는 프런트, 즉 화면 개발의 첫 단계이므로 현장에서는 프런트 개발의 일부이므로 개발자로 간주합니다.

| 웹 퍼블리셔의 직무 |

웹 화면은 HTML로 만드는 문서로서, 여러 개로 구분된 레이아웃에 각종 텍스트, 이미지, 동영상, 링크, 버튼, 체크 박스 등이 들어있습니다. 거기에 다양한 폰트와 배경 색상과 같은 디자인 요소가 들어갑니다.

앞서 웹 서비스 발전 과정에서 살펴보았듯이 HTML은 텍스트와 디자인이 분리되어 있어 웹 퍼블리셔는 문서와 디자인 부분을 디자이너의 요구에 따라 화면을 만들어야 합니다.

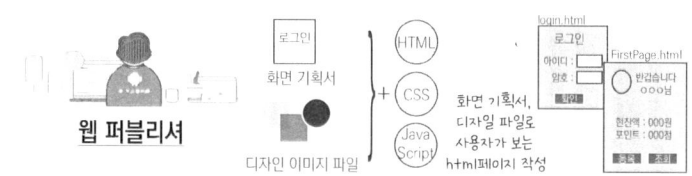

웹 퍼블리셔 수행 업무

UI/UX 기획자가 만든 화면 기획서와 디자이너가 만든 디자인 파일을 가지고 웹 화면을 만듭니다. 웹 화면은 HTML로 작성하며, 복잡한 디자인을 위해 CSS 기술을 이용합니다. 또 웹 화면의 동적 요소를 적용하기 위해 자바스크립트로 프로그래밍합니다. 웹 퍼블리셔는 기획자와 디자이너가 만든 산출물로 사용자가 보는 디자인, 이미지를 넣어서 실제 웹 시스템의 화면을 만드는 웹 개발의 첫 작업이라고 할 수 있습니다.

| 필요한 기술 |

HTML(Hyper Text Markup Language)

웹 퍼블리셔는 HTML 문서를 만드는 것이 핵심 역할입니다. UI/UX 기획서와 디자인을 보고 웹 페이지 구현을 위한 뼈대인 HTML 파일을 만들어야 합니다. 태그로 구성된 웹 표준 HTML에 대한 이해와 크로스 브라우징과 웹 접근성에 대한 정확한 이해가 있어야 합니다.

CSS(Cascading Style Sheets)

HTML이 웹 화면의 뼈대라고 하면 CSS는 HTML 문서에 디자인 요소를 담당하는 템플릿과 같은 것입니다. 웹 퍼블리셔는 디자이너의 시안과 가이드에 따라 HTML 문서에 디자인을 적용하기 위한 CSS를 만들고, HTML 문서에 적용해야 합니다. 디자인 기술인 CSS를 능숙하게 프로그래밍할 수 있어야 합니다.

자바스크립트(JavaScript)

자바스크립트는 정적인 웹 화면에 동적 표현을 위한 화면 프로그래밍입니다. 화면에서 동적 표현을 하기 위해 자바스크립트로 프로그램할 수 있어야 합니다.

제이쿼리(JQuery)

제이쿼리는 자바스크립트를 쉽게 사용하도록 만든 라이브러리입니다. 라이브러리는 많이 쓰는 프로그램을 모아놓은 것이라고 할 수 있습니다. 예를 들어 메뉴가 펼쳐지는 동작을 매번 코딩하는 것보다 메뉴가 펼쳐지는 기능을 만들어 놓고 필요시마다 재사용하는 것이 효율적입니다. 이러한 자바스크립트에 필요한 기능을 하나로 모아 놓은 것이 제이쿼리입니다. 웹 퍼블리셔는 화면 동작 개발을 위해 자바스크립트와 함께 제이쿼리 개발을 이용한 개발 방법을 익혀야 합니다.

크로스 브라우징

웹 기술은 표준이 있고 브라우즈는 그 표준을 준수합니다. 그러나 표준을 벗어난 특정 브라우즈에만 적용되는 기술이 있습니다. 예를 들어 MS사의 익스플로 브라우즈에서 작동하는 동영상 페이지가 크롬 브라우즈에서는 영상이 재생되지 않는다든지, 제이쿼리로 개발한 버튼 기능이 잘 작동하지 않는 경우가 있습니다. 이런 때는 그 브라우즈에 맞는 수정이 필요합니다. 표준이 아닌 특정 브라우즈에만 작동하는 개발은 다른 브라우즈에서 문제가 될 수 있습니다.

특정 브라우즈에만 작동하는 기술을 활용하는 이유는 개발이 용이하고, 사용자에게 더 좋은 UI를 제공할 수 있기 때문이다. 이러한 기술은 한동안 특정 브라우즈의 점유율이 높아서 큰 문제가 되지 않았지만, 브라우즈가 다양해지면서 기능이 작동 안 되는 경우가 많이 발생했다. 따라서 어떤 브라우즈에서도 웹 페이지가 문제없이 작동하는 웹 표준을 지키는 개발의 중요성이 대두되었다.

이렇게 브라우즈 특성을 타지 않고, 모든 웹 페이지에서 잘 작동하도록 웹 페이지를 만드는 것을 '크로스 브라우징'이라고 하며, 웹 퍼블리셔는 브라우즈 특성을 알고 특성을 고려한 웹 페이지 개발 능력을 갖추어야 합니다.

반응형 웹 개발

반응형 웹이란 '디바이스의 크기가 달라지더라도 자동으로 디바이스 크기에 맞추어 조절되는 개발입니다. 모바일이 대세가 되면서 다양한 모바일 기기에 맞는 화면이 필요합니다. 그러나 다양한 크기에 맞도록 별도로 웹 화면을 개발하는 것은 많은 비용이 듭니다. 다행히 CSS2.1 이후로는 디바이스 사이즈별로 웹 화면 크기가 조절되는 코딩이 가능합니다.(현재 CSS3)

반응형 웹을 위한 CSS 코딩 능력이 있어야 하며, 반응형으로 개발했지만 화면 크기가 바뀌면 화면에 따라 문장 줄 변경이 부적절한 현상도 있어 주요 디바이스에 맞도록 개발의 수정이나 보완을 하여야 합니다.

웹 접근성(Web Accessibility)

많은 정보가 웹으로 서비스되면서, 웹은 일상생활 필수 요소가 되었습니다. 따라서 웹은 차별 없이 누구든지 동등하게 접근할 수 있어야 하는 매체로서 책임이 생겼습니다.

장애를 가진 사람도 비장애인과 같이 웹 사이트를 이용할 수 있도록 웹 사이트를 개발해야 하는 것을 웹 접근성이라 합니다. 웹 화면은 접근성을 보장하기 위해 웹 접근성 규정에 따라 설계되어 개발되어야 합니다. 중요한 정보가 동영상이나 이미지로 제작되어 일부 장애인은 웹 화면을 사용하기 어렵게 개발되어서는 안 됩니다.

> 중요한 내용은 문자로 되어 있어야 읽기 기능을 활용할 수 있다. 이미지로 되어 있으면 이미지 안의 문자는 읽기 기능을 활용할 수 없어 웹 접근성에 위배된다.

웹 접근성 인증 마크

웹 접근성 인증을 받은 웹 사이트에는 웹 접근성 인증 마크를 부착한다

공공성이 강한 웹 사이트(공공, 금융 등)는 웹 접근성을 지키도록 가이드하고 있습니다. 이러한 웹 접근성 가이드와 인증을 하는 기관이 있는데, 중요 웹 사이트는 웹 접근 규정에 따라 웹 화면을 개발하고 웹 접근성 인증기관의 인증을 받습니다. 웹 퍼블리셔는 웹 접근성에 대한 이해와 이에 따른 웹 개발을 할 수 있어야 합니다.

| 갖추면 좋을 것들 |

웹 시스템을 개발하기 위해 많은 사람의 참여가 필요합니다. 여럿이 하는 일은 무 자르듯 완벽하게 내 일과 네 일을 나누기가 어렵습니다. 웹 퍼블리셔의 일도 어느 정도 범위가 있긴 하지만, 앞 공정의 일과 뒤 공정의 일 사이에서 애매한 부분도 있기 마련입니다. 그래서 앞에서 진행되는 일과 뒤에서 일어나는 일을 어느 정도 알고 있어야 하며, 나아가 관련된 인접 기술을 보유

하고 있다면 훨씬 유능한 개발자로 인정을 받을 수 있을 겁니다.

어떤 현장은 웹 퍼블리셔의 일을 개발 전체 과정의 3~5까지라고 하는 반면, 또 다른 현장에서는 2~5.5까지라고 할 수 있습니다. 웹 퍼블리셔의 일이라는 것이 법으로 규정된 것도 아니고 관행적으로 정해진 것이기 때문에 관련된 기술을 보유하고 있다면 현장의 요구가 조금 많더라도 원활한 대응을 할 수 있습니다.

- 모바일 웹 프블리싱/웹/앱 개발에 대한 경험
- UI/UX 기본 지식과 디자인에 대한 이해와 감각(원활한 소통)
- (포토샵 같은) 디자인 툴의 사용법(디자이너가 없는 소규모는 간단한 디자인은 직접)
- 자바스크립트를 더 깊이 안다면 프런트 개발자의 역할도 가능
- 빠르게 변하는 웹 표준에 대한 이해
- 트렌디하게 변하는 웹 사이트와 다양한 디바이스(PC, 패드, 스마트폰)에 대한 지식

| 웹 퍼블리셔와 프런트 엔드 개발자를 나눈 이유 |

웹 퍼블리셔는 국내에서만 있는 직종입니다. 일반적으로 웹 퍼블리셔도 프런트 엔드 개발자의 역할로 보고, 프런트 엔드 개발자가 웹 퍼블리셔 역할을 겸하는 경우도 많습니다. 그런데도 국내에서는 웹 퍼블리셔를 따로 나누는 이유는 무엇일까요?

- 같은 화면의 개발이라도 웹 퍼블리셔는 화면 본연의 보이는 (비주얼) 부분 개발에 집중한다.
- 프런트 개발자는 서버 프로그램 연계 개발이 주 역할이다.
- 모든 화면을 만드는 웹 퍼블리셔 일의 양이 많아 프런트 엔드 개발자

가 다 할 수 없다. 화면 작성은 퍼블리셔가, 화면 단의 프로그래밍은 프런트 엔드 개발자가 하는 것이 더 효율적이다.
- 웹 화면에서 사용자 경험을 중요시하는 경향에 따라 웹 퍼블리싱의 전문적인 역할이 더 강조된다.

이와 같은 이유로 웹 퍼블리셔는 어엿한 독자적인 개발자, 즉 직업이 되었습니다. 웹 퍼블리셔는 디자인과 프로그램 개발의 중간 역할이지만, 모바일 시대에 모바일 웹에 대한 전문성을 갖춘다면 앞으로도 계속 좋은 직업으로 자리할 것으로 생각합니다.

엔지니어적인 적성의 개발자 보다, UI/UX와 같은 기획, 디자인에 대한 관심과 프로그래밍, 개발이라는 전문성을 동시에 가지고 싶다면 비전공자가 쉽게 접근할 수 있는 직종일 수 있습니다. 특히 프로그래밍에 대한 두려움이 있다면, 웹 퍼블리셔로 프로그래밍에 대한 첫걸음을 시작해 보는 것도 괜찮은 방법입니다.

프런트 엔드 개발자

프런트 엔드(Front End)는 웹 서비스에 있어 화면을 뜻한다는 것은 이미 알고 있습니다. 따라서 프런트 엔드 개발자는 화면 개발자입니다. 웹 화면 개발은 웹 퍼블리셔와 프런트 엔드 개발자가 나누어서 하는 셈이 됩니다. 웹 퍼블리셔가 HTML과 CSS로 화면을 만들어 놓으면, 사용자가 서버 프로그램에게 서비스 요청을 하는 부분을 개발하는 것이 프런트 엔드 개발자의 역할입니다. 디자이너가 디자인한 화면을 웹 퍼블리셔가 HTML로 만들고, 프런트 엔드 개발자는 프로그래밍하여 화면의 기능을 완성합니다.

| 프런트 엔드 개발자의 직무 |

웹 퍼블리셔가 만든 웹 화면에 동작과 기능을 불어넣기 위해 크게 두 가지의 개발이 필요합니다.

첫째, 화면에서 슬라이더, 드롭다운 메뉴와 같은 시선을 사로잡는 동적인 요소를 개발하여 사용자 경험을 확장하는 부분입니다.

두 번째로는 서버 프로그램을 호출하여 화면에서 입력된 데이터를 전달하여 서버 프로그램이 처리하도록 합니다. 서버 프로그램이 처리결과를 전달하면 사용자가 볼 수 있도록 화면에 제대로 표현하여야 합니다.

프런트 엔드 개발자 일부 작업은 웹 퍼블리셔와 중복되는 부분이 있습니다. 그래서 때로는 역할로 인해 갈등을 빚기도 하지요.

예를 들어 화면 동작 구현을 위해 자바스크립트 개발이 필요한데, 웹 퍼블리셔가 하느냐 아니면 프런트 엔드 개발자가 하느냐를 두고 신경전을 벌이기도 합니다. 화면 동작은 웹 퍼블리셔가, 서버 연동은 프런트 엔드 개발자가 역할을 분담하기도 하고, 또 어떤 현장에서는 자바스크립트 개발은 모두 프런트 엔드 개발자가 하는 곳도 있습니다. 퍼블리셔는 HTML, CSS 작업만 하는 것이지요.

따라서 본인의 역할이 기존 하던 역할과 변동이 되면 서로 갈등이 생기기도 합니다. 웹 퍼블리셔가 JQuery도 할 줄 모르냐는 비난하기도 하고, 자바스크립트 부분은 프런트 개발자의 일이지 웹 퍼블리셔 일이 아니다며 서로 부딪치기도 하지요. 이런 경우 현장의 상황에 맞게 관리자가 역할을 조정해야 하겠지요. 어쨌든 웹 퍼블리셔가 자바스크립트를 잘 다룬다면 좀 더 쉽

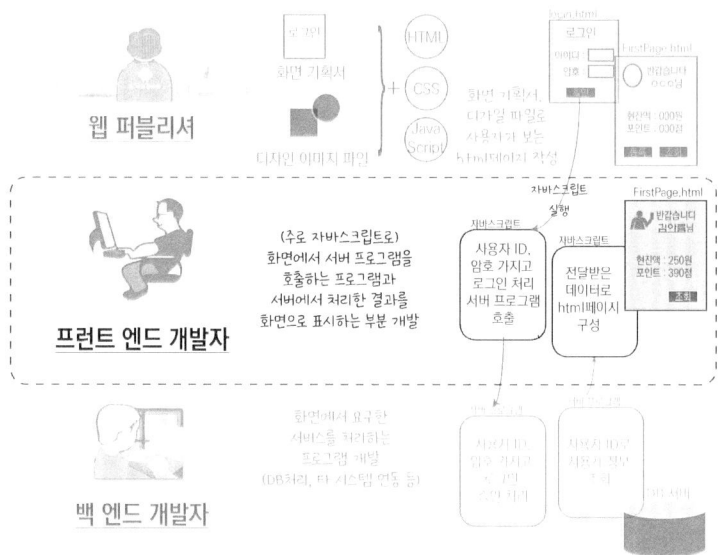

프런트 엔드 개발자의 역할

게 해결될 수 있습니다. 또 프런트엔드 개발자가 자바스크립트 개발을 맡는 경우에도, 웹 퍼블리셔가 자바스크립트를 할 수 있어 간단한 수정은 웹 퍼블리셔가 한다면 일이 왔다 갔다 하는 것을 줄일 수 있어 작업이 쉬워집니다. 그 반대도 마찬가지겠지요.

> 무조건 요구하는 대로 하라는 것이 아니라, 인접 기술을 가지고 있으면 조금 더 유리한 포지션에서 일을 처리할 수 있다는 뜻이다.

프런트 엔드 개발자의 가치는 화면 동작 개발보다 서버 프로그램을 호출하는 부분이 주 역할입니다. 서버 프로그램을 호출하여 화면 데이터를 전달하고, 서버 프로그램이 처리한 결과를 전달받아 웹 화면에 제대로 표시되도록 개발하는 부분이 프런트 개발자의 주된 작업이라 하겠습니다.

프런트엔드 개발자와 웹 퍼블리셔의 일은 떼려야 뗄 수 없습니다. 웹 퍼블리셔가 화면을 만들어야 프런트 엔드 개발자가 거기에다 프로그래밍을 할 수 있습니다. 프런트엔드 개발자는 웹 퍼블리셔가 만든 웹 페이지를 제대로 이해해야 처리 결과를 제대로 보여줄 수 있는 개발이 가능합니다. 또한 프런트 개발자는 화면에서 입력한 데이터를 서버로 전달하기 때문에 서버 개발자와의 소통 또한 중요합니다.

| 필요한 기술 |

HTML(Hyper Text Markup Language), CSS(Cascading Style Sheets)

프런트 엔드 개발자도 웹 퍼블리셔와 같이 웹 화면을 개발하기 때문에 웹에 대한 기본 기술인 HTML, CSS를 다룰 수 있어야 합니다.

자바스크립트(JavaScript), 제이쿼리(JQuery)

기본 기술들이 웹 퍼블리셔와 겹치는 부분이 많습니다. 프런트엔드 개발자는 화면 개발을 완성하는 개발자이므로 웹 퍼블리셔보다 자바스크립트와 제이쿼리에 대해 더 높은 기술적인 역량이 요구됩니다.

프런트엔드 프레임워크(Front End Framework)

프런트 엔드 개발자에게 가장 중요한 기술은 자바스크립트(JavaScript)입니다. 제이쿼리(JQury) 또한 자바스크립트를 위한 라이브러리이므로 역시 중요한 기술입니다. 제이쿼리와 같은 라이브러리 이외에도 프런트 엔드 개발자는 체계적인 개발을 위해 '프레임워크'라는 개발 툴을 활용할 수 있어야 합니다.

> **소프트웨어 프레임워크**
> 컴퓨터 프로그래밍에서 소프트웨어 프레임워크(software framework)는 복잡한 문제를 해결하거나 서술하는 데 사용되는 기본 개념 구조이다. 간단히 뼈대, 골조(骨組), 프레임워크(framework)라고도 한다. 〈위키백과〉

웹 서비스의 발전에 따라 모바일 UI의 사용자 경험이 더욱 중요해지면서 화면 개발에 대한 요구가 복잡해졌습니다. 따라서 화면 개발 프로그래밍인 자바스크립트의 중요성도 더욱 부각되었습니다. 자바스크립트의 다양한 기능을 제공하는 제이쿼리가 어느 정도 그 요구를 충족했지만, 더 효율적이고 체계적인 화면 개발 도구를 생각하게 되었습니다. 이것이 프런트 엔드 프레임워크입니다.

프레임워크는 개발에 있어 매우 중요한 개발 툴입니다. 프레임워크는 시스템 구조와 생산성에 많은 영향을 미칩니다. 한 번 차용한 프레임워크는 그 시스템의 수명이 다할 때까지 계속 사용할 수밖에 없어 개발에서 어떤 프레임워크를 사용하는가는 매우 중요한 결정이지요.

> 프레임워크는 개발자의 가장 중요한 개발 툴이자 개발 환경이므로 프레임워크에 대한 개념을 제대로 아는 것이 중요하다.
>
> 프레임워크를 어떻게 설명할까? 정확한 비유는 아니지만 '플랫폼'을 생각해 보자. 브런치라는 플랫폼을 떠 올려보자. 브런치에 글을 쓰기 위해 브런치가 제공해 주는 기본 기능이 많다. 문서 작성 기본 틀이 있어 사용자는 문서의 다른 부분보다 가장 중요한 글에만 신경 쓸 수 있다. 그렇지 않으면 여백, 사진 위치, 문법 체크 등

> 을 매번 직접 하여야 한다. 브런치가 이미 그런 것을 기본 기능으로 제공해 주므로 작가는 다른 것에 신경 쓰지 않고 글에 온전히 집중할 수 있다.
>
> 개발 프레임워크도 마찬가지이다. 프로그램 개발을 하기 소위 말하는 맨 땅에 헤딩할 수 없는 일이다. 아무것도 없는 기반에서 개발을 시작하는 것은 거의 불가능하다. 프로그램을 개발하기 위해 매번 해야 하는 기본적인 것이 있다.
>
> 이러한 프로그램을 개발하기 위해 기본적으로 필요한 기능 및 체계를 제공하는 것이 프레임워크이다. 개발자는 그 틀에서 기본적인 기능에 신경 쓰지 않고 업무 로직 위주의 프로그램을 바로 개발할 수 있다. 따라서 개발하는 시간을 대폭 줄이고, 개발을 표준화할 수 있으며, 오류의 가능성도 줄일 수 있다.
>
> 브런치 작가가 브런치 플랫폼이 제공하는 기능을 알아야 거기서 글을 작성할 수 있듯이, 개발자도 프레임워크가 제공하는 구조와 기능에 대해 잘 알아야 프레임워크에서 개발이 가능하다.

제대로 갖춘 IT 조직이라면 대부분 프레임워크를 활용합니다. 프런트 엔드 개발자는 이러한 프런트 엔드 프레임워크에서 개발을 할 수 있어야 합니다. 프레임워크도 IT의 기술의 변화와 트렌드에 따라 인기도 변하고 있습니다. 프레임워크를 제대로 익히는 데 시간이 제법 걸리므로, 트렌드를 잘 살펴보고 어떤 프레임워크를 선정해야 할지 고민을 해야 합니다.

프레임워크 개발환경에서는 자바스크립트 코딩만 할 줄 안다고 개발이 가능하지 않습니다. 프레임워크를 사용할 수 있어야 합니다. 이는 디자이너가 그림을 잘 그린다고 해서 디자이너 일을 제대로 할 수 없는 것과 마찬가지입니다. 아무리 실력이 좋은 디자이너라도 포토샵과 같은 디자이너 툴을 사용하지 못하는 디자이너는 개발에 필요한 디자인 산출물을 만들 수 없겠지요. 마찬가지로 프런트 엔드 개발자도 자바스크립트는 물론 프런트 엔드 프레임워크를 활용할 수 있어야 화면 개발을 할 수 있답니다.

현장에서 많이 이용되는 주요 프런트 엔드 프레임워크는 세 가지 정도입니다. 각자 나름의 특징이 있습니다. 저마다 장단점이 있어, 특징을 잘 알아둘 필요가 있습니다. 예를 들어 기능은 좋지만, 개발자가 배우기 너무 어렵다든지, 아니면 특정한 플랫폼만 지원하는 등과 같은 특징이 있어 프런트 엔드 개발자는 프레임워크의 특성을 알고 시작해야합니다.

필자가 재직했던 회사에서도 단순 자바스크립트 개발에서 프런트 엔드 프레임워크를 도입하였는데 여러 가지 테스트를 거쳐서 선정하였습니다. 선정 이후 프런트 엔드 개발자 대상으로 교육을 실시했습니다.

실력을 갖춘 화면 개발자가 되기 위해 단순 자바스크립트와 제이쿼리 외에 이들 프레임워크 공부가 필요합니다. 다 배우기 힘들므로 앞서 말했듯이 가장 일반적인 프레임워크 하나 정도 주 무기로 만들어 두도록 합시다.

> 프런트엔드 개발 프레임워크에 대한 인기 및 특징에 관한 자세한 내용은 인터넷에 많은 자료가 있으니 꼭 참조하여 각 프레임워크의 특징을 알아 두도록 하자.

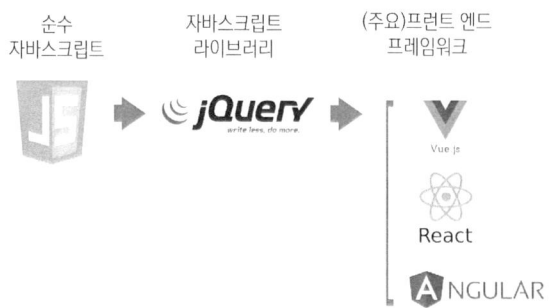

프런트 엔드 개발 방법의 변화

| 갖추면 좋은 것들 |

모바일에서 사용자 경험이 중요해지면서 화면 개발 기술이 서버 개발 기술보다 더 빨리 변하고 있습니다. 이러한 기술 변화를 잘 감지하고 이해할 수 있어야 하겠지요.

- 기술적 변화 대응을 위한 다양한 정보의 수집과 이해
- 웹 화면에 대한 기본적 구조나 기술에 대한 깊은 이해
- 프런트 개발의 앞 공정인 웹 퍼블리셔와 디자인 작업에 대한 이해
- 프런트 개발의 뒤 공정인 서버 개발 대한 지식(서버 개발도 가능하면 더욱 좋다)
- 화면은 고객의 요구사항이 집중되는 부분이라, 원활한 커뮤니케이션 소양과 능력이 필요함

| 프런트 엔드 개발의 특징 |

예전에는 화면 개발은 초급 개발자가 하는 영역으로 생각했습니다. 지금도 어느 정도 그런 부분이 있긴 하지만, 모바일, 웹 환경에서 UI/UX가 강조되면서 많이 변했습니다. 제대로 기획하고 잘 만든 모바일 화면은 서비스의 성공에 직결됩니다. 기업들은 고객에게 더 좋은 UI/UX를 제공하기 위해 분주히 노력하고 있습니다.

그만큼 화면 개발이 중요해졌고, 화면 개발의 전문성이 부각되었습니다. 시선을 끄는 멋진 화면 동작을 개발하여 서비스의 특성을 부각할 필요가 생겼습니다. 그러나 모바일 웹에서 그런 화면 개발은 쉽지 않습니다. 아무리 좋은 기획과 디자인도 개발이 불가능하면 기획서 이면지로 남을 수밖에 없겠지요. UI/UX 기획자의 의도를 충분히 구현할 수 있는 실력 있는 프런트 엔드 개발자가 주목받는 시대가 되었습니다.

하지만 화면 개발은 성가신 일이 많습니다. 백 엔드 개발자인 서버 개발자가 개발하고 난 뒤 코딩을 수정하는 일이 10이라 한다면, 프런트 엔드 개발자는 100이라고 할 수 있습니다. 주관적인 견해이지만 그만큼 잡다한 수정이 많은 일입니다. 눈에 보이는 화면은 오픈 전까지 변경됩니다. 따라서 개발의 끝이 없습니다. 이런 점 때문에 프런트 엔드 개발을 기피하기도 합니다. 단순하고 굵직한 서버 개발을 선호하는 이유이기도 합니다.

그러나 화면개발은 고객 요구 사항을 바로 반영하고 피드백을 받을 수 있습니다. 또 반영의 결과 고객이 만족한다면 개발자로서의 보람을 느낄 수 있습니다. 미적인 감각과 개발의 재미, 고객과의 소통을 좋아하고, 디테일한 작업을 좋아한다면 프런트 엔드 개발자로서 도전하는 것도 나쁘지 않겠습니다. 모바일 서비스에서 사용자의 경험(UX)이 중요해지는 시기에 실력 있는 프런트 엔드 개발자는 더 가치가 높아지겠지요.

웹 퍼블리셔로 시작해서 개발 실력을 점차 늘려간다면, 실력 있는 프런트 엔드 개발자로 진로를 확장할 수 있습니다.

백 엔드 개발자, 서비스 개발의 핵심

프런트 엔드가 사용자가 직접 사용하는 화면 부분이라면, 백 엔드는 화면에서 사용자가 요청하는 서비스를 처리하는, 사용자의 눈에 보이지 않는 뒷부분입니다. 서비스 처리는 주로 데이터 조회, 입력 데이터의 갱신과 저장, 다른 시스템과의 연동과 같은 것입니다.

백 엔드 개발자는 서버에서 사용자 요구사항을 처리해서 결과를 프런트 엔드로 전달하는 프로그램을 개발합니다. 실질적인 서비스를 개발합니다.

서버 프로그램은 DB에서 데이터 조회, 저장 외에도, 앞서 뱅킹 서비스에서 은행 시스템이 금융 결제원 시스템과 연계되는 것과 같이 다른 시스템과 연동해야 하는 일이 많습니다. 사용자가 원하는 서비스는 하나의 시스템에서 처리되는 일이 극히 드물기 때문이죠. 따라서 서버 프로그램은 DB 연동, 타 시스템과의 연동을 통해 처리를 한 번에 해서 결과를 프런트 엔드로 전달해야 합니다. 그래서 프로그램이 복잡하고 난도가 높습니다.

내·외부 다른 시스템과 연동을 '시스템 간의 인터페이스'라 합니다. 인터페이스 개발은 서버 개발에 있어 많은 부분을 차지합니다. 특히 기종이 다른 시스템과 연계는 쉽지 않습니다. 개발을 위해 연계하는 시스템 간 많은 협의가 필요하고 개발 후 테스트도 쉽지 않습니다. 따라서 개발력이 필요한 작업입니다.

시스템 간 인터페이스를 그린 그림에서 보듯 간단한 '로그인' 서비스도 많은 시스템 연동이 필요합니다. 먼저 사용자 인증을 위해 인증을 담당하는 서버에 ID와 암호를 전달하여 인증 결과를 받아야 합니다. 승인 받으면 사용자 정보를 DB에서 조회하여 데이터를 가져오고, 사용자의 항공 마일리지를 조회하기 위해 외부에 있는 항공사 서버에 연결하여 마일리지 정보를 가져와야 합니다. 사용자 화면에 표시될 정보가 다 갖추어지면 데이터를 클라이언트로 전달합니다. (서버에서 전달된 데이터를 웹 형태로 화면에 보여준다 - 프런트개발자의 역할)

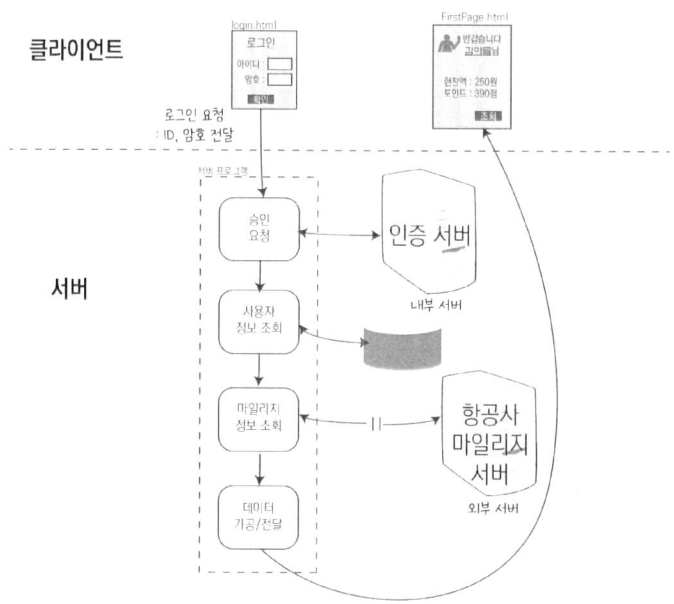

백 엔드 개발자 – DB처리와 타 시스템과의 인터페이스

로그인 처리 과정이 많은 단계로 구성되어 있지만 모든 과정은 하나로 끊김 없이 처리되어야 합니다. 과정 중간에 오류가 난다면 하나의 서비스는 완료될 수 없습니다. 그래서 중간에 오류가 나지 않도록 서비스가 완벽할 수 있도록 프로그래밍이 되어야 하고, 오류가 나는 경우에도 데이터 처리에 문제가 없도록 프로그래밍이 되어야 합니다. (예를 들어 이체하는 중 송금자 계좌 잔액을 마이너스하고 나서 수령자 계좌에 플러스하는 중 오류가 났다면 어떻게 처리해야 할까?)

서비스 처리 내용이 복잡하고 시스템의 규모가 커질수록 연동되는 시스템의 수도 많아지고 개발 난이도도 높아집니다. 어려운 개발은 당연히 개발 경력이 높은 개발자가 해야 할 것이고, 쉬운 개발은 초급 개발자가 담당하겠지요. 어려운 개발도 있지만, 단순한 개발 부분의 양도 많아 초급 개발자가 할 일도 많답니다.

| 필요한 기술 |

백 엔드 개발자가 되기 위해서는 많은 개발 지식이 필요합니다. 컴퓨터가 주는 프로그래밍의 혜택이 실질적으로 구현되는 영역이다 보니 필요한 지식의 스펙트럼도 다양하고 종류도 많습니다. 많은 것을 간단하게 정리할 수 없습니다. 여기서는 현재 기업형 웹 서비스를 위한 개발의 관점에서 꼭 필요한 기술, 시작하는 시점에서 갖추어야 할 핵심 기술만 살펴보겠습니다.

개발 언어

프런트 엔드를 개발하기 위한 언어는 HTML, CSS, 자바 스크립트입니다. 하지만 백 엔드 프로그램을 개발하기 위한 개발 언어는 하나가 아니고 다양합니다. 웹 환경에서 많이 사용하는 개발 언어 중심으로 살펴볼까요.

자바는 현재 국내 기업용 애플리케이션을 개발에 가장 많이 쓰이고 있는 언어입니다. 따라서 웹 개발자라면 프로그래밍의 기본으로 자바를 배워야 합니다.

프로그래밍 입문으로 예전에는 C를 배웠지만, 최근에는 자바로 하는 경우가 많습니다. 프로그래밍의 기본으로 자바는 거의 필수입니다.

C#은 마이크로 소프트(MS)에서 만든 개발 언어입니다. C#은 자바와 비슷한 개발 언어로 윈도우 프로그램, 웹 개발에 많이 사용합니다. 자바가 서버 OS와 상관 없이 개발과 운영이 가능  한 것과 달리 C#은 MS의 윈도우 환경에서만 개발이 가능하고 구동이 됩니다. 따라서 리눅스와 유닉스 같은 환경에서는 사용할 수 없습니다. 하지만 현장에서는 MS의 윈도우 환경을 많이 사용하므로 C#도 활용이 높은 언어입니다. 자바 개발을 위해 스프링 프레임워크를 사용하는 반면, C#개발은 MS에서 제공하는 통합 개발 툴 Visual Studio를 사용합니다.

파이썬(Python)은 현재 세계적으로는 가장 인기가 있는 개발 언어입니다. 프로그래밍 언어가 직관적이고 이해하기 쉽다는 장점이 있습니다. 일반 웹 개발보다 빅데이터나 머신러닝과 같은 부분에 더 많이 활용되고 있습니다. 최근 사용이 급속히 많아지고 있어 개발자로서 관심을 가져야 하는 언어입니다.

주요한 백 엔드 개발자가 알아야 하는 언어에 대해 간략한 설명을 하였습니다. 가능하면 이들 언어를 다 할 수 있어야 합니다. 하나도 힘든데 어떻게 세 가지씩이나 하는 생각이 들 것입니다. 그러나 한 가지 언어를 제대로 안다면 다른 언어를 습득하는 것은 별로 어렵지 않습니다. 하나의 언어를 주무기로 하고, 다른 언어도 할 수 있는 수준으로 준비를 해 두는 지혜가 필요합니다.

스프링(Spring) 프레임워크

자바 기반의 오픈소스(무료로 이용이 가능한) 서버 개발 프레임워크입니다. 앞서 프런트 엔드 개발을 편리하게 하는 프런트 엔드 개발 프레임워크를 기억하시겠지요. 스프링은 자바로 서버 개발을 위한 프레임워크입니다.

자바는 단지 개발 언어입니다. 자바 언어로 개발하는 방법은 여러 가지가 있지만, 자바만 안다고 해서 기업형 웹 애플리케이션을 개발하기는 거의 불가능합니다. 현재 많은 기업에서 자바로 개발할 때 스프링 기반 개발 환경을 이용합니다. 많은 IT 회사들이 표준으로 사용하는 전자정부 표준 프레임워크도 스프링 기반에서 만들어 진 것입니다.

스프링 프레임워크는 개발자의 필수 사항입니다. 자바는 잘하지만, 스프링을 할 줄 모른다면 개발자로 큰 의미가 없습니다.

> **전자정부 표준 프레임워크 (eGovFrame)**
> 행정 안전부 산하 한국정보화진흥원에서 2009년 만든 웹 기반 어플리케이션 프레임워크로서 정부 및 공공기관, 공기업 등의 웹사이트에 자주 쓰이는 공통 기능을 Java Spring 프레임워크와 유명 Java 라이브러리를 가지고 미리 만들어 놓은 공통컴포넌트와 이를 개발하는 개발환경, 실행환경, 운영환경, 관리환경 등으로 구성되어 있다.
> 당시 다양한 기술이 난잡하게 사용되턴 SI 업계 표준을 정해주어 업계 전체적으로 생산성을 증가시키려는 목적을 가지고 있다. 공공기관 개발을 하기 위해 eGovFrame을 사용해야 했으므로, 많은 IT기업들이 표준 프레임워크로 차용하였다. 표준화를 통한 생산성 향상을 가져왔다는 평도 있지만, 자바 공화국을 만든 원인을 제공했다는 비판도 있다.

SQL(Structured Query Language)

DB에서 자료를 처리하는 용도로 사용되는 구조적 데이터 질의 언어를 SQL이라고 합니다. 서버 프로그램에서 많이 하는 일이 데이터베이스에 연결하여 데이터를 처리하는 일, 즉, 데이터를 조회하고 저장하고 갱신하는 일입니다. 이때 사용하는 DB에 질의를 하고 실행하는 언어가 SQL입니다.

프로그램에서는 데이터를 처리하기 위해서는 복잡한 조건이 있는 경우가 많습니다. 복잡하고 까다로운 데이터 처리를 한번에 할 수 있도록 SQL에 정통하여야 합니다.

개발자들이 자바와 같은 개발 언어만 열심히 하는데, 개발 현장에서는 SQL실력으로 개발자의 실력이 판가름 난답니다. SQL을 어떻게 작성하는가에 따라 프로그램의 질이 달라지고, 무엇보다도 프로그램 실행 속도에 많은 영향을 미칩니다. 짧고 간결한 SQL 프로그램을 할 수 있는 실력이 있다면, 실력 있는 개발자로 인정받을 수 있습니다. 개발자가 SQL 공부를 아무리 많이 한다 해도 절대 지나치지 않습니다.

| 갖추면 좋은 것들 |

백 엔드 개발자는 뒤 단에서 일어나는 일을 모두 처리해서 그 결과를 클라이언트에 전달해야 합니다. 따라서 개발 언어 이외도 다양한 IT 기술과 환경을 안다면 더욱 실력 있는 개발자가 될 수 있습니다.

다양한 프로그램 언어 습득

개발자는 주특기 언어가 있고, 그 외 부가적으로 하나 내지 두 개 정도의 언어를 할 수 있어야 합니다. 자바 이외의 앞서 살펴본 C#, Python과 같은 언어와 개발 프레임워크를 잘할 수 있다면 다양한 사이트에 상관하지 않고 개발할 수 있을 것입니다.

주요 DBMS(Data Base Management System)에 대한 이해

백 엔드 개발자의 개발 대부분이 DB에서 데이터를 처리하는 프로그래밍입니다. 따라서 DB에 대한 이해가 필요합니다. DBMS에 따라 접속 방법, SQL, 명령어가 약간씩 다릅니다. 가장 많이 사용하는 DBMS를 잘 알고 있으면 개발에 지장이 없을 것입니다.

인접한 개발 기술

백 엔드 개발자는 서비스를 호출하는 프런트 엔드를 이해하고 있어야 합니다. 프런트 엔드의 자바스크립트를 잘 알고 있다면 개발 현장에 많은 도움이 되겠지요. 백 엔드 개발자가 알아야 할 것은 방대합니다. 리더 개발자가 되기 위해서는 서버와 같은 하드웨어, 네트워크 및 보안에 대한 기본적인 지식을 두루 갖추고 있어야 합니다.

백 엔드 개발자가 갖추어야 할 것에 대해 생각해 보니 많아서 일일이 기술할 수 없네요. 어려운 용어와 개념도 많이 있어 간단하게 설명할 수 없는 것들이 많습니다. 여기서는 필자의 경험에서 바라본, 시작하는 시점에서 꼭 해야 할 것 몇 가지만 기술한 것이니 그리 알고 이해하시기 바랍니다.

| 백 엔드 개발자의 특징 |

백 엔드 개발은 업무를 프로그래밍하는 개발자입니다. 프런트 엔드 개발자가 개발한 프로그램에서 발생하는 오류는 화면에서 문제가 되어 오류의 심각성은 조금 덜하지만, 백 엔드 개발자 프로그램 오류는 치명적일 수 있습니다. 데이터를 잘 못 갱신 한다든지, 데이터를 처리하는 서비스가 중도에 끊겨 데이터가 맞지 않는다면 문제가 크겠지요. 따라서 많은 테스트를 통해 검증되어야 합니다. 끈질긴 테스트를 할 수 있는 인내가 필요합니다.

백 엔드 개발자의 분야는 다양하고 방대합니다. 방대한 만큼 한 분야에 전문성이 필요합니다. 전문성 못지않게 IT 전반적인 지식을 두루 갖춘다면 실력 있는 개발자가 될 수 있을 것입니다. 개발 지식 못지않게 업무에 대한 지식을 가진다면 더할 나위 없겠지요. 어떤 분야의 업무(금융, 통신, 제조와 같은)에 대해 제대로 안다면 개발자의 가치가 달라진다는 것을 반드시 명심하시기 바랍니다.

프로그래밍에 진심이라면 백 엔드 개발자로서 진로를 잡을 수 있겠지요. 다양한 시스템을 접하고, 어려운 개발에 도전할 수 있습니다. 개발자로서 더 전문적인 커리어 패스로 도전할 수 있는 기회를 만들 수 있습니다.

8장

모바일 앱(App)

웹은 PC를 기반으로 인터넷 환경에 적합한 구조입니다. 그러나 모바일은 PC에 비해 화면도 작고, 네트워크 속도도 빠르지 않습니다. 또 모바일에서는 PC와 다른 다양한 터치와 동작이 가능하고, 카메라, 내비게이션과 같은 기능을 활용할 수 있어야 합니다.

PC 웹 화면을 그대로 모바일에서 활용하기에는 부족한 점이 많습니다. 따라서 모바일 환경에 적합한 모바일 전용 애플리케이션이 필요합니다. 모바일 환경에서 구동하는 애플리케이션을 앱(App)이라 합니다. 스마트폰으로 대변되는 모바일 환경에서는 웹과 앱이 공존하게 되었습니다. 웹과 앱의 다른점과 앱 개발에 필요한 것들을 개발자 관점에서 알아볼까요.

웹 서비스의 한계

우리가 매일 사용하는 스마트 폰 앱에 대해 알아보기 위해 다시 웹 서비스구조를 리뷰해 봅시다.

웹 서비스를 사용하기 위해서는 디바이스에 브라우즈만 있으면 됩니다. 브라우즈에 웹 주소를 입력하면 웹 페이지가 나타납니다. 따라서 굳이 프로그램을 깔지 않아도 주소만 치면 프로그램을 이용할 수 있습니다. 디바이스에 브라우즈는 대부분 기본으로 설치되어 있거나 무료입니다.

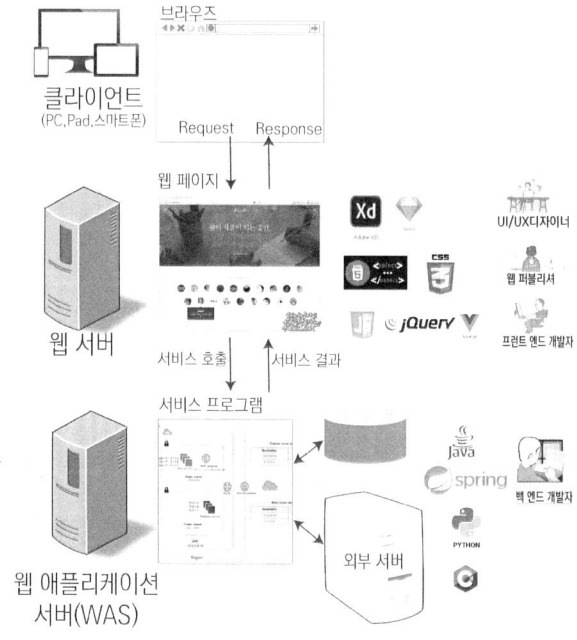

웹 서비스의 구조와 개발자

웹 서비스 과정은, 브라우즈 요청을 웹 서버로 전달하고 백 엔드 서비스 프로그램이 처리한 결과를 다시 웹 서버를 통해 클라이언트의 브라우즈로 전달됩니다. 여러 과정을 거쳐야 하나의 서비스가 가능합니다. 이러한 복잡한 구조가 어떻게 보면 웹 서비스 한계라 할 수 있습니다.

브라우즈 화면이 동작하려면 모든 처리는 네트워크를 타고 서버로 가야 합니다. 클라이언트(PC, 패드, 스마트폰)의 브라우즈가 하는 일이란 HTML 페이지를 번역해서 사용자에게 보여주는 일 이외에 하는 것이 없습니다. 웹 서비스 구조는 한번 페이지를 표시하고 나면 서버와 통신이 끊기고, 다시 브라우즈가 서버 호출을 하는 단발성 연결입니다. 작은 동작 하나 할 때마다 매번 서버를 호출합니다. 그러나 정작 서버에서 필요할 때 스마트폰 같은 클라이언트를 호출할 수 없습니다.

웹 서비스의 문제점은 크게 두 가지로 정리할 수 있는데, 첫째는 브라우즈가 처리할 수 있는 것이 제한적이라 매번 서버를 호출해야 하므로 네트워크에 많은 부담이 됩니다. 버튼 하나 누를 때마다 네트워크를 타는 시간이 걸립니다. 동영상과 같은 파일 사이즈가 크면 네트워크가 좋은 곳이 아니면 영상이 끊길 수 있습니다. 게임 같은 그래픽 동작이 많은 서비스는 웹으로 실행하기가 쉽지 않습니다.

두 번째는 브라우즈 웹 페이지는 보여주기만 할 뿐 독자적으로 클라이언트에서 할 수 있는 것이 제한적입니다. 따라서 클라이언트는 작은 서비스 하나 처리를 위해 매번 서버를 호출해야 합니다. 반면 서버는 클라이언트를 호출할 수 없습니다. 오로지 클라이언트의 요청만 받고 처리해서 결과를 요청한 곳으로만 돌려줄 수 있습니다. 다시말하자면 서버는 클라이언트를 통제

할 수 없습니다. 따라서 서버가 클라이언트의 디바이스를 통제하는 것과 같은 프로그램을 수행할 수 없습니다. 대표적인 것이 푸시 서비스입니다. 푸시는 서버에서 클라이언트 디바이스로 메시지를 보내는 것입니다. 웹 구조는 클라이언트만 서버를 알 뿐 서버가 클라이언트를 알 수 없습니다. 오로지 클라이언트가 호출할 때만 클라이언트를 알 수 있습니다. 클라이언트가 호출하지 않는다면 먼저 서버가 원하는 클라이언트를 알고 호출할 수 없습니다. 따라서 서버가 클라이언트에 먼저 메시지를 보낼 수 없습니다.

웹 페이지에서 스마트폰 카메라를 동작하게 하는 것과 같은 클라이언트 디바이스를 프로그래밍으로 제어하는데 한계가 있습니다. 웹에서 디바이스의 카메라, 내비게이션, 지문인식 같은 기능 사용이 쉽지 않습니다.

> 웹 표준 html 5에서는 이러한 부분이 많이 개선되어 일부 기능은 웹에서 구현할 수 있다.

이러한 한계는 인터넷이 발전한 초기 PC 시대에서는 크게 문제가 되지 않았지만, 스마트폰이 대세인 모바일 시대에는 그렇지 않습니다. 스마트폰의 카메라, 내비게이션, 음성, 통화와 같은 기능을 이용할 수 없다면, 스마트폰이 가진 특성을 살리는 서비스를 만드는데 애로가 됩니다. 모바일 서비스를 위해 웹 서비스의 한계를 극복할 수 있는 다른 대안이 필요합니다.

모바일 앱(App)

웹 서비스의 한계를 극복하기 위해 HTML로 만들어지는 웹 표준도 꾸준히 발전해 그 한계를 극복해 왔습니다. 그러나 웹 구조 특성상 클라이언트 디바이스를 제어하지 못하는 한계는 여전했습니다. 사용자의 모바일 경험 요구는 날로 증가했고, 이러한 요구에 맞는 개발이 모바일 앱입니다.

앱(App)은 전혀 새로운 것이 아닙니다. 워드나 한글과 같은 컴퓨터의 운영체계(윈도나 Mac 같은) 위에서 응용 프로그램(애플리케이션)이 모바일 즉 스마트 폰의 운영체계에서 구동되는 것이 앱입니다.

모바일 앱은 브라우즈에서 돌아가는 웹 페이지가 아닌, 모바일 기기에서 직접 돌아가는 응용프로그램입니다. 클라이언트인 스마트폰에 프로그램을 설치하여 실행합니다. 이러한 방식은 우리가 앞서 살펴보았던 클라이언트-서버 구조와 동일합니다. 웹 서비스 이전의 구조인 클라이언트-서버 구조가 다시 소환된 것입니다.

유행도 돌고 돌지만 기술도 돌고 돕니다. 구관이 명관이라는 말도 있듯, 어제 낡았던 기술이라 생각되었던 기술이 알고 보니 좋은 것이었습니다. 기술 발전이 늘 무에서 유를 창조하는 것만은 아닙니다. 오히려 어제의 낡은 기술을 다시 다듬어서 새롭게 쓰는 것이 많습니다.

모바일 앱 시스템 구조는 클라이언트-서버 방식과 동일한 구조입니다. 다만 클라이언트-서버 구조는 클라이언트가 PC이고, 모바일 앱 구조에서는 클라이언트가 스마트 폰입니다. 또한 네트워크가 유선에서 무선으로 바뀌었습니다. 그러나 클라이언트에 프로그램을 설치하고, 클라이언트와 서버가 나누어서 서비스를 처리하는 것은 동일합니다.

클라이언트 – 서버 구조의 클라이언트 프로그램처럼, 앱은 클라이언트 즉 스마트폰에 설치하여 독자적인 기능을 수행할 수 있습니다. 웹 서버는 클라

시스템 구성의 변화

이언트 호출 시만 연결되고 네트워크가 끊어지지만, 앱과 서버는 언제나 무선으로 연결될 수 있고, 서버는 클라이언트 앱을 이용하여 다양한 스마트폰 기능을 제어할 수 있게 되었습니다. 따라서 서버는 클라이언트에 깔린 푸시 기능 통해 언제든지 서버가 원할 때 클라이언트에 메시지를 전달할 수 있게 되었습니다.

스마트폰에서 사용하고 있는 애플리케이션이 앱인지 웹인지 헷갈린다면 간단하게 구분할 수 있습니다. 구글 플레이 같은 앱스토어에서 다운로드한 후 스마트폰에 설치했다면 앱이고, 검색해서 링크를 눌러 들어간다면 모바일 웹입니다.

모바일 웹은 다운로드가 필요 없어 사용자가 접근하기 쉽습니다. 그러나 앱은 서비스 이용을 위해 다운로드를 해야 하므로 서비스 진입 장벽이 되기도 합니다. 그러나 웹은 이미 말했듯이 모바일 기기의 사용자 경험을 온전히 다 구현하기에는 한계가 있습니다. 그래서 다운로드라는 단점에도 불구하고 앱을 개발하는 이유이기도 합니다.

모바일 웹과 앱의 비교

모바일 웹과 앱의 장점을 간단하게 비교해 보면 다음과 같습니다.

웹의 장점이 앱의 단점이고, 앱의 장점이 웹의 단점이라 할 수 있겠네요. 웹과 앱의 장단점이 확실하고, 디바이스도 다양해지다 보니 어떤 서비스 전략을 가지고 가야 할지 고민이 됩니다. 여건이 된다면 웹과 앱을 다 구축하

웹(Web)	앱(App)
서비스를 위해 설치가 필요하지 않다.	다양한 터치, 제스쳐 등 사용자 경험이 좋다.
서비스가 변경이 되어도 업데이트할 필요가 없다.	화면 처리 속도가 빠르다.
OS에 상관 없이 하나만 개발하면 된다.	카메라 등 단말기의 디바이스의 다양한 기능을 사용할 수 있다.
대부분 PC용 웹 개발과 운영을 같이 하므로 비용이 적게든다.	사용자와 항상 연결되어 있어 푸시 같은 메시지를 전달할 수 있다.

모바일 웹과 앱의 장점

면 좋지만, 비용이 문제가 됩니다. 웹 중심으로 할 것인지, 앱 중심으로 할 것인지 결정해야 합니다. 쿠팡 서비스는 스마트폰에서 웹으로도 앱으로도 다 가능합니다. 대부분 서비스 공급자는 웹으로 접속했을 때 앱을 설치하도록 유도합니다. 앱을 주요 채널로 하고 웹을 보조로 하는 전략입니다.

반면에 모바일 웹만 서비스하는 전략도 있습니다. 모바일 앱은 사용자 경험이 좋으나 모바일 OS마다 개발해야 하므로, 최소 안드로이드용, iOS용 두 벌을 개발해야 합니다. 그러나 웹은 한 벌만 개발하면 안드로이드와 아이폰 둘 다 서비스가 가능합니다. 이러한 이유로 앱처럼 기능이 완벽하지는 않지만, 웹으로만 서비스하는 곳도 많습니다. 웹으로만 개발해서 안드로이드와 아이폰을 동시에 서비스하는, 비용을 절감하는 방식입니다. 물론 웹의 한계로 사용자 경험은 부족할 수밖에 없겠지요.

앱과 웹의 장점만 취하는 개발 방법이 없을까요? 둘의 장점을 결합하는 방법을 생각하게 되었고, 그것이 웹과 앱을 결합한 하이브리드 앱입니다.

> **하이브리드 앱**
> 네이티브 앱(순수하게 앱으로만 개발한 것)과 웹의 장점을 합친 앱이다. 기본 기능은 HTML 등의 웹 표준 기술 기반으로 개발하고, 앱에서 웹이 동작하도록 개발한 것이다. 카메라, 지문 등 단말 기기를 제어할 수 있는 기능은 앱으로 하고, 업무 화면은 웹으로 개발하여 서로의 장점을 취할 수 있도록 개발한 앱이다.

웹과 앱만 장점만 모은 하이브리드 앱은 웹과 앱의 단점을 해결할 것 같았습니다. 그래서 한때 모바일 개발의 대세가 되기도 했습니다. 모바일 개발자라면 하이브리드 앱을 개발할 수 있어야 했죠. 그러나 하이브리드 앱은 기대만큼 효과적이지 않았습니다. 개발 방법도 복잡했고, 앱 안에 웹을 넣은 구조인데, 대부분의 화면은 웹으로 구현하므로 웹의 단점은 여전했습니다. 또 웹과 앱이 연계되는 부분이 매끄럽지 않아 순수 앱만큼 좋은 사용자 경험(UX)을 만드는 데 한계가 있었습니다.

결국 돌고 돌아서 최근에는 순수 네이티브 앱 개발로 다시 돌아오는 경향입니다. 대부분 기능은 앱에서 구현하여 주 채널로 하고, 보조 채널로 모바일 웹을 두고 있습니다.

웹과 앱의 여전히 상호 공존하고 있으며, 전략적 선택은 아직도 진행 중입니다. 앞서 우리가 살펴본 프런트 엔드 개발 프레임은 모바일 웹에서도 앱과 같이 움직일 수 있는 다양한 기술적인 시도를 하고 있고, 어느 정도 효과를 거두고도 있습니다.

이제 앱 개발자에 대해 좀 더 자세하게 알아보겠습니다. 앱 개발자가 어떤 기술을 갖추어야 하며 다른 개발자와 관계를 살펴볼 것입니다.

모바일 앱(App) 개발자의 기술 요건

스마트폰에는 삼성으로 대변되는 안드로이드 폰과 애플 아이폰 두 종류가 있습니다. 두 가지 폰은 서로 운영 체계(OS, Operating System)가 달라 구동되는 앱도 다릅니다. 따라서 앱으로 서비스를 하려면 안드로이드 폰 용 앱과 iOS 운영체제의 앱 두 가지를 개발하여야 합니다.

우리가 자주 사용하는 앱은 동일한 서비스지만 두 가지 형태의 앱이 있다고 보면 됩니다. 동일한 서비스 앱인 두 개 앱을 개발자 한 명이 다 개발하면 좋겠지만, 현실은 그렇지 않습니다. 안드로이드 개발과 iOS 앱 개발은 완전히 달라 두 가지 앱 개발이 가능한 개발자는 많지 않습니다. 그래서 앱 하나를 개발하기 위해 안드로이드 앱 개발자와 iOS 앱 개발자 각각 필요하답니다.

> **스마트폰 운영체제(OS) 점유율**
> 2022년 현재 국내 안드로이드와 iOS의 점유율은 약 67:33이다. 앱 개발 입장에서는 33% 고객을 위해 iOS용 앱을 개발해야 한다. 물론 비용 때문에 어쩔 수 없이 iOS 앱 고객을 포기하는 경우도 있긴 하지만, 아이폰 사용자를 포기하기는 힘들다.

| 안드로이드 앱 개발자의 기술 |

안드로이드 앱 개발자가 되기 위해서 갖추어야 할 기본 기술은 3가지 정도로 요약할 수 있습니다.

자바(Java)

앞서 백 엔드 개발자의 기술에서 자바를 살펴 보았습니다. 안드로이드는 공식 언어로 자바를 지원하고 있습니다. 안드로이드에서 개발하려면 자바를 이해하고 있어야 합니다. 자바는 안드로이드 개발 이외에 백 엔드 개발 등 범용적으로 사용되고 있으므로 개발자의 필수 언어라 할 수 있습니다.

코틀린(Kotlin)

안드로이드는 자바를 공식 언어로 지원했는 데, 오라클이라는 회사가 자바를 인수하면 서 오픈 SW인 자바가 특정 회사에 귀속되  게 되었습니다. 이후 구글에서는 코틀린을 안드로이드 공식 언어로 지정하였습니다. 이후 많은 기업이 자바로 만든 앱을 코틀린으로 전환하고 있습니다. 따라서 안드로이드 개발자라면 코틀린 언어도 개발할 수 있어야 합니다. 다행히 자바와 크게 다르지 않아 러닝 커브(배우는데 걸리는 시간)가 많지 않습니다.

안드로이드 스튜디오

구글에서 제공하는 안드로이드 앱을 개발할 수 있는 개발 도구입니다.

기본적으로 자바와 코틀린 언어를 사용할 수 있습니다. 개발자들은 기존에 사용하던 자바 개발 환경에서 안드로이드 개발을 하는 것이 익숙하지만, 점차 안드로이드 스튜디오와 같은 통합된 개발환경으로 전환하는 추세가 되고 있습니다.

| iOS 앱 개발자의 기술 |

개발을 하려면 개발 언어와 개발 환경을 제공하는 개발 도구가 필요합니다. 아이폰 앱을 개발하기 위해서는 스위프트(Swift)라는 개발 언어와 XCode라는 개발 도구가 필요합니다.

스위프트(Swift)

스위프트는 애플의 iOS와 macOS를 위한 프로그래밍 언어입니다. 기존에는 Objective-C 라는 언어로만 iOS앱을 개발할 수 있었는데, 2014년 애플이 스위프트를 소개했습니다. 스위프트는 기존 Objective-C보다 쉬워 많은 최근 개발자들은 주로 스위프트로 iOS 앱을 개발하고 있습니다.

XCode

가장 많이 사용되는 iOS 앱 개발 도구입니다. 애플의 앱 스토어에서 다운로드하여서 설치할 수 있습니다.

크로스 플랫폼

모바일에서 개발 방법은 웹, 하이브리드 앱, 네이티브 앱 세 가지 개발 방법이 있습니다. 개발 방법의 특징을 비교해 보겠습니다.

하이브리드 개발 방식도 성능, 개발 효율성(웹 개발자, 앱 개발자 다 필요함)에서 크게 대안이 되지 않았습니다. 그러나 두 개의 운영체제로 개발해야 하는 번거로움을 극복하기 위해 하이브리드 개발 방식을 발전시키려는 노력은 계속되었습니다.

웹, 하이브리드 앱, 네이티브 앱의 비교

그러한 노력의 결과 두 개의 운영체계에서 동작이 가능한 웹 기반 프런트엔드 프레임워크가 출시되었습니다. 이를 '크로스 플랫폼'이라 합니다. 즉, 하나의 소스 코드로 안드로이드와 iOS 모두 작동할 수 있는 웹 앱(웹에서 동작하는 앱)을 만드는 개발 도구입니다. 대표적인 모바일 크로스 플랫폼으로는 구글에서 출시한 '플러터', 페이스북의 '리액트 네이티브', 그리고 마이크로소프트의 '닷넷 마우이(구 자마린)'가 있습니다.

크로스 플랫폼이 앱 개발의 만능이 되었으면 좋겠지만 아직 대세가 되기에 부족한 부분이 많습니다. 이들 크로스 플랫폼 개발 방식은 네이티브 앱에 비해 성능을 100% 끌어올릴 수 없고 기기 활용 한계도 여전합니다. 선택지는 많아졌지만 여전히 앱 개발에 대한 문제가 속 시원히 해결된 것은 아니라 할 수 있겠지요.

일반적으로 사용자가 쉽게 접근하도록 서비스 하려면 앱 다운로드가 필요하지 않는 웹으로 개발합니다. 대부분의 공공기관 서비스가 이에 해당합니다. 반면 고객과 밀착된 관계가 필요하다면 네이티브 앱으로 개발합니다. 웹과 앱은 상호 보완하면서 같이 공존하고 있습니다. 따라서 어떤 개발 방식을 선택하느냐에 따라 조직에서의 개발자 구성이 달라집니다.

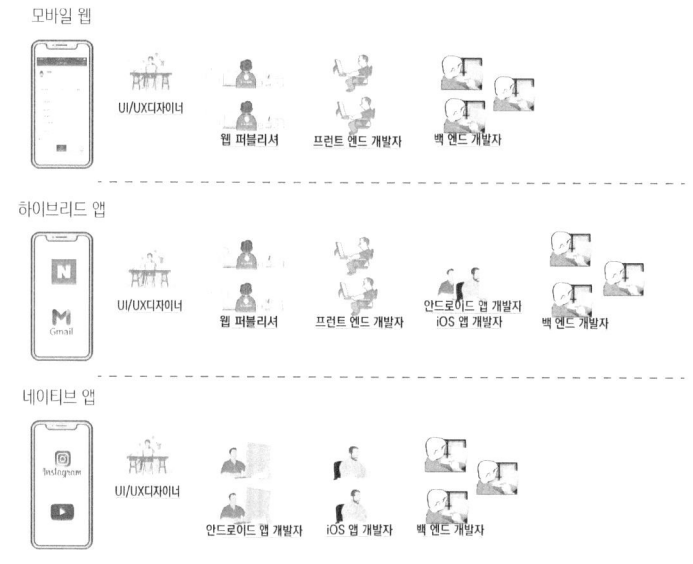

모바일 개발 방식에 따른 개발자의 구성

웹 개발에는 앱 개발자가 필요 없으나 웹 퍼블리셔가 반드시 필요하며, 네이티브 앱 개발에는 안드로이드, iOS 앱 개발자가 필요하다. 하이브리드 개발에는 적은 수라도 웹과 앱에 필요한 개발자 모두 필요하다

웹 개발자? 앱 개발자?

개발자가 되기로 했다면 어떤 개발자로 진로를 선택할지 고민입니다. 웹 개발자가 되어야 할지? 아니면 모바일 시대에 앱 개발자가 되어야 할지. 앱 개발자라면 안드로이드, iOS 중 하나를 선택해야 하네요.

IT 개발자에 대한 수요도 수시로 바뀌고, 개발 기술도 빨리 변하기 때문에 쉽게 결정할 수 없습니다. 다만 선택에 있어 참고할 만한 것을 나열해 보겠습니다.

- 모바일에서 웹은 한계를 가지고 있지만, 웹 구조는 앞으로도 공고하게 유지될 것이다. 웹 기술은 계속 발전하여 한계를 조금씩 극복할 것이다.
- 웹은 범용성을 가지고 있다. 웹 개발은 모바일뿐만 아니라 PC 등 다양한 기기에서 여전히 유효하다. 범용적이고 보편적인 만큼 웹 개발자 수요도 많고 그만큼 웹 개발자도 많다.
- 반면, 앱 개발자는 앱 개발이라는 것에 한정적이다. 네이티브 앱 개발이 아닌 곳에 앱 개발자가 설 곳은 없다. 그러나 모바일 퍼스트 추세에 따라 모바일 개발자의 수요는 많아지고 있다.
- 안드로이드에 비해 iOS 개발자는 상대적으로 적어, 개발자를 구하기 어려운 경우가 많다. 작은 부분에 전문적인 개발자가 되고자 하면 iOS 앱 개발자를 생각할 수 있다.

최선의 선택은 없습니다. 자기 적성과 원하는 바를 잘 알고 선택해야겠지요. 앱 개발자로 시작했으나 앱 개발이 맞지 않으면, 웹 개발자로 전환할 수 있습니다. 실제로 그런 일은 많습니다. 당연히 웹에 대한 기본적인 지식이 있어야 하겠지요. 앱 개발을 잘하는 것은 좋지만, 앱만 안다면 웹과 같은 다른 개발에 관심이 적어져 시야가 좁아질 수 있습니다. 하이브리드 앱을 개발하려면 앱 개발자도 웹에 대해 알고 있어야 합니다. 또 여차하면 앱에서 웹 개발로 전환할 수 있으니, 앱 개발자이지만 웹에 대한 기술을 가지고 있으면 더 좋겠지요.

최근 모바일 기술로 제시되고 있는 구글의 플러터, 페이스북의 리액트 네이티브, 그리고 마이크로소프트의 닷넷 마우크로스와 같은 크로스 플랫폼 프레임에 대해서도 알아 두는 것이 좋습니다. 아직 부족한 점이 있긴 하지만 소위 말하는 IT 메이저들이 이들 기술을 주도하고 있어 점차 모바일 프런트의 대세가 되고있습니다. 기술을 채용하는 기업이 많아지고있고, 개발자 수요가 많아지고 있습니다. 그런 기술을 가지고 있다면 개발자로 유리한 지점을 차지할 수 있겠지요. 특히 스타트 업과 같은 기술 선도적인 기업에서는 비용 절감과 기술 선점을 위해 이런 기술 도입에 적극적입니다. 스타트 업에 진로를 생각하고 있다면 이런 기술에 대한 관심을 가질 만합니다.

모바일 시대에 앱 개발자로의 진로는 좋습니다. 그러나 앱 개발에만 머문다면 위험할 수 있으므로, 앱을 기본으로 하고, 다른 개발로 확장할 수 있는 자세를 가지는 것이 좋습니다.

9장

임베디드(Embedded) 소프트웨어 개발

전기자동차 시대가 되면서 자동차도 가전제품이 되었다고 합니다. 메카닉스(기계공학)가 집약된 대표 소비재였던 자동차가 전기로 움직이는 TV, 세탁기와 같은 가전제품과 별다를 게 없는 제품이라는 것이지요. 한편에서는 가정에 쓰는 가전제품 또한 컴퓨터가 되어가고 있습니다. 제품마다 LED 계기판과 반도체 메모리를 장착하고 온갖 기능이 있어, 사용하기 위해 공부를 해야 할 지경입니다.

가전제품과 자동차 변신의 주역은 그 안에 들어 있는 소프트웨어입니다. 오늘날 소프트웨어가 없는 기계장치를 발견하기는 쉽지 않습니다. 어떤 미래학자는 극단적으로 말합니다. "미래의 모든 자산은 정보라는 형태로 존재할 것이고, 이러한 정보는 소프트웨어 즉, 프로그램 코드로 존재한다."〈레이 커즈와일〉"

임베디드 소프트웨어

임베디드라는 말은 '내장형'이라는 의미의 영어입니다.

임베디드 SW는 어딘가에 내장된 소프트웨어, 또는 프로그램이라는 의미입니다. 일반적인 프로그램은 컴퓨터나 컴퓨터나 다름없는 스마트폰에서 작동합니다. 그러나 임베디드 소프트웨어는 PC나 스마트폰에서 작동하는 응용 프로그램이 아니라 어떤 장치나 기계에 내장되어 장치나 기계를 움직이거나 장치나 기계에 의해 작동하는 프로그램입니다.

임베디드 소프트웨어가 내장된 기계나 장치를 임베디드 시스템이라고 합니다. 자동차, TV, 세탁기, 로봇 청소기 등이 임베디드 시스템입니다. 임베디드 시스템에도 소프트웨어를 동작하게 하는 작은 컴퓨터(마이크로 컴퓨터, micro computer)가 내장되어 있습니다. 냉장고 같은 가전제품에는 마이크로 컴퓨터가 내장된 컨트롤 보드가 있어, 내장된 소프트웨어가 온도를 일정하게 유지하도록 조절하지요. 컨트롤 보드에 내장된 소프트웨어가 냉장고의 기능을 조정하는 두뇌 역할을 한다고 볼 수 있습니다.

- 임베디드 프로그램은 기계, 장치와 같은 하드웨어를 제어하는 소프트웨어다.
- 임베디드 소프트웨어가 탑재된 장치를 임베디드 시스템이라 한다.
- 임베디드 시스템에는 작은 컴퓨터가 내장되어 있다.
- 냉장고와 같은 임베디드 시스템의 컨트롤 보드에서 자동으로 온도를 조절한다.
- 일반적인 소프트웨어는 PC 키보드나 스마트폰 터치로 작동된다.
- 임베디드 소프트웨어는 임베디드 시스템(가전제품 같은)의 버튼, 센스 등과 같은 기계장치에 의해 작동된다.

임베디드 소프트웨어는 하드웨어를 움직이기 위한 프로그램입니다. 따라서 제품이 출시될 때 하드웨어 장치에 소프트웨어가 이미 내재되어 있습니다. 즉 우리가 컴퓨터를 사서 프로그램을 깔거나 스마트폰에서 앱을 받아 설치하는 것과 다르게 이미 하드웨어에 소프트웨어가 내장되어 있습니다. 그래서 임베디드 소프트웨어를 하드웨어와 순수한 소프트웨어의 중간에 있다는 의미로 'Firmware'라고 합니다.

> **펌웨어(Firmware)**
> 펌웨어(firmware)는 컴퓨팅과 공학 분야에서 특정 하드웨어 장치에 포함된 소프트웨어로, 소프트웨어를 읽어 실행하거나, 수정하는 것도 가능한 장치를 뜻한다. 하드웨어의 제어(low-level control)와 구동을 담당하는 일종의 운영체제이다. 펌웨어는 ROM이나 PROM에 저장되며, 하드웨어보다는 교환하기가 쉽지만, 소프트웨어보다는 어렵다.
> 〈출처:위키〉

응용 소프트웨어는 운영체계만 같으면 어떤 PC에서도 사용할 수 있지만, 임베디드 소프트웨어는 하드웨어와 밀접하게 결합되어 있기 때문에 그 장치나 기계에 전용으로 고정되어 있습니다. 처음부터 장치를 염두에 두고 개발되었기 때문에 같은 종류의 장치라도 장치가 다르면 사용할 수 없습니다.

일반적인 응용 소프트웨어는 데이터 처리에 중점을 둡니다. 사용자의 기본 정보와 거래 정보를 데이터로 저장하는 것이 중요하죠. 따라서 데이터를 저장하는 DB가 매우 중요합니다. 프로그래밍은 데이터를 가공하고 처리해서 저장하는 것에 주안을 둡니다. 따라서 개발자는 DB를 다루는 SQL과 같은 언어는 필수적으로 알아야 합니다.

반면 임베디드 소프트웨어는 데이터 처리보다 하드웨어 제어가 주목적입니다. 정보를 저장하기 위해 DB를 사용하는 일은 거의 없습니다. 필요한 정보는 주로 파일에 보관합니다. 빠른 계산과 적은 데이터로 하드웨어와 통신하여 하드웨어를 움직이도록 하는 것이 프로그램의 주 역할입니다.

응용 소프트웨어가 정보처리가 목적이므로 데이터 정합성이 중요한데 반해, 임베디드 소프트웨어는 하드웨어와 연결된 동작 테스트가 중요합니다. 응용 소프트웨어에서 부정확한 데이터 처리로 인한 위험도 크지만, 임베디드 소프트웨어로 인해 하드웨어가 고장을 일으킨다면 치명적일 수 있습니다. 자동차 소프트웨어 오류로 운행중 오작동을 하면 인명 피해가 발생할 수 있습니다. 정보를 다루든 하드웨어를 통제하든 소프트웨어는 종류와 상관없이 그 역할은 정말 중요하답니다.

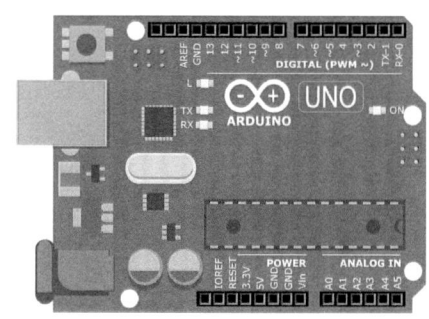

보드 개발 도구 - 아두이노

임베디드 개발자

임베디드 소프트웨어를 개발하는 IT 개발 직군을 임베디드 개발자, 임베디드 소프트웨어 엔지니어라고 합니다. 임베디드 개발자는 개발에 필요한 하드웨어의 환경을 고려해서 개발합니다. 하드웨어를 제어하여야 하기 때문에 하드웨어 장치와 연결된 개발 환경이 필요합니다.

ITSQF 직종	직무
SW개발	UI/UX디자인
	UI/UX개발
	응용SW개발
	시스템SW개발
	임베디드SW개발
	빅데이터개발
	인공지능SW개발

SW개발에서의 임베디드 SW개발자(KOSA ITSQF)

| 임베디드 개발자의 기술 |

C, C++

임베디드 개발자가 주로 사용하는 언어는 'C언어'입니다. C언어는 자바나 C#에 비해 하드웨어 제어가 용이한 언어입니다. 또한 CPU, 메모리 자원을 적게 사용하므로 PC나 스마트폰과 달리 마이크로 컴퓨터를 장착한 장치에 더 적합한 언어입니다.

임베디드 개발자의 사용 언어는 현장이나 하드웨어에 따라 다양할 수 있는데 일반적으로 C와 C++을 많이 사용하며, 각종 라이브러리를 사용하는 것보다 직접 프로그래밍하는 것을 택합니다. 프로그램 사이즈를 최소화하여 메모리를 적게 사용하고 성능을 확보하기 위해서입니다.

회로 및 하드웨어 장치에 대한 지식

임베디드 프로그래밍은 소프트웨어 개발 지식 이외에 하드웨어에 대한 지식도 필요합니다. 회로 보드와 연계되어 개발과 테스트가 필요하므로 기본적인 전기 지식과 회로도를 읽는 능력이 필요합니다. 보드 제작과 계측 및 테스트에 이르는 장비와 연계된 개발 환경을 알아야 합니다. 임베디드 개발자는 엔지니어와 개발자의 자질이 필요합니다.

| 임베디드 개발자의 진로 |

특정 기능이 내장된 반도체 칩, 반도체 공정 라인, 로봇, 항공기, 자율 주행 자동차와 같은 첨단 산업에서 세탁기, 냉장고와 같은 가전에 이르기까지 임베디드 소프트웨어가 필요하지 않은 곳은 없습니다. 임베디드 소프트웨어가 없다면 소위 말하는 4차 산업 혁명도 불가능합니다. 그래서 정부는 임베디드 개발의 중요성을 알고 교육과정을 지원하고 있습니다.

임베디드 개발자가 일하는 분야는 주로 제조업체입니다. 장치를 제어하는 프로그래밍이므로 제조업체나 임베디드 소프트웨어 전문 업체에서 일합니다. 항공, 국방, 자동차, 반도체 메모리, 전자 회사와 같은 대기업 제조업체부터 이들 회사에 납품하는 작은 중소기업에 이르기까지 임베디드 소프트웨어가 필요한 제품이 많은 만큼 셀 수 없이 많은 회사가 있습니다.

임베디드 개발자가 될 것인가? 일반 웹 개발자가 될 것인가? 두 종류의 개발자 진로를 결정하는 것은 웹 개발자가 될 것인가? 앱 개발자가 될 것인가? 결정하는 것보다 더 어렵습니다. 왜냐하면 앱 개발자에서 웹 개발자로의 전환은 어렵지 않습니다. 개발 언어는 서로 다르지만 두 개발자는 대개 같은 곳에서 일합니다. 서로 협업하고, 동일한 시스템 구조에서 개발을 합니다. 따라서 상호 간의 전환은 크게 어렵지 않습니다.

그러나 임베디드 개발자가 일반 응용 소프트웨어개발자나 웹 개발자로의 전환은 쉽지 않습니다. 임베디드 개발자와 일반 웹 개발, 응용 소프트웨어 개발자와 같은 곳에서 일하는 경우는 거의 없으며, 개발환경, 개발 언어도 다릅니다. 앞서 말했듯이 응용 소프트웨어 개발자가 DB 처리 중심의 데이터 및 정보 처리가 중심이라면, 임베디드 개발자는 하드웨어 제어 중심이라 프로그래밍의 목적과 방법이 다릅니다.

장비, 기계와 같은 엔지니어링에 관심이 많다면 임베디드 개발자 진로는 해 볼 만합니다. 임베디드 개발자는 개발자이지만 엔지니어링의 성격이 강한 소프트웨어 직군입니다. 선도 기업에서 필요한 첨단 임베디드 개발자로서 진로를 꿈꾼다면 좋은 방향입니다. 자율 주행 자동차만 보더라도 소프트웨어 역할이 얼마나 중요한지 알고 있습니다. 전문화된 임베디드 개발자의 소프트웨어 기술은 앞으로도 많은 수요가 예상됩니다.

그러나 임베디드 소프트웨어는 제조회사 제품의 일부로 간주하기 때문에, 제조업에서 소프트웨어 개발에 대한 인식은 일반 서비스 산업에서의 소프트웨어 개발에 대한 인식과 차이가 있습니다. 앱으로 서비스를 하는 온라인 회사나 스타트 업에서의 개발자에 대한 인식과 제조업체에서 개발자 인식은 차이가 있습니다. 소프트웨어 개발을 제품 부속품 같은 시각으로 본다면 소프트웨어 개발을 제대로 이해하기 어렵습니다. 개발자의 역할과 중요성을 올바로 평가하지 못할 수 있습니다.

임베디드 개발자로 있다가 일반 웹 개발자로 전환할 때는 다시 신입이 된다는 각오도 해야 합니다. 웹 개발자를 채용하는 입장에서는 임베디드 개발 경력을 웹, 응용개발자로 온전히 인정하기 어렵습니다.

필자도 임베디드 개발을 하다가 경력직으로 지원한 이들을 면접한 경험이 많습니다. 개발 스펙이 달라 채용이 어려웠습니다. 채용을 꼭 해야 할 경우에만 빠른 전환 가능성이 있을 것 같은 일부 지원자만 채용했습니다. 개발 경력이 있었지만 그래도 본인 경력만큼 역할을 하는 데 시간이 제법 걸렸습니다.

임베디드 소프트웨어 개발자는 그 분야의 전문성으로 인정을 받을 수 있지만, 일반적인 웹 개발자, 응용 소프트웨어 개발자로 전환이 어려운 점과 제조업에서의 개발환경에 대한 부분은 개발자로서의 진로 선택 전에 반드시 고려해야 합니다.

10장

IT 직업에서 개발자의 위치

IT 업계에는 개발자 이외에도 많은 직업들이 있다는 사실을 고용노동부 워크넷, NCS의 IT 직업분류, 한국 SW 협회 직업분류에서 확인했습니다.

IT 직업을 이해하기 위해 IT 기본 지식을 어느 정도 알아야 한다는 생각으로 뱅킹 서비스 구성도를 통해 IT 시스템 구성을 살펴보았습니다. IT 서비스가 수행되는 뒤 편에 있는 전산실에서 많은 IT 일이 수행되고 있는 것도 알았습니다.

오늘날 일반적인 시스템 구조라고 하는 웹 서비스 구조(클라이언트의 브라우즈 - 웹 서버 - 웹 애플리케이션 서버)도 이해했습니다. 웹 개발자로 웹 퍼블리셔, 프런트 엔드 개발자와 백 엔드 개발자가 있습니다. 그리고 모바일 앱 개발자, 임베디드 개발자에 대해서도 알아 보았습니다.

IT 직무 분류에서의 개발자

지금까지 알게 된 개발자 직업이 우리가 처음에 보았던 IT 직업 분류에 있어 어떤 직무에 해당하는지 살펴볼까요. 앞서 알아본 개발자 중 내게 맞는 개발자가 있는지도 알아봅시다.

| 고용노동부 워크넷의 개발자 |

고용노동부 워크넷에서는 IT 직무를 '연구직 및 공학기술직 > 정보통신 연구개발직 및 공학기술직'으로 분류하고 있습니다. 그러면 앞에서 알아본 개발자는 어디에 해당할까요?

워크넷 분류에 따라 개발자를 매칭해 보면,
- 웹개발자 = 웹 퍼블리셔, 프런트 엔드 개발자, 백 엔드 개발자
- 모바일개발자 = 앱 개발자
- 응용소프트웨어개발자 = 백 엔드 개발자

로 대응할 수 있을 것 같습니다.

백 엔드 개발자를 웹 개발자로 봐야 할 지 아니면 응용소프트웨어 개발자로 봐야 할지 명확하지 않은데, 두 군데 다 가능할 것 같습니다. 임베디드 개발자는 별도 분류가 없어 가장 가까운 시스템소프트웨어 개발자 분류에서 직무를 찾아야 할 것 같습니다.

응용소프트웨어 개발자의 범위가 너무 넓고, 응용소프트웨어 개발자 하위에 가상현실 전문가라는 직무가 있는데, 가상현실 전문가가 응용소프트웨

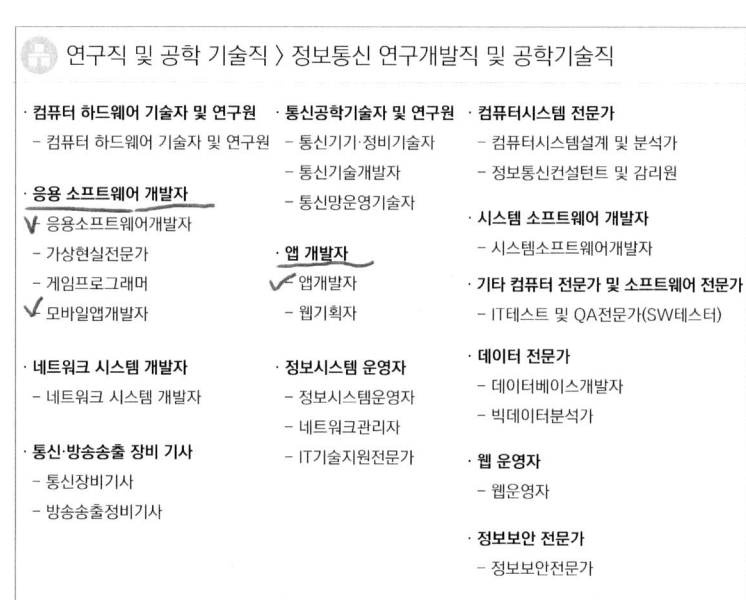

고용노동부 워크넷의 IT 직무 분류에서 개발자 직군

어 개발자의 분류에 속하는지, 별도 개발자 직무로 분류할 만큼 IT업계의 위치를 차지하고 있는지 의문이 듭니다.

워크넷에는 직업분류(위 그림)와 채용정보 검색을 위한 직무 분류가 다르다. 일 자리를 찾기 위한 채용 정보 검색에서 IT관련 직무는 '(1차)연구 및 공학기술 〉 (2차) 데이터・네트워크 및 시스템 운영, 소프트웨어, 정보 보안 및 통신・방송 송출, 컴퓨터시스템, 컴퓨터하드웨어・통신공학'으로 분류되고, 개발자와 관련 직무는 '(2차)소프트웨어〉C언어' 및 그 외 '프로그래밍 언어 전문가', 'IT 테스터 및 IT QA전문가', 'JAVA프로그래밍 언어 전문가' 등 15가지 직무로 세분화되어 있다.

133

| 국가직무능력표준 (NCS) 분류에서 개발자 |

국가직무능력 표준, 즉 NCS에서 정보기술개발 직무는 16가지나 됩니다. 이 분류 기준에 따르면,

- 응용SW엔지니어링 = 백엔드 개발자, 앱 개발자
- 임베디드SW엔지니어링 = 임베디드 개발자
- UI/UX엔지니어링 = 웹 퍼블리셔, 프런트엔드 개발자, 앱 개발자

로 매칭할 수 있습니다.

소분류코드명	세분류코드명	소분류코드명	세분류코드명
정보기술전략 계획	정보기술전략	정보기술관리	IT프로젝트관리
	정보기술컨설팅		IT품질보증
	정보기술기획		IT테스트
	SW제품기획		IT감리
	빅데이터분석	정보기술영업	IT기술영업
	IoT융합서비스기획		IT마케팅
	빅데이터기획		정보보호관리 운영
	핀테크기술기획		정보보호진단 분석
정보기술개발	SW아키텍처	정보보호	보안사고분석대응
	응용SW엔지니어링		정보보호암호 인증
	임베디드SW엔지니어링		영상정보처리
	DB엔지니어링		생체인식(바이오인식)
	NW엔지니어링		개인정보보호
	보안엔지니어링		디지털포렌식
	UI/UX엔지니어링		영상정보보안 운영
	시스템SW엔지니어링		개인정보가명역명처리
	빅데이터플랫폼구축	인공지능	인공지능플랫폼구축
	핀테크엔지니어링		인공지능서비스기획
	데이터아키텍처		인공지능모델링
	IoT시스템연동		인공지능서비스운영관리
	인프라스트럭처아키텍처구축		인공지능서비스구현
	클라우드솔루션아키텍처		인공지능학습데이터구축
	클라우드인프라스트럭처엔지니어링	블록체인	블록체인분석 설계
	PaaS엔지니어링		블록체인구축 운영
정보기술운영	IT시스템관리		블록체인서비스기획
	IT기술교육	스마트물류	스마트물류체계기획
	IT기술지원		스마트물류플랫폼구축
	빅데이터운영관리		스마트물류통합관리
	IoT시스템운영관리	디지털트윈	디지털트윈기획
			디지털트윈설계
			디지털트윈구축

국가직무능력표준 (NCS)에서의 정보기술개발 직무

NCS 분류의 특징은 IT 시스템 구축 참여자를 엔지니어링이라는 용어로 개발자를 분류합니다. 정보기술개발직무에는 SW 개발자만 아닌 하드웨어 관련 엔지니어도 포함하고 있습니다. IT 직무를 기획, 구축, 운영으로 프로세스 관점에서 분류하다 보니, 직업적인 측면에서는 중복됩니다. 예를 들어 같

은 빅데이터 개발자 직무를 시스템 구축과 운영에 따라 빅데이터 플랫폼구축과 빅데이터운영관리로 구분하고 있는데, 직업적인 관점에서는 빅데이터 개발자의 일입니다. 구축이든 운영이든 하나의 직업으로 봐야 합니다.

| 한국소프트웨어산업협회 (KOSA) ITSQF의 개발자 |

현장의 직무를 완벽하게 분류 하기란 쉽지 않습니다. KOSA의 ITSQF의직무 분류에서 'SW개발'로 개발자 직무를 분류하였습니다.

SW개발에는 7종의 개발자 직무가 있습니다. 이 중에서,

- · UI/UX개발 = 웹 퍼블리셔, 프런트엔드 개발자, 앱 개발자
- · 응용SW개발 = 백엔드 개발자, 앱개발자
- · 임베디드개발 = 임베디드 개발자

로 맞출 수 있습니다.

ITSQF 직종	직무	ITSQF 직종	직무
IT컨설팅 및 기획	정보기술컨설팅	SW개발	임베디드SW개발
	정보보호컨설팅		빅데이터개발
	데이터분석		인공지능SW개발
	업무분석	시스템 구축 및 운영	데이터베이스관리
	정보기술기획		NW엔지니어링
	빅데이터기획		IT시스템관리
	UI/UX기획		IT시스템기술지원
	인공지능서비스기획		빅데이터엔지니어링
IT프로젝트관리	IT프로젝트관리		인공지능서비스관리
	* IT프로젝트사업관리	IT마케팅	SW제품기획
IT아키텍처	SW아키텍처		IT기술영업
	인프라스트럭처아키텍처		IT서비스기획
	데이터아키텍처	IT품질관리	IT품질관리
	빅데이터아키텍처		IT테스트
	인공지능아키텍처		IT감리
SW개발	UI/UX디자인		* IT감사
	UI/UX개발	정보보호	정보보호관리
	응용SW개발		보안사고대응
	시스템SW개발	IT기술교육	IT기술교육

KOSA IT분야 역량체계의 개발자 분류

모바일 앱 개발을 프런트 개발로 보아 UI/UX개발로 보아야 할 지, 애플리케이션이라 응용SW개발로 봐야 할지 모호한 점이 있기는 합니다.

개발자의 기술 스펙트럼

지금까지 나열된 여러가지 역량과 개발자들이 갖추어야 할 기술을 정리해 보겠습니다. 개발자마다 필요한 기술이 있습니다. 즉, HTML, CSS를 할 수 없다면 웹 퍼블리셔가 될 수 없겠지요. 웹 퍼블리셔는 굳이 자바 프로그래밍 언어 까지 알 필요는 없습니다. 그러나 여러 번 말했지만 일이라는 게 무를 썰듯 싹둑 잘리지 않아 각자 기술과 역량은 선명하지 않고, 그라데이션같이 짙어졌다 주변부로 가면서 옅어집니다.

일은 연결되어 있습니다. 어떤 때는 내 일이 아닌데도 인접 작업이라는 이유로 내가 해야 하는 경우도 많습니다. 그것이 꼭 부당하다고만 할 수 없습니다. 작업 영역이라는 것이 관행적이며 암묵적인 부분이 있기 때문이지요. 개발자는 자기 영역 이외의 인접 기술을 많이 알면 그만큼 일의 성과를 낼 수 있습니다. 좁은 시각으로 내 것만 잘하자는 생각보다 내 것만 아니라 주변의 것도 거들 수 있는 자세를 가지는 것이 중요합니다. 물론 내 것부터 먼저 잘해야 하겠지요.

개발자의 기술 스펙트럼은 개발자가 갖추어야 할 기술적인 영역을 색상의 짙음과 옅음으로 표시하였습니다. 짙은 색 부분은 반드시 갖추어야 할 기술입니다. 반면, 옅은 부분은 필수는 아니지만 개발자가 갖춘다면 더 좋은 인접 기술입니다.

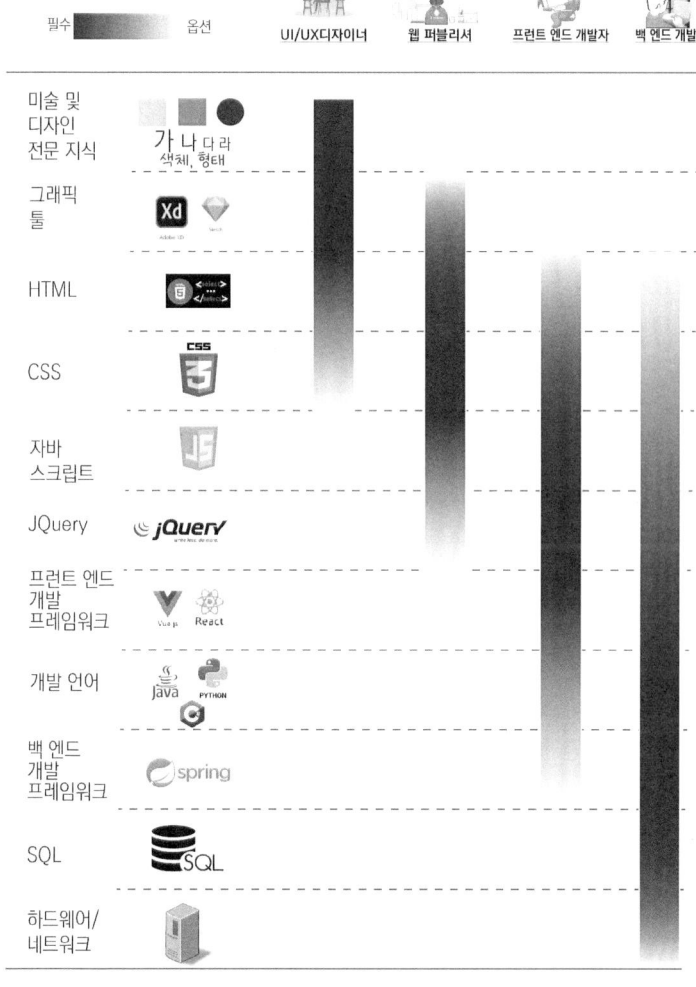

개발자의 기술 스펙트럼

디자이너는 당연히 디자인 툴을 잘 다루어야 하겠지요. 디자인 툴로서 작업 산출물을 만드니 말입니다. 디자이너가 HTML을 할 수 있다면 디자인된 화면을 HTML로 만들어 실제 화면 형태로 시안을 만들 수 있습니다. 그러면 디자인 시안을 고객은 더 쉽게 이해할 수 있어 빠른 판단을 할 수 있습니다. 물론 HTML을 웹 퍼블리셔에게 요청해도 되지만 단순 HTML을 디자이너가 할 수 있다면 더 효율적인 디자인 작업이 가능하겠지요.

> 어떤 디자이너는 HTML은 코딩, 즉 개발자의 일이기 때문에 안 한다고 한다. 그러나 개발자와 같이 일하는 UI/UX 디자이너라면 HTML정도는 해야하는 것이 개발현장의 디자이너라 할 수 있다.

인접 기술에 대한 의견은 다를 수 있겠지만, 기획자든, 디자이너든, 개발자든 그 가치는 본인 영역의 기술 역량은 기본이고 인접 기술에 대한 역량으로 평가되는 경우가 많습니다.

가장 이상적인 개발자는 이러한 모든 기술을 가진 개발자, 즉 Full Stack 개발자가 되는 것입니다. Full Stack 개발자라고 해서 모든 개발을 심도 있

SW개발	UI/UX디자인
	UI/UX개발
	응용SW개발
	시스템SW개발
	임베디드SW개발
	빅데이터개발
	인공지능SW개발

UI/UX디자이너 직무의 위치

KOSA직무 분류에서는 UI/UX 디자이너를 SW개발자로 분류하며, 현장에서는 개발자와 같이 작업하므로 개발자와 같은 기준으로 단가가 책정하는 것이 일반적이다

게 잘하는 것은 아니겠지요. 본인이 잘하는 전문 분야가 있어 그 부분 개발을 맡습니다. Full Stack 개발자는 다른 개발자의 일을 알 수 있어 개발 전체 과정을 원활하게 진행할 수 있다는 것에 그 가치가 있습니다.

이렇게 많은 기술들을 어떻게 한 사람이 다 익힐 수 있나 생각이 듭니다. 쉽지 않습니다. 개발자가 되기 위해서는 시간과 노력이 필요합니다. 그래도 다행인 것은 기술은 기본을 이해하면 비슷해서 인근의 지식 습득이 빨라집니다. 즉, 개발 언어 하나를 잘 마스터해 놓으면 다른 언어는 쉽게 습득할 수 있습니다. 하루아침에 Full Stack 개발자가 될 수는 없지만, 본인의 기본 기술을 먼저 습득하고 좋은 경험을 쌓아 가면서 인접 기술을 하나씩 섭렵해 나간다면, 머지않아 Full Stack 개발자가 될 수 있습니다.

IT 분야에 직업을 모색하는 우리가 관심을 가져야 할 것은 기본 기술입니다. IT에서 프로그래밍은 가장 기본적인 역량이라 할 수 있습니다. 프로그래밍의 기본을 모른다면 IT에서 역량을 넓히는데 애로가 될 수 있습니다.

하드웨어 엔지니어도 간단한 프로그래밍을 할 수 있어야 한다는 의미입니다. 하드웨어와 소프트웨어의 경계가 사라지고 있어 시스템 담당자에게도 프로그래밍 역량이 요구되고 있습니다. 최근 뜨고 있는 AI, 빅데이터도 웹 개발과는 다른 영역이지만 프로그래밍, 즉 개발을 알지 못한다면 한계가 있습니다. 이들 알고리즘과 데이터 분석 결과도 서비스 시스템으로 개발되어야 사용자가 사용할 수 있기 때문이지요.

IT에서 어떤 직업을 선택하든지 프로그램 능력이 필요합니다. 따라서 개발자로 IT 직업을 시작하는 것은 나쁘지 않습니다.

개발자로서 진로 모색

IT가 계속 발전하면서 기술도 다양해지고 기술을 이용한 개발 방법도 다양합니다. 산업이나 서비스의 특징에 따라 개발 방식, 사용 기술이 다양합니다. 특정한 산업은 거기에 맞는 개발 방식과 기술을 요구합니다.

개발자가 되려 할 때 어떤 개발자가 될 것인지, 고민하여야 합니다. 웹 개발과 같은 범용적인 개발을 할 것인지, 아니면 특정한 분야의 전문적인 개발자로 진로를 선택할 것인지. 어떤 분야를 선택하든 장단점이 있습니다. 중요한 것은 그런 장단점을 모르고 취업하는 데 있습니다. 다행히 본인의 적성과 맞으면 좋은 데, 그렇지 않은 경우 같은 개발자라도 다른 분야로 전환이 쉽지 않습니다. 어떤 경우는 그동안 쌓은 개발자로 경력을 인정받지 못하는 경우도 많습니다. 그러면 신입으로 다시 시작해야 합니다.

같은 응용SW개발자라도 개발환경이 다르면 전혀 다른 개발자입니다. 데이터 처리를 위주로 하는 금융 프로그래밍 개발자와 채팅과 같은 통신 프로그래밍을 한 개발자, 게임 개발자는 다른 개발자로 봅니다. 통신 프로그래밍 개발자가 데이터베이스 정보 처리 개발을 하려면 거의 처음부터 하는 것만큼 새로 시작해야 합니다. 약간 과장이기도 하지만 그만큼 배우는 시간이 필요합니다. 개발자에 대한 평가는 개발 경력 기간 이외에도 개발 분야, 개발 언어, 개발 환경 나아가서 개발 업무를 중요시합니다. 은행은 은행 개발 경력이 있는 개발자를 우대합니다. 텔레콤과 같은 통신도 마찬가지입니다. 그래서 개발자로 어떤 곳에 첫발을 딛는 것이 중요합니다.

11장

개발자 양성 교육기관 살펴보기

개발자가 되기 위해서는 학교 과정에서 전산을 전공하든지, 외부 전문 교육 기관에서 개발자 교육을 받아야 합니다. 개발자를 지원하는 국비 지원 교육 과정이 많이 있으며, 비전공자뿐만 아니라 전공자도 교육기관에서 교육을 수료한 후 취업의 문을 두드리는 경우도 많습니다.

전산을 전공한 학생도 졸업 후 이런 교육기관에서 재교육받는 현실을 보면 대학 과정으로는 충분한 개발 실력을 갖추기는 어려운 모양입니다. 처음에는 모르겠지만 시간이 지나면 전산 전공자와 비전공자의 실력 차이는 사라져, 전공과 비전공을 구분하는 것은 큰 의미가 없습니다.

취업 준비생이 거쳐 가는 IT 교육기관 과정은 현장을 얼마나 잘 반영하고 있는지 살펴볼 필요가 있습니다. IT 국비지원 과정에 대한 시선도 그렇게 고운 것만은 아닌 것 같습니다. 국비다 보니 교육 내용이 부실하고, 기존의 것을 계속 반복하다 보니 현장 상황을 잘 반영하지 못하는 과정도 더러 있습니다. 그리고 취업 준비를 하는 이들도 IT 현장에 대해 잘 알지 못해 적절하지 않은 과정을 수강하는 경우도 많습니다. 짧지 않은 교육과정을 잘 못 선택하면 시간과 돈과 노력을 헛되게 날릴 수 있습니다.

IT 교육기관 세부 과정

교육기관의 세부 과정을 알아보기 전에 지금까지 살펴본 개발자 직무와 필요한 기술에 대해 다시 간단히 정리하면 다음과 같습니다.

- 웹 퍼블리셔 – 기획자, 디자이너가 만든 화면 기획안과 디자인 이미지로 HTML, CSS로 웹 화면을 개발
- 프런트 엔드 개발자 – 웹 화면이 동작하도록 자바스크립트로 서버 프로그램과 연동하는 프로그래밍 개발
- 앱 개발자 – 모바일 환경에서 네이티브 앱을 개발하는 개발자로 안드로이드와 iOS 앱 개발자로 구분됨
- 백 엔드 개발자 – 서버 개발자로 프런트 엔드에서 요구하는 기능, 데이터를 처리하는 개발
- 임베디드 개발자 – HW에 내장된 SW를 개발하는 개발자로 HW를 제어하는 프로그램을 개발

우리는 앞서 IT 서비스 구조도 이해했고, 웹 서비스와 웹 개발에 대해 알아보았습니다. 또 개발자가 필요한 기술도 알아보았습니다. 이제는 IT 교육과정의 교육내용을 어느 정도 이해할 수 있고, 어떤 개발자가 되기 위해서는 어떤 과정이 필요한지 판단 할 수 있게 되었습니다.

괜찮은 피드백을 받고 있는 IT 교육 기관 몇 곳에 대한 국비지원 과정을 통해 IT 교육과장을 분석해 볼까요. 각 기관에서 제공하는 홈페이지를 근거로 살펴보기 때문에 실제 상담했을 때와 상황과 다를 수 있겠지만, 지원자가 과정을 이해할 수 있는 과정 소개 중심으로 내용을 살펴보겠습니다.

> 여기에 소개되는 교육기관의 과정은 당시 교육 과정이라 달라질 수 있으며, 홈페이지에서 파악 가능한 정보 대상으로 살펴본 것이므로 실제 내용과 차이가 있을 수도 있다.

| B캠프 |

B교육기관의 과정 중 일반 개발자에 해당하는 과정으로 'JavaFullStack개발자양성과정'이 있습니다.

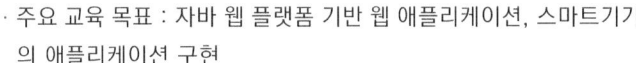

- 교육 기간 : 4개월
- 주요 교육 목표 : 자바 웹 플랫폼 기반 웹 애플리케이션, 스마트기기의 애플리케이션 구현

B 캠프 교육기관의 교육목적은 4개월 동안 자바를 배우고 React와 Spring Boot 환경에서 간단한 모바일 웹 앱을 만드는 것에 주안을 두고 있습니다. 4개월 과정을 충실히 이수한다면 React를 활용한 간단한 웹 앱 정도를 개발할 수 있도록 과정을 구성하였습니다. React는 앞에서 살펴본 것과 같이 페이스북(현재는 메타)에서 만든 웹 형태의 앱을 개발하는 크로스 플랫폼이 가능한 프런트 엔드 개발 프레임워크입니다.

주제	세부 내용
Web FrontEnd ✓	HTML, CSS, JavaScript 기본 문법 jQuery, Bootstrap 등의 라이브러리 사용법 React, Angular, Vue 등의 프레임워크 사용법
Java 기초	Java 기본 문법 객체지향 프로그래밍 개념
데이터베이스	SQL 기본 문법 RDBMS 개념 JDBC 사용법
MySql	DML, DDL, DCL Join AWS RDS 설정
✓ Spring Boot	스프링 부트 설치 및 설정 ThymeLeaf REST API JPA를 이용한 데이터 처리 Mybatis 를 이용한 데이터 처리
프로젝트 수업 #1 Spring Boot 와 ThymeLeaf 를 이용한 프로젝트	
✓ React 기초	Create-react-app 을 이용한 프로젝트 생성 JSX 문법과 Material-UI Hooks문법을 이용한 이벤트 처리 useRef, useState, useEffect 사용법
✓ React 고급	useContext, useReducer 를 이용한 상태관리 axios를 이용한 스프링 부트와 데이터 통신 Router 를 이용한 layout 설정
프로젝트 수업 #2 Spring Boot 와 React 를 이용한 프로젝트	

B캠프 자바 개발자 과정

프로그래밍의 기본을 갖추지 않은 채 빠른 개발의 결과를 내기 위한 React 와 같은 프레임워크 활용에만 치우치다 보면 프로그래밍 코드를 이해하지 못하고 카피하는 수준에 머무를 수 있습니다. 짧은 교육 기간에 기본기를 충분히 다지지 못한 상태로 빠른 진도를 나가면 수강생들이 이해를 못 하고 쫓아가기에 급급하겠지요. 수업 진행을 따라가기 위한 수강생 각자의 개인적인 노력이 많이 필요합니다. 따라서 프로젝트 수업 #1 이전에 진행되는 Web Front End, Java 기초, 데이터베이스와 같은 기초에 특별히 신경을 써 기본을 충실히 닦아놓아야 합니다.

React+Spring Boot 개발 환경은 최근 기술적인 트렌드를 따라가고 있는 것으로 생각됩니다. 다만, 4개월의 짧은 교육 기간에 프로그래밍의 기본, 프레임워크의 활용과 프로젝트까지 하려고 하니 IT를 처음 대하는 수강생이 따라가기는 쉽지 않은 과정일 수 있겠습니다.

특이한 점은 DB를 AWS의 RDS를 이용하는 것입니다. AWS는 RDS는 아마존에서 제공하는 DB 서비스입니다. 일반 DB 서버를 설정해서 DB 활용이 아닌 클라우드 DB를 활용하는 것입니다. 최근 클라우드 인프라를 많이 활용하고 있어 알아 두는 것도 좋지만, IT 초급자라면 기본적인 DB 서버 환경에서 개발하는 것을 알아야 합니다. 개발자 입장에서는 일반 DB와 클라우드 DB 환경 차이를 크게 느끼지 못할 수 있겠지만, IT 인프라 관점에서 DB에 대한 기초적인 사항을 숙지했으면 합니다.

| K정보교육원 |

K정보교육원의 풀스택개발자 과정으로 '(디지털 컨버전스) 공공 데이터 융합 자바 개발자 양성과정'이 있습니다.

· 교육기간 : 6개월
· 교육 목표 : 프런트 엔드에서 백 엔드에 이르는 풀스택 개발자 양성

K정보교육원의 디지털 컨버전스 공공 개발자 과정 상세 커리큘럼을 살펴보겠습니다.

자바 언어를 기본으로 하여 프런트 엔드 개발에서 백 엔드 개발에 이르는 과정으로 구성되어 있습니다. 프런트와 백 엔드의 기본적인 교육을 하고 실무 기술 이론에서 프런트와 백 엔드의 프레임워크를 활용하여 구현하는 과정으로 구성되어 있으며, 프런트의 React와 백 엔드의 Spring Framework을 기본으로 가르치고 있습니다.

HTML/CSS와 같은 프런트 강의에 앞서 Java와 DB에 대한 강의를 먼저 함으로써 가장 중요한 프로그램 언어와 DB를 이해를 할 수 있도록 하였습니

디지털 컨버전스 공공개발자

PROGRAMMING LANGUAGE 소프트웨어 개발언어 기본 문법	· 프로그래밍 언어 활용 · 프로그래밍 언어 응용 · 네트워크 프로그래밍 구현	JAVA
BACK-END 1 DATABASE SQL 활용 및 DB 설계	· 데이터베이스 구현 · SQL 활용 · SQL 응용	ORACLE
FRONT-END UI디자인+구현	· UI 디자인 · UI 구현	HTML5 / CSS JAVASCRIPT / JQUERY
BACK-END 2 애플리케이션 설계+구현	· 서버프로그램 구현 · 애플리케이션 설계 · 인터페이스 구현	SERVLET / JSP EL / JSTL, AJAX MYBATIS
FULL STACK 실무 기술 이론	· 요구사항 확인 · 화면 구현 · 통합 구현	UML & 데이터베이스 모델링 REACT SPRING FRAMEWORK (기본+응용) Spring Mybatis (주제)
PROJECT 조별실습과제	· [비NCS] 공공데이터 활용 · [비NCS] 공공데이터 아키텍처 설계 · 애플리케이션 배포 · 애플리케이션 테스트 관리	공공데이터 이해 공공데이터 분석 및 허가 받기 JSON, XML 기반 데이터 수집 실습 공공데이터 기반 DB 분석, 구축, 실습 공공데이터 API 설계 데이터 배포를 위한 REST 설계 애플리케이션 통합 구축
ORIENTATION OT / 수료식		

K정보교육원 개발자 과정

다. 그리고 나서 프런트 개발과 서버 개발을 하나씩 이해하고, 다음으로 각 프레임워크를 활용하는 순으로 구성되어 있습니다. 프런트에서 백에 이르는 전반적인 개발을 개괄적으로 배운다면 굳이 순서는 중요하지 않지만, 특히 비전공자라면 프로그래밍의 기본 요소와 DB를 이해하는 것이 쉽지 않은데, 개발자에게 있어 가장 중요한 자바 언어와 DB를 우선으로 두는 것은 좋은 방법인 것 같습니다.

서버 프로그램 구현에서 SERVELET/JSP 과정이 있는 것이 특이합니다. 서버 프로그램을 이해하기 위해 필요할 수 도 있지만, 대부분의 다른 교육 센터에서는 과정에 포함되지 않습니다.

공공 개발이라는 명칭을 별도로 붙인 이유는 아마도 공공 데이터를 이용하여 간단한 웹 애플리케이션을 구현하는 것으로 파악됩니다.

| S교육센터 |

S교육센터의 개발자 과정으로는 '(디지털컨버전스) AWS 클라우드와 Elasticsearch를 활용한 Java(자바) Full-Stack 개발자 양성'이 있습니다.

- 교육기간 : 6개월
- 교육 목표 : 응용 SW개발에 사용되는 자바를 적용하고, 기본 라이브러리 및 프레임워크를 활용하여 자바 응용 SW를 개발 가능하도록 함

세부적인 과정은 다음과 같습니다.

"4차산업혁명 시대, 핵심인재를 양성합니다!"

교과목명	능력단위
클라우드 서비스 구현을 위한 자바 프로그래밍	개발자 환경 구축 / 프로그래밍 언어 활용 / 응용SW 기초 기술 활용 / 화면 구현 / 네트워크 프로그래밍 구현
클라우드 서비스를 위한 관계형 데이터베이스 설계 및 운용	SQL활용 / 데이터베이스 구현 / SQL응용
Front-end 화면 설계 및 구현 [HTML5, CSS3, JavaScript, jQuery]	화면 설계 / UI 구현
오픈 소스 기반 Back-end 구현 프로그래밍 및 테스트 [JSP, Spring, MyBatis]	요구사항 확인 / 애플리케이션 설계 / 인터페이스 구현 / 서버프로그램 구현 / 애플리케이션 테스트 수행
AWS EC2 서비스의 이해와 AWS EC2 서비스를 사용한 웹 서버 환경 구성	클라우드 서비스 기초 / AWS EC2 클라우드 서비스 서버 구조 / AWS 서비스 등록 및 인스턴스 생성 / 웹 서비스 환경 구성
Elasticsearch의 이해와 Elasticsearch를 도입한 검색 시스템 개발	Elasticsearch 개념 / Elasticsearch API를 사용한 데이터 검색 실습 / Elasticsearch Cluster 실습 / Elasticsearch Java Client
AWS와 Elasticsearch 기반 통합 웹서비스 프로젝트	통합 구현

S교육센터 자바 개발자 과정

S 교육센터는 개발 환경을 아마존 클라우드(AWS)를 활용한다는 것이 특징입니다. (앞서 B캠프는 DB를 AWS 클라우드 환경을 사용함) 최근 클라우드 환경이 일반화되면서 아마존(AWS), 네이버와 같은 클라우드를 사용하는 기업이 많아지고 있습니다. 클라우드 환경에서 개발하는 것을 알아 두는 것도 나쁘지 않지만, 기본적인 서버 환경을 잘 알지 못하는 상태에서, 클라우드를 먼저 접한다면 IT 인프라에 대해 체계적으로 알지 못할 수도 있으니 이에 대해서는 별도 공부해서라도 경험해보는 것이 좋습니다.

타 교육기관이 React 중심의 프런트 개발을 하는 데 반해 별도의 프런트 엔드 프레임워크 활용 부분은 보이지 않습니다. 검색엔진 Elasticsearch를 활용한 검색 시스템을 개발한다는 것이 특징이네요.

아마존의 클라우드 환경과 Elasticsearch라는 검색엔진에 관심이 있는 수강생이라면 좋은 과정일 수 있지만, 웹 개발자로서 첫걸음을 시작하려는 개발자에게는 당장 필요한 부분이 아닐 수도 있으니 이 부분은 수강생의 검토가 필요하겠습니다.

| 삼성 청년 SW아카데미 |

마지막으로 살펴볼 기관은 삼성 청년 SW아카데미입니다. 삼성이 주관하고 고용 노동부에서 후원하는 과정입니다.

- 교육 기간 : 6개월+6개월
- 교육 목표 : 문제 해결능력을 갖춘 경쟁력 있는 차세대 SW인력 양성

과정은 6개월 단위로 2 학기로 구성되어 있습니다. 교육 특징은 과정 내에 네 가지의 트랙으로 구분하고 있어, 본인이 원하는 개발 과정을 선택할 수 있습니다.

- Python Track : 개발 언어로 파이썬을 기본으로 하는 개발자를 위한 과정이다. 파이썬은 최근 자바에 버금갈 정도로 많이 사용되고 있는 언어이다. 특히 데이터 추출, 처리 개발에 많이 사용된다.
- Java Track : 국내 IT 환경에서 가장 많이 활용되는 자바 개발자를 위한 트랙이다.
- Embedded Track : 임베디드 개발자가 되려면 이 트랙에 지원하면 된다. 기본 OS인 리눅스와 임베디드 개발을 배울 수 있다. (임베디드 개발에 대해서는 앞부분 임베디드 개발을 참조)
- Mobile Track : 모바일 앱 개발자를 위한 과정이다. 안드로이드 앱 개발을 위한 Kotlin을 배울 수 있다. 단, iOS 앱 개발 과정은 개설하지 않고 있다.

다양한 개발자 양성을 위해 Track을 구분하고 있지만, Step 2는 Track 구분 없이 '컴퓨터 사고력', 'SW 해결'과 같은 공통 기본 과정이 있습니다.

1학기 기본과정

"Web, Embedded, Mobile, Algorithm 기반의 강도 높은 코딩교육"을 이수함으로써, SW 개발자로서의 필수 역량과 기초를 탄탄히 다지게 됩니다.

구분	Step1	Step2	Step3	Step4	Step5
Python Track	· Python · HTML/CSS	· 컴퓨팅 사고력 · SW문제해결 기본 · SW문제해결 응용	· Javascript · Django · Vue.js	· DB 기본 · RDBMS · SQL	· 관통 PJT
Java Track (전공/비전공)	· Java · HTML/CSS	· 컴퓨팅 사고력 · SW문제해결 응용 · SW문제해결 심화	· Javascript · Spring/myBatis · Vue.js	· RDBMS · SQL · DB Modeling	· 관통 PJT
Embedded Track	· HTML/CSS/ Javascript · Node.js · Vue.js	· SW문제해결 응용 · SW문제해결 심화	· Linux Shell · Linux System/ Network	· Embedded Firmware · Embedded GUI · Embedded IoT · 3D Printing	· 관통 PJT
Mobile Track	· Java · HTML/CSS · Javascript	· SW문제해결 응용 · SW문제해결 심화	· Spring · Vue.js · SQL	· Kotlin · Android Layout · Android Component · 하이브리드 앱	· 관통 PJT

2학기 심화과정

"프로젝트 기반의 자기주도형 학습"을 통해 SW 실무 역량을 향상시키고 팀 프로젝트를 수행하며 협업하는 경험을 통해 취업 경쟁력을 강화할 수 있습니다.

공통 프로젝트 (7주)
비전공자/전공자가 한 팀으로 구성되어 Web/Mobile 기반 기술을 학습한 뒤, 원하는 트랙을 선택하여 서비스 구현
· 웹기술   · 웹디자인
· 웹IoT   · Mobile

특화 프로젝트 (7주)
4차 산업혁명 분야 중 본인이 흥미있는 신기술 도메인을 선택한 뒤, 현업 개발자의 멘토링과 함께 프로젝트 수행
· 인공지능 · 빅데이터 · IoT제어
· 블록체인 · 메타버스(게임) · 핀테크

자율 프로젝트 (7주)
자유롭게 본인의 아이디어 기획 및 명세서를 스스로 작성하고 1·2학기 동안 학습한 다양한 기술들을 활용하여 나만의 포트폴리오 완성
· 자유주제 · 기업연계
· 오픈소스

삼성 청년 SW 아카데미 과정

개발자는 SW 프로그래밍을 통해 일을 처리하는 솔루션을 만드는 직업입니다. 많은 개발자가 개발 언어나 함수를 많이 알면 좋은 개발자가 된다고 생각하는데 사실 제일 중요한 것은 컴퓨터적 사고력과 프로그래밍으로 문제를 해결할 수 있는 능력입니다. 이런 능력을 갖추지 못하면 아무리 개발 연수가 쌓여도 프로그래밍 실력이 늘지 않습니다. 또 좁은 개발자의 시선에만 머물러 IT 내에서 성장을 하기 어렵습니다. 본 과정에서는 SW적인 사고의 중요성을 알고 별도 Step으로 넣었습니다.

프로그래밍은 웹의 기본인 HTML/CSS, JavaScript, Spring 프레임워크와 Vue.js 프런트 프레임워크를 기본으로 하고 있습니다. 앞서 교육기관이 React 중심으로 한 반면, 삼성청년 SW아카데미는 프런트 엔드 프레임워크를 Vue.js를 기본으로 가르치고 있습니다.

2학기는 1학기에 배운 기술로 프로젝트를 함으로써 기술 심화, 개발 과정을 습득하는 기간으로 구성되어 있어 실무 능력을 더 키울 수 있도록 하였습니다.

이상 네 곳 교육기관의 개발자 과정을 간략하게 살펴보았습니다. 국가 지원을 받는 많은 교육 기관이 있습니다. 개발자 양성과정은 비슷합니다. 그러나 자세히 뜯어보면 약간의 차이를 발견할 수 있습니다. 강사의 실력, 교육기관의 수강생에 대한 태도와 학습 분위기 등 세밀하게 검토해야 합니다.

어떤 개발자가 되고 싶은지에 따라 기술의 내용이 정해질 것이고, 거기에 맞는 교육기관을 고르면 됩니다. 그런데 막상 선택하려면 쉽지 않습니다.

교육 기관들의 내용을 정리해 보면,

- 교육기간이 6개월 정도로 짧다. (삼성은 1년까지 가능)
- 짧은 교육기간 중 웹 하나를 만들기 위해 자바, DB, 프런트 엔드에서 백 엔드까지 풀 스택을 가르친다.
- 교육 내용이 많아 소화하기 어려울 수 있고, 단순 개발에 치우치다 보면 기본이 부실할 수 있다.
- 교육기관 별로 부가적인 부분(공공 데이터 개발, 아마존 클라우드 활용) 강의가 있어 내게 필요한지 판단할 필요가 있다.

여러 가지를 다 갖춘 슈퍼마켓같이 배우는 것이 좋을지, 몇 가지라도 제대로 배우는 것이 좋은지 판단하기 쉽지 않습니다. 전체 개론을 파악한 후 그 다음 집중적으로 더 하는 것이 좋기는 합니다. 하지만 그만큼 시간이 오래 걸립니다. 어쨌거나 6개월의 짧은 과정으로 프런트 엔드 개발자나 백 엔드 개발자가 필요한 기술과 지식을 습득을 하기 위해 수강생들의 많은 노력이 필요합니다.

과정이 짧아 실력이 아직 부족하더라도 6개월 교육 과정 이후 과감하게 회사 문을 두드려 입사가 된다면, 입사 후 회사에서 배우는 것이 사실 가장 좋은 방법입니다. 내가 실력이 모자란다고 계속 심화 과정을 찾아다니는 것보다 신입으로 회사 문을 두드리는 것도 좋습니다. 물론 실력이 모자라 채용되는 확률은 적을 수 있지만 그래도 과감하게 회사 문을 두드리는 것이 필요합니다. 회사는 신입사원에게 실력으로 크게 기대하지 않습니다. 실력이 모자란다고 계속 교육기관만 전전하다 보면 자신감을 잃을 수 있고, 실력 향상도 한계가 있습니다. 두려워 말고 회사 문을 두드리는 용기를 가져봅시다.

그냥 몇 개월 교육 받고 취업할 수 있다면 좋은데, 6개월 혹은 1년이라는 긴 시간 교육을 받고 취업에 도전해야 하는 것이 쉽지 않습니다. 너무 긴 시간이라 불안하기도 하고 마음이 급합니다. 그러나 지금 받는 교육기간이 길게 보이지만, 지나고 보면 그렇게 긴 시간이 아니라는 것을 알게 될 겁니다. 다른 직업을 찾기 위해 전전하다 시간을 보내는 것보다 시간이 다소 걸리더라도 IT 교육을 받는다면 남는 것이 있고, 늦더라도 개발자가 될 수 있습니다.

세월이 한참 지난 후 여러분이 도전했던 그 시간을 되돌아볼 때 아마 이렇게 생각할 겁니다. 당시의 6개월 1년이 너무 긴 시간이었지만, 지나고 보니 그렇게 긴 시간이 아니었다는 것을. 그리고 급할수록 돌아가라는 말처럼 하나하나씩 차근차근 준비한 것이 가장 빠른 길이었다는 것을 느낄 것입니다.

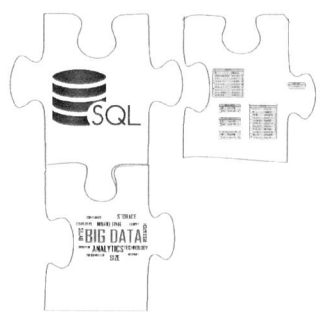

IT에서 가장 중요하게 다루어야 할 대상은 데이터입니다. 데이터를 관리하기 위한 데이터베이스는 IT에 있어 가중 중요한 핵심 기술입니다. 데이터베이스로 데이터를 관리하기 위한 데이터 모델링, DW, DBMS의 종류 등을 살펴보면서, 데이터 관련 직업인 데이터 아키텍트, 데이터베이스 관리자에 대해 알아봅니다. 더불어 일반 데이터베이스와 빅데이터의 차이에 대해서도 살펴보겠습니다.

3부

데이터, IT의 중요한 자산

12장 데이터 관리, 정보처리 기술의 본질
13장 데이터베이스 구축
14장 데이터 웨어하우스(DW) 이해하기
15장 데이터 아키텍트와 데이터베이스 관리자의 직무
16장 데이터베이스와 빅데이터의 비교

12장

데이터 관리, 정보처리 기술의 본질

IT(Information Technology)가 정보처리 기술이라는 말의 영어 약자라는 것은 다 알고 있습니다. 정보는 필요한 이에게 도움이 되는 것이며, 정보의 이러한 가치는 데이터에서 나옵니다. 따라서 IT라는 것은 결국 데이터를 가공·처리해서 효익이 되는 정보를 얻는 기술이라 할 수 있습니다.

IT 핵심 자산이라고 하는 데이터를 처리하는 기술을 이해하고 관련 직업은 어떤 것이 있는지 살펴 보도록 할까요.

데이터를 저장, 관리하는 데이터베이스(DB)

(사용자가 입력하던지 외부에서 들어오든지) 시스템에 처음 들어온 데이터(이런 데이터를 원시 데이터라고 한다)는 개발자가 코딩해서 만든 프로그램에 의해 가공 후 저장됩니다. 프로그램은 데이터베이스를 이용하여 데이터를 저장합니다. 데이터베이스에 저장된 데이터는 프로그램으로 다시 꺼내 가공하던지, 아니면 그대로 사용자가 원할 때 데이터를 볼 수 있도록 화면에 표시합니다.

이런 과정을 살펴보건대 궁극적으로 개발자가 프로그램을 개발하는 것은 데이터를 처리하고 저장하기 위해서라는 것을 알 수 있습니다 (물론 임베디드 SW는 하드웨어 컨트롤이 목적이고, 프런트 웹 개발자는 화면의 동작이 주목적이다).

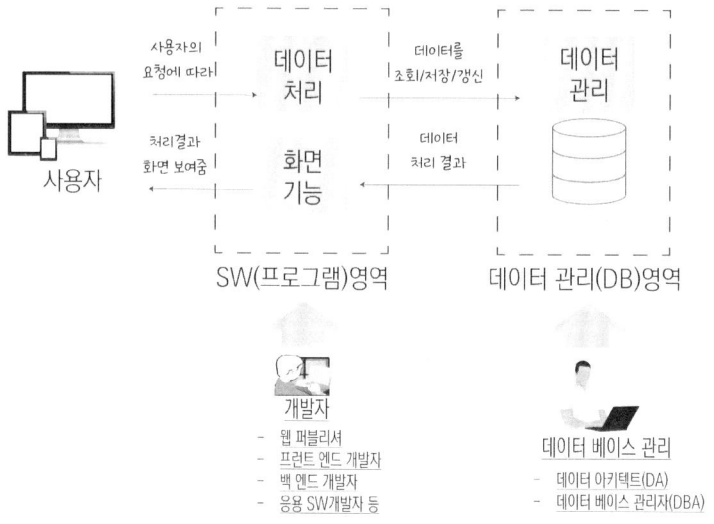

IT 두 가지 축, 프로그램(SW)과 데이터 관리

만약 전산센터에 불이 났을 때 프로그램이 들어 있는 서버와 데이터 베이스 서버가 있다면 어떤 것을 먼저 대피시켜야 할까요? 당연히 데이터가 들어 있는 데이터베이스 서버이겠지요. 데이터는 한번 없어지면 다시 살릴 수 없는 경우가 대부분입니다. 하지만 프로그램은 다시 개발할 수 있습니다. 프로그램은 다시 개발하면 같은 결과를 얻을 수 있지만, 없어진 데이터를 복구하는 것은 거의 불가능에 가깝습니다.

은행 계좌 데이터를 생각해 볼까요. 내 통장 잔액과 거래 기록이 사라진다면 내가 가진 돈을 어떻게 증명하고 다시 찾을 수 있을까요. 현금 자산의 대부분은 지갑 속보다 은행 계좌의 숫자 데이터로 존재합니다. 그러한 데이터 베이스가 문제가 생긴다면 개인적으로 사회적으로 발생할 수 있는 혼란이 얼마나 클지 짐작할 수 있겠지요.

여러분이 얼마 전 검색창에서 검색한 기록, 자동차 내비게이션의 주행 기록과 같은 데이터에서부터 은행의 계좌 원장, 국가의 세금 데이터에 이르기까지 데이터는 다양하고 그 가치도 천차만별입니다. 데이터의 가치에는 차이가 있기는 하지만 데이터가 IT에서 가장 중요하게 관리되어야 하는 것에는 이견이 없습니다.

데이터는 마지막까지 지켜야 할 대상입니다. 그래서 중요 시스템일수록 데이터를 이중 삼중으로 보호합니다. 데이터를 보관하는 DB를 두 벌 만들어 하나가 문제가 생겨도 남은 하나로 데이터를 유지하도록 한다든지, 주기적으로 별도 저장장치에 데이터를 백업하여 보관합니다. 데이터를 안전하게 관리할 수 있는 것이 DB기술의 핵심이라 할 수 있습니다.

데이터 관련 직업

한국소프트웨어산업협회(KOSA) 기준 데이터베이스 관련 직업으로 데이터 아키텍처와 데이터베이스 관리자가 있습니다.

IT 일의 진행 과정은 [전략/기획 수립] -> [설계(아키텍처)] -> [개발 또는 구축]의 순으로 진행됩니다. 'IT아키텍처'라는 직종은 설계를 하는 직종입니다. SW 개발을 하기 위해서도 SW 설계자 즉 SW 아키텍처가 SW 구조를 설계하여야 하고, DB 구축도 데이터 아키텍처가 DB를 설계한 후 데이터베이스 관리자가 DB를 구축합니다.

데이터 관련 직업으로 '데이터 아키텍처'와 '데이터베이스 운영자' 직무를 통해, 데이터베이스 설계와 운영 직무에 대해 알아보겠습니다.

ITSQF 직종	직무	ITSQF 직종	직무
IT컨설팅 및 기획	정보기술컨설팅	SW개발	임베디드SW개발
	정보보호컨설팅		빅데이터개발
	데이터분석		인공지능SW개발
	업무분석	시스템 구축 및 운영	데이터베이스관리
	정보기술기획		NW엔지니어링
	빅데이터기획		IT시스템관리
	UI/UX기획		IT시스템기술지원
	인공지능서비스기획		빅데이터엔지니어링
IT프로젝트관리	IT프로젝트관리		인공지능서비스관리
	* IT프로젝트사업관리	IT마케팅	SW제품기획
IT아키텍처	SW아키텍처		IT기술영업
	인프라스트럭처아키텍처		IT서비스기획
	데이터아키텍처	IT품질관리	IT품질관리
	빅데이터아키텍처		IT테스트
	인공지능아키텍처		IT감리
SW개발	UI/UX디자인	정보보호	* IT감사
	UI/UX개발		정보보호관리
	응용SW개발		보안사고대응
	시스템SW개발	IT기술교육	IT기술교육

데이터 관련 직종(KOSA ITSQF)

> **빅데이터 아키텍처, 빅데이터엔지니어링**
> 빅데이터도 데이터와 관련된 직업이다. 그러나 위 직무 분류에 '데이터'와 '빅데이터'를 구분하고 있다. 두 직무는 데이터를 다루는 점에서는 동일하지만 접근방식, 필요한 기술적인 면에서 다르기 때문에 구분한다. 따라서 데이터 관련 직무를 먼저 이해하고, 추가적으로 빅데이터 관련 직무를 이해하는 것이 좋은 방법이다.

데이터 관련 직업은 프로그램 개발자와 완전히 다른 직무입니다. 데이터 관련 직군은 개발을 위한 자바와 같은 개발 언어를 잘 알지 못합니다. 개발자는 기본적으로 데이터베이스를 알아야 하지만 데이터베이스 관리자는 꼭 개발자같이 개발 언어나 개발 툴을 알아야 할 필요는 없습니다. 개발자가 직접 DB를 만드는 경우도 있지만, 규모가 큰 시스템의 개발과 운영에서는 반드시 별도의 데이터베이스 관리자를 두어 개발자가 DB를 직접 손대지 못하도록 합니다.

> 데이터는 보관도 중요하지만, 보안도 중요하다. 아무나 데이터에 손 대면 안 된다. 여러분의 계좌 잔액을 아무나 바꿀 수 있다는 것을 상상할 수 없을 것이다.
>
> 은행과 같은 금융기관 데이터베이스의 데이터를 직접 수정하는 일은 극히 드물며, 필요한 경우 철저하게 통제된 절차를 통해서만 가능하다.

> **DBA(Data Base Administrator)**
> 데이터베이스를 관리하는 직무로, 조직이나 기업 내의 방대한 DB시스템의 구축, 설계, 운영 및 유지보수를 전담하는 담당자이다.

데이터베이스 관련 직업을 이해하기 위해 먼저 데이터베이스가 무엇인지를 알아야 합니다. 어렵지 않게 설명하려 하지만 그래도 이해가 안 되는 부분이 있을 수 있을 겁니다. 그러나 너무 크게 마음 쓰지 말기를.

큰 부분만 이해한다면 데이터베이스 아키텍트와 관리자의 일을 이해하는 데 문제없을 것입니다.

데이터베이스를 이용한 데이터 관리

데이터 관리의 기본은 발생한 데이터를 저장하고 저장된 데이터를 다시 조회하거나, 이미 저장된 데이터를 갱신, 또는 삭제하는 것입니다. 이를 IT에서는 CRUD*라 합니다. 데이터를 저장하는 방은 크게 두 가지로 나눌 수 있는데, 데이터를 파일에 저장하거나 DB에 저장하는 것입니다.

> CRUD : 데이터의 Create(생성), Read(조회), Update(갱신), Delete(삭제)의 머리글자

파일에 데이터를 저장하는 것은 익숙합니다. 매일 사용하는 문서편집기에서 저장하면 작업 내용이 파일에 저장되죠. 대부분 데이터나 자료는 파일 형태로 보관됩니다. 하지만 파일 방식은 작은 사이즈의 데이터 관리에는 별문제가 없지만, 대량의 데이터를 관리하기에는 문제가 많습니다. 국내 최대 이동통신사의 고객 수가 1,300만 명 정도 된다고 하는데 이렇게 많은 고객의 기본정보와 나아가 통화 내역을 기록하고, 매초 수많은 데이터를 찾아 조회하는 거래를 파일방식으로는 시스템이 요구하는 속도와 성능을 충족하기에는 역부족입니다.

방대한 데이터를 좀 더 효율적으로 관리하기 위해 고안된 것이 데이터베이스입니다. 대량의 데이터를 효율적으로 CRUD 처리하기 위한 SW가 DBMS(Data Base Management System, 보통 줄여 DB라 한다)입니다.

DB가 효율적이기는 하지만 모든 데이터를 DB로 관리할 수 없습니다. DB로 관리하기에 적합하지 않은 데이터도 있습니다. 데이터는 크게 정형 데이터와 비정형 데이터로 구분할 수 있는데, 정형 데이터만 DB로 관리할 수 있고, 비정형 데이터는 DB로 관리하기에 적합하지 않아 여전히 파일로 관리합니다. 정형 데이터라 하더라도 DB로 데이터로 관리하기 위해서는 DB에 맞는 형태로 구조화하는 과정이 필요합니다.

| 정형 데이터와 비정형 데이터 |

정형 데이터(Structured Data)는 미리 정해 놓은 형식과 구조에 따라 저장할 수 있는 데이터입니다. 쉽게 말하면 표로 만들 수 있는 데이터입니다. 표는 데이터의 항목, 즉 컬럼을 만들고 각 컬럼에 해당 데이터가 들어갑니다. 이렇게 데이터의 형식과 구조가 정확한 정형 데이터는 DB로 관리하기에 적합합니다. 기업이나 조직의 일반적인 업무, 거래는 데이터를 정형화하여 DB로 관리합니다.

비정형 데이터(Unstructured Data)는 데이터의 형식과 구조를 만들 수 없는 데이터입니다. 워드나 파워포인트와 같은 문서가 여기에 해당합니다. 동영상, 오디오, 사진, 메일 본문 등이 대표적인 비정형 데이터입니다. 이러한 데이터는 구조(표)로 만들어 관리할 수 없어 파일로 관리합니다.

데이터베이스의 이해

데이터를 표로 만들 수 있으면(구조화할 수 있다면) 더 효율적으로 데이터를 관리할 수 있습니다. 하지만 일상의 모든 데이터가 쉽게 구조화하기에 적합한 것은 아닙니다. 그래서 우리가 자료를 표로 만들 때처럼 일상의 데이터를 구조화하는 과정이 필요합니다. 이렇게 데이터를 DB로 관리하기 위해 구조화하고 표를 설계하는 과정을 '데이터 모델링'이라고 합니다.

데이터를 저장하는 방법에 따라 DB의 종류가 많지만, 이 글은 DB 이론 강의가 아니므로, 여기서는 가장 일반적인 DB에 대해 살펴볼 것입니다.

DB는 데이터를 관리하는 SW입니다. 한글 문서를 보려면 한글 프로그램이 필요하듯, DB에 데이터를 저장, 검색, 갱신, 삭제하려면 DBMS라는 SW가 필요합니다.

일반적으로 DB를 원통형의 아이콘으로 표시하는데, 이 아이콘은 데이터를 저장하는 원통형 자기 디스크를 의미한다. 자기 디스크는 데이터를 저장하는 저장매체, 즉 하드웨어다. 그래서 일반인들이 DB 하면 저장 매체인 디스크라고 생각하기 쉽다. 다시 말하는데 DB는 데이터가 저장되는 하드 디스크가 아니고, 데이터 관리 SW이다.

데이터 베이스의 그림 표현

| 관계형 데이터베이스(Relational Data Base) |

DB에서 데이터를 관리하는 방식은 우리가 많은 데이터를 관리하기 위해 엑셀에서 표의 형태로 자료를 관리하는 것과 매우 유사합니다. 데이터를 표의 형태로 만든다면 데이터가 많아도 데이터를 정렬할 수 있고, 숫자 데이터는 합산하는 등 데이터를 찾거나 처리를 쉽게 할 수 있습니다.

다음은 어느 학교 수강생들의 인적 사항을 표로 만든 것입니다.

표 -> 테이블
컬럼 -> 어트리뷰터, 필드

[학생기본사항]

이름	성별	주소	생년월일
김하늘	여	서울	2000.03.07
이민종	남	서울	2000.08.01
김윤서	남	울산	1998.11.23
김아름다우미	여	창원	2001.01.03
김윤서	여	경기	2000.10.15

열 -> 레코드

테이블의 구조

DB에서는 데이터를 관리하기 위한 표를 '테이블'이라 합니다. 표의 컬럼을 '어트리뷰터' 또는 '필드'라 하고, 표의 열을 '레코드'라 합니다. 데이터가 추가 되면 레코드 수는 늘어나게 되므로, 레코드 수는 데이터 건수와 같다고 할 수 있습니다.

[학생기본사항]이라는 표 처럼 DB에서는 [학생기본사항]이라는 테이블을 만들고, 그 테이블 내에 [이름] [성별] [주소] [생년월일] 필드를 만듭니다. 테이블이 생성되면 테이블에 데이터를 추가합니다. 데이터를 추가하면 레코드가 생성됩니다. 위 표에는 5개의 레코드가 있습니다.

테이블에는 DB와 디스크가 허용하는 범위에서 레코드를 추가할 수 있습니다. 많은 레코드 중 개별 레코드는 다른 레코드와 다른 유니크(Unique)한, 개별 특성의 필드(Key가 되는 필드)가 있어야 합니다. 다시 말해 많은 레코드 중에서 하나의 레코드만 특정할 수 있는 데이터 컬럼이 있어야 합니다 (이를 '유일성'이라 한다). 이는 마치 우리가 온라인 사이트에 가입할 때 아이디만은 중복되지 않는, 즉 유일한 데이터가 되어야 하는 것과 같습니다. (개인정보 데이터에서 아이디가 유일성을 보장하는 Key라 할 수 있다)

[학생기본사항] 테이블에서 이름으로 데이터를 구분한다면 '김윤서'라는 이름을 가진 데이터 레코드가 두 건이므로 유일(Unique)하지 않습니다. [학생기본사항] 테이블에서 유일성을 확보하기 위해 [이름]+[생년월일] 두 개의 필드를 키로 한다면 유일성을 확보할 수 있을 것 같습니다. 그러나 생일도 같다면 또 다른 필드를 더 추가해야 유일성을 확보할 수 있습니다.

데이터의 유일성이 보장되지 않으면 DB는 어떤 데이터를 선택할지 알 수 없습니다. 따라서 백만 건이건 천만 건이건 하나의 테이블에 들어있는 데이터는 유일성이 보장되는 Key를 지정해 주어 데이터가 중복이 되는 것을 피하도록 합니다.

[학생기본사항] 테이블에서 중복되지 않는 필드를 추가하고 키로 지정하여 유일성을 확보하도록 합니다. 학생 하나하나를 식별할 수 있는 아이디와 같은 학생에게 중복되지 않는 번호를 부여하도록 하겠습니다. 따라서 테이블에 번호 필드를 추가하여 [학생기본사항]테이블의 데이터가 중복되지 않게 합니다. 일상에서는 이름과 성별로 학생을 식별하지만, DB는 번호로 학생 한 명 한 명 정확하게 식별합니다.

[학생기본사항]

번호	이름	성별	주소	생년월일
1	김하늘	여	서울	2000.03.07
2	이민종	남	서울	2000.08.01
3	김윤서	남	울산	1998.11.23
4	김아름다우미	여	창원	2001.01.03
5	김윤서	여	경기	2000.10.15

〈번호〉 Key 필드 추가

테이블의 유일성을 보장하기 위한 키 필드의 추가

학생 성적 관리를 위해 먼저 학생 기본정보를 관리하는 테이블을 만들었습니다. 이제 본래 목적인 학생 성적관리를 위해 성적 관련 필드를 추가해야 하겠지요. 새로운 필드 [과목] [점수]를 추가하고 학생별 과목점수 데이터를 입력하였습니다. 테이블 레코드 수도 5개에서 10개로 늘어났습니다.

[학생기본사항]

번호	이름	성별	주소	생년월일	과목	점수
1	김하늘	여	서울	2000.03.07	전산개론	A
1	김하늘	여	서울	2000.03.07	자바	A
2	이민종	남	서울	2000.08.01	전산개론	C
2	이민종	남	서울	2000.08.01	자바	B
3	김윤서	남	울산	1998.11.23	전산개론	D
3	김윤서	남	울산	1998.11.23	자바	D+
4	김아름다우	여	창원	2001.01.03	전산개론	B
4	김아름다우	여	창원	2001.01.03	자바	C
5	김윤서	여	경기	2000.10.15	전산개론	A+
5	김윤서	여	경기	2000.10.15	자바	A+

성적 관리를 위해 테이블에 과목, 점수 필드를 추가

그러나 [학생기본사항] 테이블에 필드를 추가하여 과목별 점수를 관리하는 것에는 비효율적인 점이 눈에 보입니다. 어떤 점이 그런지 발견하였는지요? 발견했다면 대단한 통찰력입니다.

레코드를 자세히 살펴보면 중복되는 데이터가 많습니다. [과목] 별 점수를 입력하다 보니 앞의 [번호].... [생년월일] 필드의 같은 데이터가 계속 반복되지요. 여기서는 두 과목이지만 만약 10과목이라면 10개의 데이터가 계속 중복될 것입니다. 중복 데이터는 데이터 용량을 늘려 저장 공간을 잡아먹고 또 데이터가 많아지면 데이터 처리 속도를 늦추는 원인이 됩니다.

그러면, 데이터 중복을 없애기 위해 어떻게 해야 할까요?

그렇습니다. 여러분들이 예상한 대로 테이블을 분리하는 것입니다. 별도로 [과목별 성적]이라는 테이블을 만들어서 점수 데이터를 입력합니다. 과목별 성적은 어느 학생의 점수인지 알아야 하므로 학생 기본 정보와 연결되어야 합니다. 이렇게 테이블 간의 정보를 연결하기 위해 필요한 것이 유일성을 가진 키 필드입니다. 그래서 [과목별 성적] 테이블에 [학생기본사항] 테이

[학생기본사항]

번호	이름	성별	주소	생년월일
1	김하늘	여	서울	2000.03.07
2	이민종	남	서울	2000.08.01
3	김윤서	남	울산	1998.11.23
4	김아름다우미	여	창원	2001.01.03
5	김윤서	여	경기	2000.10.15

〈번호〉 key 필드로 두 테이블을 연결

[과목별성적]

번호	과목	점수
1	전산개론	A
1	자바	A
2	전산개론	C
2	자바	B
3	전산개론	D
3	자바	D+
4	전산개론	B
4	자바	C
5	전산개론	A+
5	자바	A+

테이블을 분리하고 키 필드로 연결

블의 유일성을 보장하는 키 필드인 [번호] 필드를 추가하여 과목 성적이 어느 학생의 점수인지 알 수 있도록 했습니다.

테이블을 분리하면서 테이블 간의 관계를 맺기 위해 키 필드가 필요합니다. 키 필드는 앞서 살펴보았듯이 반드시 유일성을 가져야 합니다. 그래야 테이블간의 데이터의 관계를 지정할 수 있어요. 왜 키 필드가 필요하고 유일성이라는 성격을 가져야 하는지 이해를 할 수 있겠지요.

> **기본 키(PK, Primary Key), 외래 키(FK, Foreign Key)**
> 테이블 레코드의 유일성을 보장할 수 있는 필드를 기본 키(PK)라 한다. PK로 설정된 필드는 데이터가 없으면 안 되고 중복되어서는 안 된다.
> 테이블과 테이블의 관계를 맺기 위해서는 관계를 맺고자 하는 테이블의 PK를 필드로 해야 관계를 맺을 수 있다. 관계를 맺고 있는 다른 테이블의 PK 필드를 FK라고 한다.
> 위의 [학생기본사항] 테이블의 PK는 〈번호〉필드이고, [과목별성적] 테이블의 〈번호〉 필드는 FK이다. [과목별성적]테이블은 〈번호〉+〈과목〉 필드를 결합하여 유일성을 만들 수 있으므로 PK로 지정할 수 있다.

이처럼 필요에 따라 테이블을 분리하고 테이블을 Key 필드(여기서는 〈번호〉)로 연결하는 것이 관계형 데이터베이스(RDBMS)입니다.

> 김윤서 학생의 점수를 알기 위해 [학생기본사항] 테이블에서 김윤서 학생의 Key가 되는 번호를 알아야한다. 두 명의 김윤서 학생 중 알고자 하는 김윤서 학생의 번호가 3번이라면, [과목별 성적] 테이블에서 번호가 3번인 데이터를 조회하면 3번 김윤서 학생의 두 개의 과목 점수를 조회할 수 있다. 이러한 DB에 질의를 하는 언어가 SQL이다.

관계형 데이터베이스(RDBMS)는 데이터 중복을 최소화하기 위해 필요에 따라 테이블을 쪼개고, 이렇게 쪼개진 테이블과 테이블은 키 값을 공유하여 테이블 간의 관계를 만들어, 유일(Unique)한 개별 데이터와 연계된 모든 데이터를 관리할 수 있도록 합니다.

> [학생기본사항] 테이블 하나에 점수를 관리하면 7개 필드 * 10개 레코드 = 70개 데이터가 생성된다.
>
> [과목별 성적] 테이블로 분리해 두 개 테이블로 관리하면 (5*5 = 25) + (3*10 = 30) = 55개 데이터가 생성됨 =〉 테이블 분리가 데이터 양이 15개 적다.

초 간단 데이터베이스 이해를 했습니다. 데이터베이스 하나만으로도 최소한 학기 수업의 양입니다. 이 정도만 이해하더라도 DB 관련 직업을 이해하기에 모자라지 않습니다.

국내 최대 이동통신사의 고객 수가 1,300만 명, 국내 최대 은행의 고객 수는 3,000만 명이 넘습니다. 고객정보와 거래를 저장하기 위해 수백 개의 테이블이 필요합니다. 매초 수천 건의 데이터가 실시간으로 조회되고 입력하고 갱신됩니다. 이런 과정을 묵묵히 실행하는 것이 DB입니다. 거래 과정 데이터가 유실되거나 제대로 처리가 되지 않는다면 데이터는 신뢰를 잃습니다. 신뢰할 수 없는 데이터는 가치가 없습니다. 데이터를 제대로 관리 못 하는 DB는 DB로서 가치가 없습니다.

DB는 IT에서 중요한 자원입니다. 고품질의 프로그램을 개발하는 것이 중요한 것처럼, 데이터의 신뢰성과 성능을 보장하는 DB를 구축하는 일은 고도의 전문적인 일입니다. 따라서 데이터베이스를 설계하는 데이터 아키텍처와 데이터베이스 관리자 역할의 중요성은 두말할 필요가 없겠지요.

13장

데이터베이스 구축

앞에서 DB는 표와 비슷한 테이블로 이루어져 있다는 것을 알았습니다. 관계형 데이터베이스는 데이터 중복을 최소화하기 위해 테이블을 가능하면 분리하고, 분리된 테이블은 동일한 키 필드로 관계를 맺어 관련 데이터를 서로 연결한다는 것도 알았습니다.

DB를 구축하는 과정은 궁극적으로 테이블을 만드는 과정이라 할 수 있습니다. 프로그램 개발자가 현실의 일을 코딩해서 컴퓨터가 일하게 하듯, DB는 현실의 일에서 발생하는 데이터를 DB가 관리할 수 있도록 테이블과 그 테이블 간에 관계를 만드는 것입니다.

데이터 베이스 구축 과정

DB 구축 과정은 현실의 일에서 돌아다니는 데이터를 DB에 담는 과정입니다. 일에서 발생하는 데이터를 찾아내고 필요한 데이터를 테이블에 넣을 수 있도록 설계하여야 합니다.

데이터 구축 과정은 [데이터 설계]라는 모델링 과정과 모델링한 데이터 구조를 실제 DBMS에 테이블과 같은 물리적으로 구축하는 [데이터베이스 생성]의 크게 두 단계로 진행됩니다.

데이터베이스 구축 과정에는 두 종류의 참여자가 필요합니다. 업무를 분석하여 DB를 설계하는 데이터 아키텍처(DA)와 설계를 설계대로 DBMS에 테이블과 같은 물리적인 데이터베이스를 구축하는 데이터베이스 관리자(DBA)가 그 주인공입니다.

DB 설계는 개념적 설계 → 논리적 설계 → 물리적 설계 과정으로 진행되며, 현실의 일을 시스템에 필요한 DB로 만들기 위해 한 단계씩 접근하는 과정이라 할 수 있습니다. 동창회 관리 같은 간단한 데이터는 굳이 분석과 모델링을 거치지 않더라도 바로 테이블을 만들 수 있지만, 쿠팡과 같은 온라인 쇼핑몰을 만든다고 생각하면 이야기가 달라집니다. 쇼핑몰의 많은 상품 데이터를 관리할 수 있어야 하고, 초당 몇천 건 이상 데이터가 1초 안에 조회되고, 또 판매 데이터가 빠짐없이 기록되어야 하며, 상품, 고객, 주문 등의 데이터는 서로 연결되어야 합니다. 테이블 몇 개로는 이런 대형 시스템을 커버하기는 불가능하므로, 업무를 하나씩 분석해 가면서 데이터를 모델링해야 합니다.

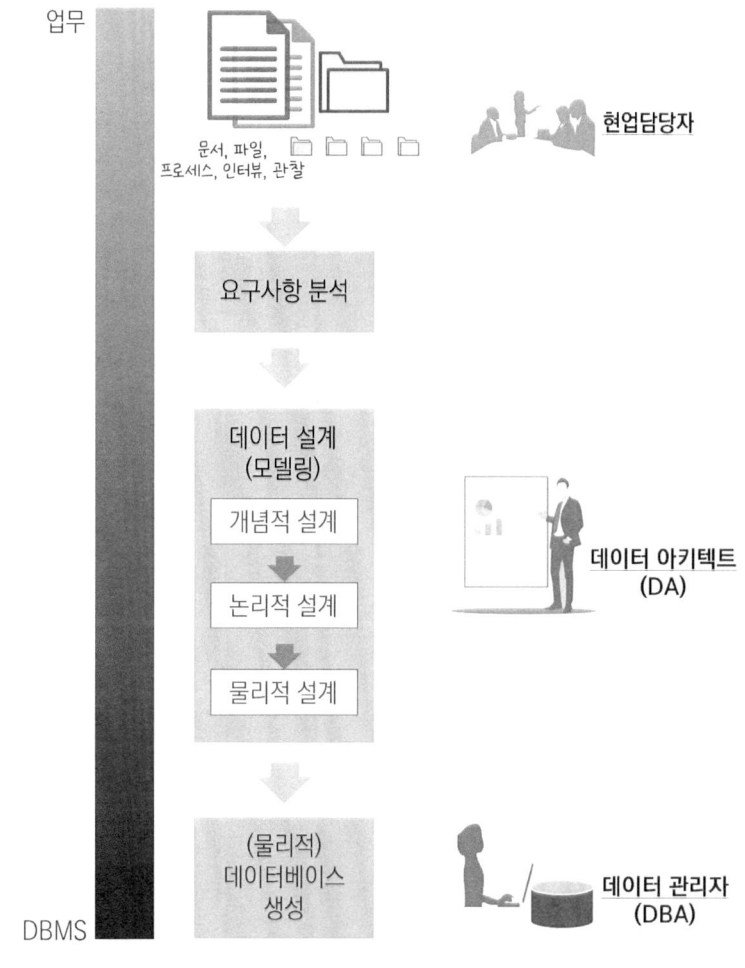

데이터 베이스 구축 과정

현장의 업무를 분석하여 DB를 모델링하여 설계하고 물리적 DB를 만드는 과정이다 대형 시스템은 데이터베이스 설계 과정을 거쳐 구축합니다. 그러나 시스템이 작거나 비용을 절약하기 위해 데이터베이스 전문가가 아닌 개발자가 직접 DB를 만드는 경우도 많습니다. 개발자가 데이터 관리에 대한 지식이 있으면 다행이지만, 개발자 관점에서만 DB를 만들다 보면 결국 데이터 관리에 문제가 발생하는 경우가 많습니다.

한번 DB를 잘 못 만들어 놓으면 두고두고 시스템의 골칫거리가 됩니다. 초기에는 데이터가 적어 문제가 안 되던 DB가 데이터가 많아지면서 현저히 속도가 느려지거나, 데이터가 제대로 맞지 않거나, 필요한 데이터를 제대로 활용할 수 없어 곤욕을 치릅니다. 월말 또는 분기 결산 시 데이터가 맞지 않아 따로 데이터를 관리하거나 수작업으로 보정하는 작업을 해야 한다면 업무 자동화를 위해 시스템 구축한 보람이 없습니다. 그렇다고 다시 고치기에는 비용이 너무 많이 듭니다. 시스템에서 가장 바꾸기 어려운 것이 테이블입니다. 테이블의 필드 등이 변경된다면 관련 프로그램이 모두 수정되어야 합니다. 따라서 DB설계가 잘못되면 불편해도 참고 쓰던지, 돈을 들여 시스템을 다시 구축하든지 해야 합니다.

시간이 들더라도 DB 설계과정이라는 방법론에 따라 구축하는 것이 중요합니다. DB 설계에는 DB 구축 방법론뿐 아니라 업무에 대한 인더스트리 지식(이를 IT에서는 '도메인' 지식이라 한다)을 갖춘 경험 많은 DA, DBA가 필요합니다. 절차를 잘 밟아도 만족스러운 DB구축을 하기란 쉽지 않습니다. 그만큼 전문적이고 어려운 과정입니다.

DB 설계 과정에 대한 깊은 내용을 여기서 다 다룰 수 없으므로. DB 모델링이 어떤 것이라는 정도만 이해하도록 하겠습니다.

| 개념적 설계(Conceptual Design) |

업무 분석과 요구사항 결과를 기반으로 데이터베이스를 구성하는 데 필요한 개체, 속성, 개체 간의 관계를 추출하는 단계입니다.

무슨 말인지 잘 이해가 안 되죠? 개체(영어로 엔티티, Entity)라는 것은 쉽게 말하면, 일에서 명사로 표현되는 덩어리라고 보면 됩니다. 온라인 쇼핑몰을 생각해 봅시다. 온라인 쇼핑 몰을 구성하는 것에는 어떤 개체가 있을까요? 그렇습니다. 제일 먼저 상품이라는 개체가 떠 오릅니다. 또 상품을 구매하는 고객이 있습니다. 고객은 상품을 주문해서 구매하므로 주문이라는 개체도 있군요. 이러한 덩어리, 즉 개체를 도출합니다.

속성(영어로 어트리뷰트, Attribute)은 개체가 가진 내용입니다. 예를 들어 고객 엔티티는 '이름', '아이디', '전화번호'와 같은 속성이 있고, 주문 엔티티에는 '주문번호', '주문상품', '주문고객', '주문일자' 등과 같은 속성을 뽑아낼 수 있겠네요.

개체 즉 엔티티는 속성을 가지고 있으며, 이들 엔티티는 서로 관계를 가집니다. 고객은 상품을 주문합니다. 이 말은 고객 엔티티와 상품 엔티티는 주문이라는 엔티티로 서로 관계를 맺는 것이지요.

이렇게 엔티티와 엔티티 간의 관계를 추출하는 것이 개념적 설계입니다. 엔티티와의 관계를 그림으로 나타낸 것을 ERD(Entity Relation Diagram)라 합니다. ERD는 엔티티와 엔티티의 관계를 나타내는 다양한 약속된 기호로 표시된 그림이라 할 수 있습니다.

　　ERD작성은 전문적인 ERD 작성 도구를 사용한다.

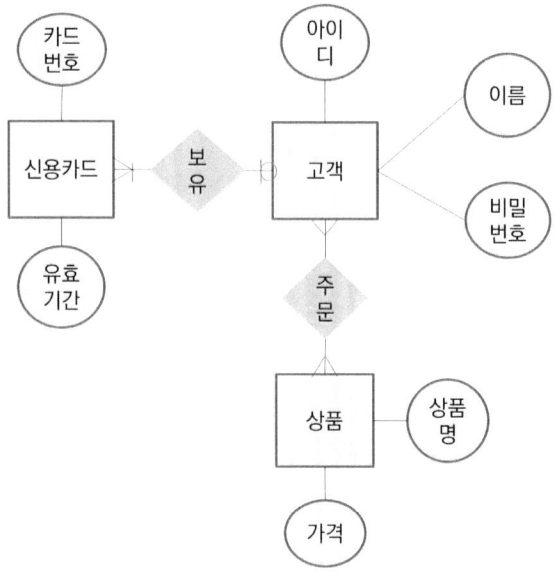

개념 설계 ERD 예시

엔티티, 속성, 엔티티 간의 관계를 약속된 기호로 표시한다

| 논리적 설계(Logical Design) |

개념적 설계가 전체 데이터에 대한 스케치라면, 논리적 설계는 스케치한 것을 더 구체화한 업무 중심의 데이터 모델을 만드는 단계입니다. 개체와 개체 간의 관계를 명확하게 하고, 데이터 중복이 발생하는 개체는 분리하여 신뢰성 있는 데이터 구조를 만듭니다.

추상적인 개념 ERD를 더 구체적으로 모델링합니다. 각 데이터 간의 관계를 정밀하게 분석하여 상호 연관 키를 구체적으로 지정합니다.

엔티티 간의 관계 설정

예를 들어 [학생] 개체와 [성적] 개체의 관계를 정의하기 위해 [학생] 개체의 키가 되는 〈학번〉 PK 필드를 [성적] 개체의 〈학번〉 필드 서로 관련 키 필드(FK, Foreign Key)로 지정하여 관계를 정합니다.

| 물리적 설계(Physical Design) |

데이터베이스를 만들 수 있도록 테이블 이름(영문), 테이블의 필드 이름(영문), 필드 속성(문자, 숫자-정수/실수 등, 날짜 등)을 정합니다. 또 테이블의 인덱스와 같은 필요한 DB 요소를 설계합니다.

> **테이블 인덱스(Index)**
> 인덱스(Index)는 데이터베이스의 테이블에 대한 검색 속도를 향상하는 자료구조이다. 테이블의 특정 컬럼(Column)에 인덱스를 생성하면, 해당 컬럼의 데이터를 정렬한 후 별도의 메모리 공간에 데이터의 물리적 주소와 함께 저장된다. PK로 지정된 필드는 인덱스가 생성되므로 PK필드 기준으로 검색을 신속하게 할 수 있다.

인덱스란 책 본문을 빨리 찾기 위해 책 끝에 색인을 만드는 것처럼 테이블에서 데이터를 빨리 찾기 위해 특정 칼럼에 인덱스를 생성할 수 있습니다.

DA에 의해 데이터베이스 설계가 완료되면 구체적인 테이블과 테이블 필드가 정해진 ERD가 완성됩니다. 완성된 ERD로 테이블 명세서를 작성하고, 테이블 명세서를 가지고 DBA는 실제 DB에서 물리적인 테이블, 인덱스를 생성합니다. 이제 DBMS 시스템에 데이터베이스, 테이블, 인덱스 등이 만들어졌습니다.

개발 서버에 DB가 만들어지면 개발자는 본격적인 개발을 시작할 수 있습니다. 데이터를 CRUD하는 개발을 하는 것이지요. 개발이 완료되면 DBA는 운영 시스템 DB서버에 최종 DB를 구축하게 됩니다. 데이터 모델링은 당연히 계속 수정 되며, 구축 이후에도 DB를 알기 위해 필요하므로 DB모델링 관련 ERD와 테이블 명세서와 같은 문서는 중요하게 관리됩니다.

개발자들이 개발 내내 곁에 두는 문서 중 하나가 테이블 명세서입니다. 테이블 명세서에는 테이블의 컬럼 명과 데이터 타입 등의 테이블 속성이 있어 개발자가 코딩할 때 항상 필요합니다. 당연히 컬럼 명이 틀리게 코딩하거나 컬럼의 데이터 타입이 다르면 DB작업에 오류가 발생하겠지요.

테이블 명세서
테이블명 : tbl_student   학생

컬럼명	컬럼명(한글)	데이터 타입	길이	컬럼 키	null여부	컬럼 디폴트	자동여부	비고
student_no	학번	int	10	PRI	No		auto_increment	
name	이름	varchar	20		Yes			
gender	성별	varchar	1		Yes			
tel_no	전화번호	varchar	10		Yes			

테이블 명세서

DB와 개발자

개발자가 개발하려면, 개발 환경이 갖추어져야 합니다. 먼저 개발 서버가 필요하고, 또 프레임워크와 같은 개발자가 사용하는 개발 툴이 필요합니다. 하지만 DB가 만들어져 있지 않다면 개발을 할 수 없죠. 개발에 필요한 DB도 있어야 합니다. 따라서 개발 이전에 DB를 설계하고 만드는 DA, DBA의 작업이 먼저 시작되어야 하겠지요. 이런 점에서 개발자, DA, DBA의 협력은 필수입니다.

DB 쪽에서 테이블이 만들어지지 않으면 개발자는 개발할 것이 거의 없습니다. 개발 시작 전에 DA/DBA가 생성한 테이블에 대한 충분한 설명을 듣고 이해해야 올바른 테이블에 데이터를 저장하거나 데이터를 가져오는 개발을 할 수 있습니다. 개발 중에도 필요한 데이터가 있으면 테이블에 필드를 추가 해달라고 요청해야 하고, 테스트를 위해 샘플 테이터가 필요한 경우 테스트 데이터 마련을 위해 DA나 DBA의 협조가 필요합니다.

앞서 말했듯 시스템에서 가장 바꾸기 어려운 것이 DB입니다. 테이블의 컬럼명이 하나 바뀌거나(예를 들어 주문번호 컬럼 명을 order_no에서 jumun_no로 변경), 데이터 타입이 변경되면 관련 코딩을 모두 바꾸어야 합니다.

모든 개발자는 나눠준 테이블 명세서 기준으로 코딩을 합니다. 개발자가 개발하는 코딩은 엄청나지만, 모든 개발자가 사용하는 DB는 하나입니다. 전체가 사용하는 DB는 바뀌면 안 되지만 어디 세상일이 그렇게 되나요! 갑자기 테이블이 바뀌어 개발한 것을 일일이 다시 개발해야 한다면, 개발자와

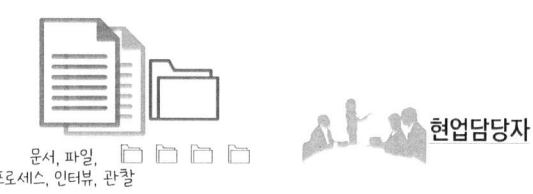

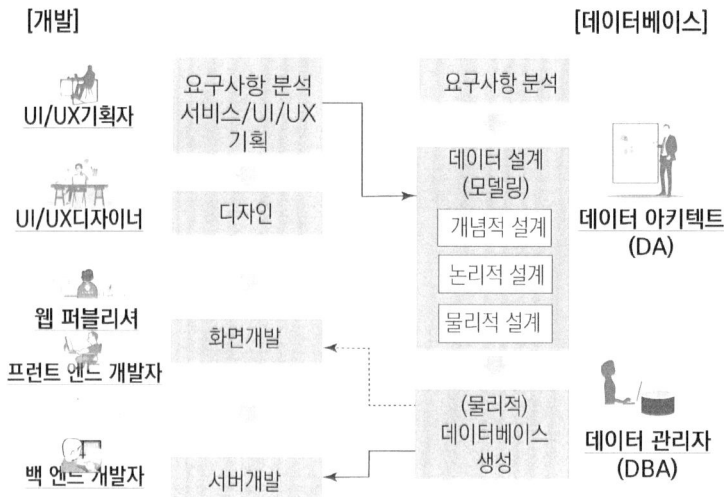

개발과 데이터베이스의 관계

DA/DBA 사이의 한랭전선이 발생하기도 합니다. 잦은 DB 변경은 개발 지연의 원인이 되기도 합니다. 그래서 DB 구축 시 수정이 없도록 최대한 노력을 합니다. 초기 충분한 시간을 두어 DB 구축한 이후에 개발이 시작되도록 일정을 잡는 이유도 여기에 있습니다.

14장

데이터 웨어하우스(DW) 이해하기

데이터 CRUD가 DB의 주요 역할이지만, 역할을 여기에 국한한다면 DB의 일면만 보는 것입니다. DB의 가치는 저장된 데이터를 분석하여 중요한 의사결정에 도움을 줄 수 있는 정보를 생성하는데 있습니다.

IT에 조금이라도 관심이 있다면 데이터 웨어하우스, 즉 DW라는 용어를 들어 보았을 겁니다. 데이터 웨어하우스는 말 그대로 데이터 창고로서 데이터를 모아 놓은 저장고입니다. 데이터를 저장고에 차곡차곡 모아 놓는 이유는 데이터를 분석하기 위해서입니다. 거래에서 발생한 데이터를 DB에서 직접 분석하면 될 텐데 왜 DW라는 데이터 창고를 별도로 만들어야 할까요?

OLTP 데이터베이스

앞서 살펴본 DB는 거래 시스템의 데이터를 저장하기 위한 DB입니다. 뱅킹의 고객, 거래 정보를 저장하거나, 온라인 쇼핑 몰의 고객, 상품, 주문 같은 애플리케이션에서 발생하는 데이터를 저장하기 위한 DB입니다.

이와 같은 실시간 거래 처리 시스템을 OLTP(On Line Transaction Processing) 시스템이라 합니다. Online이라는 것은 실시간을 의미하고, Transaction은 거래를 의미하며, Processing은 처리를 의미하므로 OLTP 시스템은 '실시간 거래 처리' 시스템이라 할 수 있습니다. 우리가 일반적으로 이용하는 서비스 시스템 대부분이 OLTP 시스템입니다.

OLTP 시스템에서는 실시간 거래를 통해 원시(최초) 데이터가 발생합니다. 거래를 통해 일어나는 모든 데이터가 처음으로 DB에 저장됩니다. OLTP 시스템은 실시간으로 거래가 신속히 처리되도록 DB를 설계하며, 거래에 문제가 없도록 합니다. 또 거래에서 발생한 데이터를 빠짐없이 저장합니다. 앞서 살펴본 DB 모델링의 방법은 이러한 OLTP 시스템 특성에 맞게 구성된 DB모델링 방법론입니다.

거래에서 발생한 데이터가 쌓이면, 목적에 따라 데이터를 분석해야 할 필요가 있습니다. 가령, 일별, 주별, 월별 매출 데이터가 필요하고, 지역별 매출 현황도 분석해야 합니다. 데이터가 있는 OLTP 시스템의 DB에서 SQL을 이용하여 데이터를 조회할 수 있습니다.

이러한 분석 작업을 가끔, 일과 후에 한다면 OLTP의 DB에 있는 데이터를 분석해서 보고서를 만드는 것이 문제가 안 되지만, 분석 작업이 방대하고 일상적으로 수행해야 한다면 OLTP 시스템의 거래에 영향을 줄 수 있습니다. OLTP 시스템은 실시간으로 거래를 위한 시스템인데, 데이터 분석을 한답시고 DB에 부하를 준다면 거래에 영향이 생길 수 밖에 없습니다. 분석 작업도 좋지만, 거래에 문제가 없도록 하는 것이 가장 우선되어야 합니다.

이를 해결하기 위해 OLTP의 DB와 별도로 분석만을 위한 DB 구축이 따로 필요합니다. 별도로 구축한 분석용 DB가 데이터 웨어하우스, 즉 DW입니다. OLTP 시스템의 DB에 영향이 가지 않도록 OLTP DB에 있는 데이터를 복사해서 분석의 목적에 맞게 모델링하여 별도 DB를 만듭니다.

DW의 구축

DW는 분석 목적의 DB입니다. OLTP시스템이 거래에 맞게 성능 위주의 DB를 구성한다면, DW는 분석에 맞게 데이터를 정리해서 DB를 구축 해야 겠지요. 구축 이전에 무엇을 분석할 것인가를 먼저 결정해야 합니다. 즉 일별, 주별, 월별 매출 데이터 분석을 한다면 일,주,월 단위 매출 데이터를 처음부터 만들어 DB에 적재하여, 쉽게 화면으로 조회할 수 있도록 합니다.

DW구축은 OLTP 시스템에서 원천 데이터를 가져와서 가공해서 DB에 적재하는 과정이 필요합니다. 분석에 필요한 원천 데이터는 거래 시스템을 비롯한 다양한 소스 시스템으로부터 데이터를 수집합니다. 원천 시스템으로부터 데이터를 '추출(Extract)'하고 분석의 목적에 맞게 데이터를 '가공(Transform)'한 후 DW의 DB에 '적재(Load)'하는 'ETL과정'을 거쳐 DW를 구축합니다.

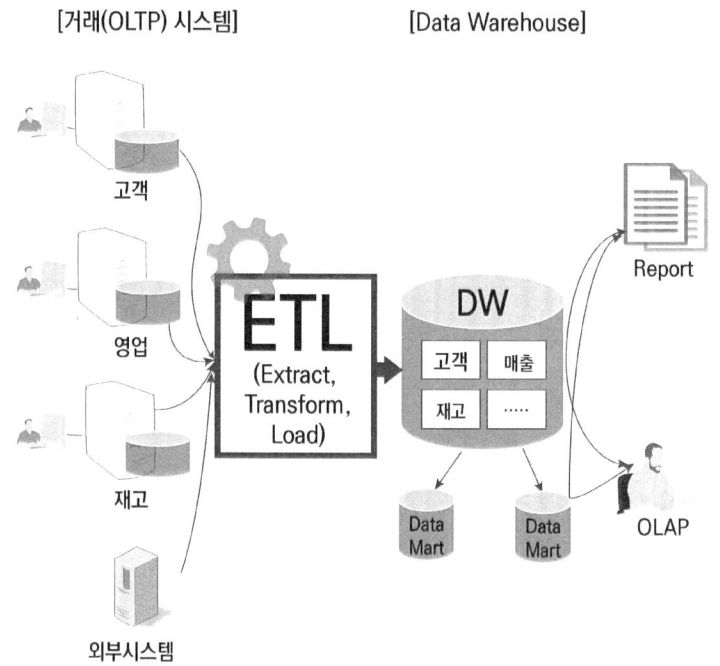

데이터 웨어하우스 구성

DW는 분석 목적에 따라 (예를 들어 고객, 매출 등) 데이터 모델링을 구성하고, 별도 특별한 분석이 필요한 경우 추가로 작은 목적 DW를 구축하는데, 이러한 목적에 맞게 구성된 작은 DW를 Data Mart라 합니다.

거래 시스템의 데이터를 조회하기 위해서 사용자는 애플리케이션을 통해 데이터를 조회합니다. DW나 Data Mart의 데이터 조회, 분석은 'OLAP'이라는 툴이나 '리포팅' 툴을 이용하여 다양한 리포트나 분석(엑셀의 피벗 분석과 같은)을 할 수 있습니다.

> **OLAP(Online Analytical Processing)**
> 데이터 웨어하우스, 데이터 마트 또는 기타 중앙화된 통합 데이터 저장소의 대용량 데이터를 고속으로 다차원 분석하는 소프트웨어로, 엑셀과 같이 표, 피벗 같은 분석을 DW와 연결하여 개발자가 아닌 일반 사용자가 실시간으로 분석할 수 있도록 하는 툴이다.

DW 구성도에서 좌측 거래시스템은 사용자와 시스템간 실시간 양방향으로 이루어지는 반면, DW 데이터는 실시간이 아니며, 조회만 가능합니다.

> OLTP DB는 CRUD가 가능하지만, DW 데이터는 ETL을 통해 적재와 갱신이 되므로 사용자는 원칙적으로 조회(R)만 가능하다.

거래시스템에서 생성된 데이터는 일정 시간 이후에 ETL과정을 거쳐 DW에 적재된 후에 조회되므로, 실 거래 데이터와 시간 차이가 발생합니다.

> 실 시간 정도의 근접한 시차의 데이터가 필요한 경우 OLTP에서 데이터가 발생하는 즉시 ETL하여 DW에 적재하는데, 이러한 데이터를 준 실시간(NRT, Near Real Time)데이터라 한다.

OLTP DB와 DW 비교

OLTP 시스템은 거래를 위한 DB이며, DW는 분석을 위한 DB라는 것을 알았습니다. 같은 DB이지만 시스템의 목적이 다르므로 DB 구축 방법이 다릅니다. 일반적인 DBMS제품들은 OLTP용이지만, DW용으로 사용하는데 문제가 없지만, 별도 DW용 특화된 DBMS로 구축하기도 합니다.

구분	OLTP	DW
목적	거래(업무 서비스 용)	분석
주요 포인트	안정성, 속도 둘 다 중요	대용량 데이터 처리 성능
기능	CRUD 쓰기/갱신 최적화	R(조회) 조회 최적화
데이터 시점	실시간(온라인)	준실시간, 시간 차이 있음
데이터 양	거래 중심의 비교적 적은 데이터	분석에 필요한 대용량의 시계열 데이터
모델링	정규화 모델링 거래 중심 모델링	스타 스키마 모델링 분석 주제 중심 모델링

OLTP와 DW의 비교

DW의 활용

조직에서 분석 작업이 얼마나 많은 지 일반인은 피부로 와 닿지 않을 수 있습니다. 결론부터 말하자면, 대부분 대기업이나 공공기관은 DW를 구축하고 있으며, 분석목적으로 활용하고 있습니다.

데이터 분석이라는 것이 꼭 최고 경영자의 의사결정을 위한 매출과 같은 경영 현황 분석만 있는 것이 아닙니다. 카드 가입자가 매월 받는 카드 명세서에 적힌 고객 등급, 이동 통신사의 명세서에 적힌 월별 사용량 같은 것들은 DW에서 분석된 결과입니다.

전통적으로 은행 시스템은 크게 두 개로 구분합니다. 영업점이나 인터넷 뱅킹과 같은 거래(OLTP) 시스템을 '계정계'라 하고 은행 내의 DW를 '정보계'라 합니다. 계정계에서 발생한 거래 데이터는 거의 실시간으로 정보계 시스템으로 ETL되어, DW에 쌓입니다. 일상적인 데이터 분석 작업이 절대로 계정계 거래에 영향이 없도록 합니다.

정보계 DW로 이전된 데이터는 다양한 분석을 통해 고객의 신용등급과 같은 데이터를 만들어 놓습니다. 이러한 데이터는 대출 과정에서 고객의 신용을 평가하는 정보로 활용합니다. 대출 업무는 계정계에서 발생하는 OLTP 업무인데, 대출 발생 시 고객의 신용 데이터를 실시간으로 분석해서 대출을 결정하는 것은 불가능합니다. 따라서 은행은 DW에서 미리 고객의 신용 평가 데이터를 분석해서 신용 데이터를 미리 만들어 놓고 대출할 때 신용 정보를 참조하여 대출 여부를 결정합니다. DW 분석 데이터는 기업 경영분석뿐만 아니라 이렇게 실시간 거래에 필요한 데이터를 제공합니다.

CRM(고객관계관리, Customer Relationship Management)시스템에 있어서 고객 DW 구축은 필수입니다. 고객 기본정보, 계좌정보, 거래정보, 접촉 정보(영업점 방문, 콜센터 문의 등) 등 고객에 대한 모든 정보를 통합하여 고객에 대한 모든 분석을 할 수 있도록 합니다. 분석된 결과를 가지고 기업은 CRM 시스템에서 타겟 고객을 추출하고 캠페인과 같은 마케팅 활동을 수행합니다. 최근에는 기존 고객 정보 중심의 CRM DW와 외부 데이터 및 빅데이터의 분석 결과가 통합되어 기업은 더 밀착된 고객 마케팅을 하고 있습니다.

은행 같은 금융회사와 대규모 기업에서 거래 시스템은 당연히 기본으로 갖추어야 하는 시스템이며, 이제는 DW와 같은 정보계 시스템에서 고객 분석을 통한 마케팅 활동, 재무분석을 통한 리스크 관리 등과 같은 업무를 얼마나 잘 하는가가 기업의 핵심 경쟁력이 되었습니다. 데이터의 핵심 가치는 분석에 있으며, 분석을 위해서는 데이터는 한 곳에 통합되어 서로 엮어질 수 있도록 해야 합니다.

전사적인 DW(이를 EDW, Enterprise DW라고 한다)를 구축하는 작업은 대규모 프로젝트입니다. 기업규모가 있다면 구축에 적어도 1년 이상이 걸리는 사업입니다. 따라서 데이터베이스 관련 직업은 단순한 거래 시스템 DB 설계/구축뿐 아니라 DW 구축 같은 대규모 사업에서 가장 중요한 역할을 하는 직무라 할 수 있습니다.

15장

데이터 아키텍트와 데이터베이스 관리자의 직무

데이터 중요성이 주목받음에 따라, 기업들은 어떻게 해서라도 데이터를 모으려고 안달입니다. 사람들이 흘리고 다니는 데이터를 모아 분석해서 행동을 예측하려 합니다.

여기서 우리가 알 수 있는 것은 데이터 관련 업무에 있어 단순히 데이터를 모으는, 즉 OLTP성 데이터 보다 데이터는 분석하는 것에 더 가치를 두고 있다는 것을 알 수 있습니다. 개발자는 OLTP성 DB가 개발과 관련 있어 관심이 가지만, 사실상 데이터 관련 직무의 대부분은 DW와 같은 분석 작업이 더 많습니다. 데이터를 분석(Analysis)하여, 데이터로부터 통찰(Insight)을 얻어 내는 것, 즉 비즈니스 인텔리전스(BI)가 더 주된 업무라 하겠습니다.

빅데이터 기술의 발전으로 데이터를 다루는 일은 더 가치를 인정 받게 되었습니다.

데이터 아키텍트(Data Architect, DA)

데이터 아키텍트는 데이터 전반에 대한 컨설팅을 하는 전문가입니다. 컨설팅이란 업무 범위나 틀이 명확하게 정해진 것이 아니고, 기업이나 조직에서 요구하는 전반적인 문제를 해결하는 직업입니다.

기업 자산으로서 데이터는 소중합니다. 기업은 데이터에 의지해서 의사결정을 합니다. 따라서 기업이나 조직 내부에 있는 데이터를 얼마나 잘 관리하느냐에 따라 기업 경영의 성패가 좌우될 수 있습니다.

하지만 데이터만 있다고 해서 유의미한 결과를 도출할 수 없습니다. 데이터는 서로 연결되고 엮어야 의미를 도출할 수 있습니다. 데이터를 모으는 데서부터 활용 방법에 이르는 전략이 필요합니다. 데이터 정책, 관리 방안과 같은 데이터 전략이 필요합니다.

| DA의 직무 |

전사적인 데이터 전략 수립

DA는 조직의 데이터 정책과 같은 데이터 거버넌스 방안 및 데이터 품질관리 방안 수립과 같은 전사적인 데이터 관리 체계를 수립합니다. 원천 데이터가 발생하는 OLTP 성 거래 시스템에서 DW에 데이터를 적재하는 것에 이르기까지 조직의 데이터가 어디에서 발생해서 어떻게 활용되는지에 대한 전반적인 전략과 설계를 합니다.

데이터 요구사항 분석

전사적 데이터 관리 방안 수립 이외에 실질적으로 DA의 주된 직무는 시스템 구축 시 데이터 요구사항을 분석하는 것입니다. 업무 시스템을 구축하기 위해 업무 분석과 데이터 관리에 대한 요구사항을 분석하여 DB를 설계합니다.

데이터 표준화

데이터 표준화는 조직에서 통용되는 데이터를 표준화하여 관리하는 것입니다. 데이터 표준화라는 말이 생소할 겁니다. 조직 내에서 같은 의미로 사용되는 용어를 약간씩 다르게 사용하는 경우가 많습니다. 예를 들어 매월 최종 잔액을 월잔액, 월 잔액, 월말잔액, 월잔고 등(띄워 쓰기도 제 각각인 경우가 많다)과 같이 같은 의미이지만 다른 용어를 쓰거나, 또 같은 용어를 부서마다 다른 의미로 쓰는 경우도 있습니다. 이러한 용어의 혼란은 데이터 분석 시 많은 문제가 됩니다. 따라서 하나의 용어에 하나의 의미를 부여하는, 전사차원의 데이터를 표준화하여 데이터 관련 커뮤니케이션 혼란을 없애야 합니다.

DA는 데이터 표준화 작업으로 데이터 표준 원칙을 수립하고, 신규 시스템의 DW 및 DW 구축 시 데이터 표준을 지키도록 하는 규정과 절차를 마련합니다. 전사차원의 데이터 표준화는 원칙 수립도 쉽지 않지만, 기존 DB를 변경해야 하는 일은 거의 불가능해 새로 구축하는 시스템부터 적용하는 경우가 많습니다.

데이터 모델링

DA의 가장 주요한 직무입니다. 앞의 데이터베이스 구축 과정에서 살펴본 개념적 설계, 논리적 설계, 물리적 설계 모델링을 통해 DB를 설계합니다. DA는 데이터 설계과정에서 업무 분석으로 데이터 모델링을 수행합니다. 모델링 결과는 DBA에 전달되어 실질적인 DB가 생성되도록 관리합니다.

데이터 모델링의 방법론은 일반적인 OLTP성 DB와 DW의 모델링은 다르지만, DA라면 두 가지의 모델링에 대한 차이와 방법을 명확하게 알고 적합한 모델링을 할 수 있어야 합니다.

| DA의 기술적 요건 |

DA는 데이터에 대한 상위 레벨의 전문가입니다. 따라서 데이터베이스에 대한 기술적인 지식과 데이터 관리에 대한 논리적 사고력을 기본적으로 갖추어야 합니다. 이런 기본 지식과 더불어 DA의 가장 중요한 자질은 인더스트리 업무 지식과 경험을 갖추어야 합니다.

데이터는 업무 내용을 내포하고 있습니다. 따라서 DA는 반드시 특정 인더스트리를 잘 알고 있어야 합니다. 업무에서 사용하는 용어, 프로세스를 알고 있어야 데이터를 이해하고 그에 맞는 데이터 설계를 할 수 있습니다. 단순한 DA의 기술적인 지식만 가지고 올바른 데이터 아키텍처를 수립할 수 없습니다. DA의 핵심 역량이 담당자 인터뷰를 통해 업무를 분석하고 어떤 데이터가 중요한가를 알아내는 것입니다. 업무 지식이 없으면 담당자와 소통이 어려워 요구사항을 이끌어 내기가 쉽지 않겠지요.

데이터베이스 관리자 (Data Base Administrator, DBA)

DBA는 DA의 하위 직무를 수행합니다. 하위 직무는 업무의 순서상 뒤, 아래를 말하는 것으로 열등한 일을 의미하는 것이 아닙니다.

| DBA의 직무 |

물리적 데이터베이스 생성

DA가 설계한 테이블, 인덱스 등을 DBMS에 명령어를 실행하여 물리적인 DB를 생성합니다. DA는 DBMS SW의 종류와 상관없이 작업을 하지만, DBA는 DBMS에 직접 DB를 생성해야 하므로 해당 DBMS SW를 잘 알아야 합니다. 즉, 쉽게 말한다면 디자이너 디렉터가 손으로 스케치를 해주면, 디자이너가 스케치를 그래픽 툴로 이미지 파일을 만드는 것과 비슷합니다. 디자이너 디렉터는 굳이 그래픽 툴인 포토샵, 일러스트 사용법을 알 필요는 없지만, 디자이너는 사용하는 그래픽 사용법을 알고 있어야 디자인 작업을 할 수 있겠지요. 마찬가지로 DBA도 작업해야 하는 DBMS를 다룰 줄 알아야 합니다. 따라서 많이 사용하는 주요 DBMS SW 제품에 대해 알고 있어야 합니다.

SQL 튜닝

SQL은 DB를 실행하는 명령문입니다. 프로그램 실행 속도에 영향을 많이 미치는 것 중 하나가 DB에서 CRUD와 같은 데이터를 조작하는 것입니다. 데이터 조작은 SQL로 수행됩니다. 특히 관계형 데이터베이스는 테이블을 분리하다 보니 테이블의 수가 많아져서, 원하는 데이터를 가져오려면 많은 테이블을 연결해서 데이터를 가져와야 합니다. 데이터를 조작하는데 테이블이 많아질수록 실행 시간이 길어집니다. 화면에서 버튼을 누르고 나서 데이터를 조회하거나 등록하는데 속도가 너무 늦으면 오류는 아니지만 오류가 비슷하게 취급하여 수정해야 합니다.

프로그램에서 SQL 실행 속도를 개선하는 것이 SQL 튜닝입니다. 일반적으로 SQL에 대한 실력은 개발자보다 DA/DBA가 한 수 위입니다. 개발자들이 무분별하게 만든 SQL 문을 하나하나 검토해서 수정하여, 실행 속도를 높이는 것이 SQL 튜닝이고, 개발에 있어 매우 중요한 부분입니다.

ETL 및 데이터 마이그레이션

ETL은 DW를 구축하기 위해서 원천 데이터가 있는 소스 시스템에서 데이터를 추출, 가공 및 전환을 하여 최종 목적지 DW에 적재하는 작업입니다.

DW를 구축할 때 DA가 DW의 설계하고, ETL개발자는 설계에 따라 ETL을 개발합니다. ETL개발은 직접 SQL이나 개발 언어로 프로그래밍하기도 하지만, 대부분 전용 ETL SW를 활용합니다. 별도 ETL전문 개발자가 있기도 하지만, DW구축 시 대부분의 ETL의 작업은 DBA가 개발합니다. DW 구축 시 개발된 ETL은 DW 구축 이후에도 계속 소스 시스템에서 DW로 데이터를 적재해야 하므로 DBA에 의해 관리됩니다.

데이터 마이그레이션은 데이터 이전 작업으로 ETL과 비슷한 작업입니다. ETL이 소스 시스템에서 DW로 정해진 주기에 따라 데이터를 계속 이전하는 것이라고 하면, 데이터 마이그레이션은 시스템 구축 시 한번 기존의 시스템에서 새로 구축되는 시스템으로 데이터를 이전하는 작업입니다.

인사 시스템을 새로 구축한다면, 시스템 오픈 전 기존 시스템에 있는 데이터를 새로 오픈하는 시스템에 데이터를 온전히 새 시스템 DB에 맞게 데이터를 옮겨 놓아야 새 시스템이 제대로 작동합니다. 따라서 DBA는 기존 시스템 DB 테이블을 분석하고 신규 시스템 테이블에 맞게 데이터를 가져다 놓는 데이터 마이그레이션을 개발합니다. 기존 시스템의 테이블과 신규 시스템의 테이블이 다르기 때문에 서로 같은 필드를 맞추어야 합니다(이를 맵핑이라 한다). 데이터를 확인하면서 오픈 전까지 마이그레이션 테스트를 합니다. 오픈 전 현재 운영 중인 시스템에서 최종 데이터를 신규 시스템에 마이그레이션 합니다.

데이터 마이그레이션도 ETL SW를 사용하면 좋지만, 오픈 전 한 번하면 끝이기 때문에 SQL과 프로그래밍으로 개발하는 경우가 많습니다.

개발 지원

하나의 DB를 중심으로 많은 개발자들이 개발을 합니다. DBA는 DB 운영자로서 DB에 대한 모든 부분에서 개발자의 개발 작업을 지원해야 합니다. 시스템 개발 과정에 DB 관련 변경 작업은 수시로 일어납니다. 또한 테이블이나 필드에 대한 개발자의 문의도 많습니다. 개발자가 필요한 테스트 데이터를 테이블에 넣어 줌으로써 개발자의 개발과 테스트를 지원하기도 합니다.

| DBA의 기술적 요건 |

DBMS 제품에 대한 전문 기술

적어도 하나의 DBMS를 다룰 줄 알아야 합니다. 뒤에서 설명하겠지만, 현장에서 사용되는 주요 DBMS는 많지 않지만, 주요한 DBMS에 대한 전문적인 지식을 갖추어야 합니다. DB 구축 시 테이블, 인덱스를 만들어야 하고, 무엇보다도 운영 중인 시스템의 DB 담당자로서 DB 관련 문제가 발생하면 일차로 문제를 해결해야하므로 DB에 대한 전문적인 지식이 반드시 필요합니다.

SQL 및 튜닝 툴

개발자보다 더 차원 높은 SQL에 대한 지식과 SQL 튜닝을 지원하는 툴을 다룰 수 있어야 합니다. 응용 소프트웨어가 문제가 발생했을 때, DB 관련 부분이 있다면 SQL을 분석하여 튜닝하여 속도 문제, DB 성능 문제를 해결할 수 있어야 합니다.

ETL 프로그래밍 및 툴

DBA는 DW 구축 시 ETL을 개발하는 업무를 수행하기 위해 ETL 프로그래밍을 할 수 있어야 합니다. 일반적으로 ETL 프로그래밍은 Java와 같은 개발 프로그램보다 DBMS에서 제공하는 프로그래밍 언어이든지, 배치 작업에 적합한 언어를 사용합니다. 프로그래밍이외에도 전문적인 ETL 툴도 많이 사용하므로 ETL 툴의 사용법도 알고 있으면 좋습니다.

데이터 베이스 모델링

데이터베이스 모델링의 주체는 DA지만 이를 실행하는 자는 DBA이므로 DB 모델링을 할 수 있어야 합니다. 또한 DA가 없는 현장이 많은데, 이런 경우 DBA가 DB 모델링을 하는 경우도 많습니다.

> **개발 DBA과 운영 DBA**
> 일반적인 DBA는 시스템 개발에서 보다 운영 시스템 DB관리자로서의 역할이 더 많다. 따라서 DBA는 대부분 운영 중인 시스템 DB 관리자인 경우가 많다. 프로젝트 규모가 큰 경우 개발 DBA를 두지만, 규모가 작은 개발은 개발자 또는 기존 시스템의 운영 DBA가 DB를 설계한다.

DBMS의 종류

DBMS는 데이터를 관리하는 SW입니다. DBMS가 어떻게 데이터를 관리하는지를 개발자가 개발하는 응용 프로그램이 데이터를 처리하는 과정을 잠깐 살펴볼까요. 예를 들어 자바로 코딩한 프로그램에서 고객정보를 조회하고자 한다면, 프로그램은 먼저 해당 DB와 접속을 해야 합니다. DB와 접속이 되면, 자바 프로그램은 고객정보를 조회해달라고 SQL 문으로 DB에 요청합니다. DB는 전달받은 SQL 문을 수행하여 데이터를 찾아서 자바 프로그램에 전달합니다. 그리고 접속을 끊습니다 (필요시 접속 계속 유지). 이후 자바 프로그램은 DB로부터 받은 데이터를 처리하여 프런트 엔드로 전달하겠지요.

이러한 과정에서 알 수 있듯이 프로그램은 DB가 관리하는 데이터에 직접 접근할 수 없고, 오로지 DB를 통해 데이터 명령을 실행할 수 있습니다. DB는 마치 창고 문 앞을 지키는 수문장처럼 창고를 지키며 누구든 함부로 들어오지 못하게 하고 요청한 일은 본인이 하고, 결과를 전달 하는 방식을 고수합니다.

데이터를 전적으로 관리하는 DB에 있어서 가장 중요한 것은 안정성입니다. 세상이 두 쪽 나더라도 데이터는 문제가 없어야 합니다. 다음으로는 성능입니다. 초당 수백 수천 건씩 데이터를 처리할 수 있는 능력이 있어야 합니다. 따라서 DBMS는 안정성과 성능을 보장하여야 합니다. 이런 이유로 상용 DBMS는 매우 고가입니다. 그러나 최근 무료로 사용할 수 있는 오픈 소스 DB의 안정성이 높아져 차츰 활용 범위가 넓어 지고 있습니다.

| 상(업)용 DBMS |

> DBMS는 데이터를 관리하는 기술적인 방식에 따라 여러 유형이 있다. 가장 일반적으로 사용하는 것이 우리가 앞서 살펴보았던 관계형 데이터베이스이다. 여기서 소개하는 DBMS는 모두 관계형 데이터베이스(RDBMS)이다.

상용 DBMS는 오픈 소스DBMS에 비해 아무래도 안전성 및 성능에서 우수합니다. 또 문제가 발생한다면 DB 제조사의 기술 지원을 받을 수 있습니다. 운영 DBA 입장에서는 문제가 발생할 경우를 대비해 이러한 기술 지원 체계가 매우 중요합니다. 위험을 혼자 감당하기는 힘들지요. 혼자 할 수 있더라도 백업 체계가 있어야 합니다. 따라서 중요한 시스템 대부분은 상용 DBMS를 고수합니다.

상용 DBMS는 시스템 개발 시 SW를 구매해야 하고, 구매 후 시스템 운영 시에는 유지보수 계약을 맺어야 기술지원과 SW 업데이트가 가능합니다. 일반적으로 유지보수 계약은 구매 금액의 20%~30% 수준으로 매우 높습니다.

관계형 DBMS의 대표주자는 오라클입니다. DB 회사로 출발해서 최근 하드웨어 및 타 SW를 인수하여 종합 IT기업이 되었습니다. DB하면 오라클, 오라클 하면 DB 하던, DB의 대명사였던 시대가 있었습니다(아직도 여전함). 성능, 안정성 면에서는 가장 우수합니다. 그만큼 비쌉니다. 구매 이후에도 높은 유지보수 비용으로 최근 탈 오라클 바람이 불어 다른 DB로 대체하려 하고 있습니다. 하지만 오라클 아성은 여전합니다. 고성능, 고가용성, 고안정성을 추구하는 금융과 같은 중요 시스템은 여전히 오라클을 기본 DBMS로 사용합니다.

상용 DB의 선두 주자 오라클

그 외 주요 외산 DBMS로는 DB2(IBM), SQL Server(Microsoft) 등이 있고, 국산으로는 Tibero가 오라클 대체 DB로 많이 사용하고 있습니다.

| 오픈소스 DBMS |

오픈소스 SW는 소스 코드를 공개해 누구나 특별한 제한 없이 사용할 수 있는 SW입니다. 오픈소스 DBMS는 무료로 사용할 수 있습니다. 오라클과 같은 상용 DBMS의 가격, 유지보수 비용이 너무 비싸 기업들은 오픈소스 DBMS에 눈을 돌리기 시작했습니다.

안정성, 성능 면에서 아무래도 상용 DB에 비해 불안하지만, 최근 대형 시스템에서의 성공적인 구축 사례가 늘어나면서 많은 기업에서 오픈소스 DB로 시스템을 구축하는 사례가 늘고 있습니다.

오픈소스 DB는 별도 유지보수를 지원하는 제조사가 없기 때문에 조직 내에 오픈소스 DB에 대한 전문적인 지식을 가진 DBA가 필요합니다. 운영상의 문제를 스스로 해결할 수 있는 인적 자원을 갖추어야 합니다. 최근에는 이러한 오픈소스 SW에 대한 전문적인 기술지원을 하는 회사가 많이 생겨 운영과정에서 발생한 문제 해결에 대한 지원을 받을 수 있습니다.

오픈소스 DB MySQL

MySQL 이외 많이 사용되는 오픈소스 DB로는 PostgreSQL, MariaDB 등이 있습니다.

> 가장 인기 있는 오픈소스 RDBMS이던 MySql이 오라클사에 인수됨에 따라 오픈 소스 DBMS에 호의적이지 않는 오라클에 대한 불안으로 오픈소스 진영에서 MySQL을 모태로 MariaDB라는 RDBMS를 만들었다.

개발자 vs DBA

개발자는 프로그램을 개발하는 직업이고 DBA는 데이터와 DB를 다루는 직업입니다. 시스템 개발에 있어 두 직업은 떼려야 뗄 수가 없습니다. DB를 모르고서는 개발을 할 수 없으므로 개발자라도 DB에 대한 지식이 있어야 하고, DBA도 개발자들이 사용하는 DB를 관리하기 위해 개발 일정 부분을 알아야 합니다. 시스템 구축에서 DBA는 DB 구축, 데이터 마이그레이션과 같은 작업이 주이고, 대부분의 DBA는 이름 그대로 운영 중인 시스템의 DB 운영자의 역할입니다.

DBA 직무 특성을 나름대로 정리해 보면,

- 개발자는 요건의 변화에 따라 코딩이 자주 바뀌나, DB는 한번 정해지면 크게 바뀌는 일이 없다. 따라서 처음부터 체계적인 분석이 중요하고, DB 변경의 과정도 체계적으로 진행된다.
- 개발이 요건을 워드 프로세서에 글로 쓰는 것이라면, DBA는 요건을 정리해서 표로 만드는, 일을 체계화 작업이다. 따라서 DB 작업은 개발자에 비해 더 규범적이고 체계적인 사고가 필요하다.
- 개발은 코드가 동작하고 기능하는 것에 중점을 두는 작업이라면, DBA는 움직이지 않는 데이터를 보면서 데이터의 움직임과 의미를 머릿속에 그릴 수 있어야 한다.
- 개발자의 테스트 결과는 바로 나오지만 DBA는 대량의 데이터 작업이 많아 결과를 보기 위해 오래 참고 기다려야 한다. 또 잘 못되면 다시 처음부터 긴 작업을 해야 하는 경우가 많다(대용량 데이터를 작업하는데 오랜 시간이 걸린다).

현장에서 보면 개발보다 데이터를 다루는 것을 좋아하는 사람도 있습니다. 업무에서 표와 같은 테이블을 잘 만들어 내고, 중복이 되는 테이블을 분리하고 관계를 맺는, 일반인이 어려워하는 논리적인 일을 능숙하게 합니다. 수많은 테이블에서 어떤 데이터가 어디에 있고, 데이터를 쭉 보면서 어떤 데이터가 문제가 있는지 잘 밝혀냅니다. 그런 담당자를 보면 정말 본인에게 맞는 직업을 잘 찾았구나 하는 생각이 듭니다.

| DBA로의 진로 |

DBA는 개발자 보다 자리가 적습니다. 그러나 최근 빅데이터가 부상되면서 데이터 관련 전문가의 수요가 늘고 있습니다. 단박에 빅데이터 전문가가 되기 어려우므로 DBA → DA, 또는 빅데이터 전문가로 커리어 패스를 정하는 것도 나쁘지 않습니다. 데이터를 다루는 기술은 조금씩 변해도 기본 원리는 다르지 않습니다.

빅데이터로의 진로도 좋지만, 최근 많이 활용되고 있는 오픈 소스 DB에 전문성을 갖는 것도 좋습니다. 기업들은 탈 오라클의 일환으로 오픈 소스 DB를 활용하고자 하나, 오픈 소스 DB에 전문성을 갖춘 DBA를 찾기가 쉽지 않습니다. 이러한 트렌드는 계속 진행될 것이므로 이러한 부분에 관심을 가지고 준비한다면 좋은 기회를 찾을 수 있을 겁니다.

그러면 DBA가 되기 위해 어떻게 접근하면 될까요?
- 개발자로서 시작하여 개발 경력을 쌓으면서 데이터에 대한 전문성을 키우고 DBA로 이전하는 방법
- 처음부터 DBA/DA를 목표로 데이터 전문회사에 도전하는 방법

와 같은 방법을 생각할 수 있습니다.

어떤 방법을 쓰던지간에 IT 개발에 대한 기본 이해를 하고 있는 것이 중요하다고 생각합니다. 그리고 필요하다면 DBA로서 실력을 증명하기 위한 자격증도 고려해 볼만 합니다.

| DBA를 준비하기 위한 자격증 |

빅 데이터의 중요성이 강조되면서 데이터 관련 자격증과 시험이 많이 있습니다. 예를 들면 데이터 아키텍처, 빅데이터 분석 기사 등 다양한 난이도의 자격시험이 있습니다. 그러나 초급 단계에서 이러한 자격시험을 공부하기에는 난이도도 높고 공부만 해서 자격시험을 통과하기도 쉽지 않거니와, 대용량 DB경험이 없다면 취업에도 큰 도움이 되지 않을 겁니다.

여기서는 DB에 처음 접해보면서, 그나마 공부할 만한 자격증 몇 가지만 소개합니다. 꼭 DB전문가가 아니더라도 개발자도 DB를 이해하기 위해 관심을 가져야 할 자격증입니다. DB에 대한 개념을 어느 정도 잡고, 개발자로 시작을 하더라도 나중에 DB 관련 직무로 전환할 수 있는 기본은 갖출 수 있다고 생각합니다.

OCP(Oracle Certified Professional)

오라클에서 주관하는 자격증으로 오라클에 대한 기본 자격증입니다. 개발자도 많이 취득하는 자격증으로 실력 증명보다 DB에 관한 기본으로 갖추어야 할 성격의 자격증인 것 같습니다. OCP는 DB관련 직무가 아니더라도 개발자도 많이 취득하는 자격증 중 하나입니다.

참고로 오라클 주관 자격증 등급은 OCA 〈 OCP 〈 OCM 순서입니다.

SQLP(SQL Professional)

국가 자격증으로 데이터베이스와 데이터 모델링에 대한 지식을 바탕으로 데이터를 조작하고 추출하는 데 있어서 정확하고 최적의 성능을 발휘하는 SQL을 작성할 수 있고, 이를 토대로 SQL을 내포하는 데이터베이스 프로그램이나 응용 소프트웨어의 성능을 최적화하거나, 이러한 성능 최적화를 지원할 수 있는 데이터베이스 개체(뷰, 인덱스 등)의 설계와 구현 등 DBA에 필요한 난도가 있는 자격증입니다.

개발환경 못지않게 DB 환경도 많이 변했습니다. 예전 DBA는 오라클 하나만 잘 다루어도 유능한 DBA였습니다. DB가 다양해지면서 DBA는 오라클 이외에 MySQL 등 오픈소스 DB뿐만 아니라, 관계형 데이터 DB가 아닌 다른 체계의 DB도 다루어야 하는 환경으로 변했습니다.

DA도 마찬가지입니다. 이제는 데이터 업무 분석, 모델링만 하는 DA로는 살아남기 힘듭니다. 빅데이터, 데이터 사이언스와 연계하는 역량이 없으면 현장에서 가치를 발하기 쉽지 않습니다.

DA, DBA 환경이 예전만 하지 못하지만, 기술과 요구사항이 다양해지고 있다는 것은 새로운 기회가 있다는 의미이기도 합니다. 오라클뿐만 아니라 오픈소스 DB와 이기종 DB를 잘 다루는 DBA는 구하기 쉽지 않습니다. 관계형 DB와 모델링 지식을 갖춘 빅데이터 분석가를 찾기도 쉽지 않습니다.

기본기와 새롭게 변화하는 기술을 적극 갖춘다면 데이터 관련 직무에서 가치를 만들 기회는 더 많이 있으리라 생각합니다.

16장

데이터베이스와 빅데이터의 비교

관계형 데이터베이스로 대표되던 데이터 관리 기술은 빅데이터라는 개념이 나오면서 새로운 국면으로 접어들었습니다. 고객정보, 거래정보, 계정정보 이외에 기업들은 더 많은 데이터를 활용하려 했습니다. 조직이 보유한 정형 데이터 이외의 비정형 데이터를 분석함으로써 더 차별적이고 특화된 인사이트(Insight, 통찰력)를 도출하려 했습니다.

그래서 그동안 관리되지 않은 비정형 데이터에 눈을 돌렸습니다. 고객들이 웹 사이트에서 돌아다닌 기록(이를 '웹로그'라 한다)이라든지, 신문 기사, SNS의 본문과 댓글과 같은 비정형 데이터를 분석하여 고객의 마음을 읽으려고 했습니다. 그동안 이런 종류의 데이터를 분석하고 싶었지만 거래 데이터와 같이 표(DB의 테이블)로 만들 수 있는 정형 데이터가 아니며 데이터의 양도 엄청나 수집과 분석이 거의 불가능했습니다.

엄청난 양의 비정형 데이터를 관계형 데이터베이스로 관리하기에는 치러야 할 대가가 너무 비쌉니다. 데이터베이스에서 정형 데이터를 관리하는 것은 기업의 금고에 금괴를 보관하는 것이라면, 웹 로그와 같은 비정형 데이터를 분석해서 기업이 필요한 결과를 도출하는 것은 바닷가 모래 해변에서 동전 찾기나 다를 바 없습니다. 그나마 동전이라도 찾으면 다행입니다.

IT 발전으로 데이터베이스로 다룰 수 없는 종류의 데이터를 분석하는 SW기술이 나왔고, 대량의 비정형적인 데이터를 분석할 수 있는 CPU, GPU와 같은 하드웨어의 발전으로 지금까지 버려졌던 데이터에서 사금을 찾으려고 시도할 수 있게 되었습니다. 바야흐로 빅데이터 시대가 열렸습니다.

빅데이터가 유행하면서 기업들은 너도나도 빅데이터 시스템을 도입하려 했습니다. 하지 않으면 도태될 듯이, 그러나 정작 빅데이터에서 무엇을 찾아야 할지 몰랐고, 어떤 도움을 얻을 수 있는지 여전히 모호했습니다.

빅데이터란?

빅데이터는 데이터의 수집, 관리 및 처리를 일반적인 데이터 베이스 시스템으로 한계를 넘어서는 크기의 데이터입니다. 이러한 방대한 데이터를 분석하여 가치있는 결과를 도출하는 기술을 의미하기도 합니다.

> **빅데이터의 3요소**
> 흔히 빅데이터를 특징짓는 요소로 3V를 말한다. 규모(Volume), 다양성(Variety), 속도(Velocity)가 빅데이터의 특성이라 할 수 있다.

웹로그, 트위트, IoT와 같은 다양(Variety)하고 방대(Volume)한, 실시간(Velocity)으로 쏟아지는 데이터 분석을 위한 시스템이 필요합니다. 따라서 빅데이터를 분석하기 위해서는 기존 데이터 처리를 위한 데이터베이스 시스템과는 완전히 다른 시스템이 필요합니다.

빅데이터 시스템을 이용한 다양한 종류의 대규모 데이터에 대한 생성, 수집, 분석, 표현할 수 있게 되었습니다. 빅 데이터 기술 발전으로 다변화된 현대 사회의 고객 행동을 더욱 정확하게 예측하여, 개인화된 현대 사회 구성원마다 맞춤형 정보를 제공할 수 있게 되었습니다.

빅데이터는 앞서 살펴본 일반 DB에서 OLTP성 데이터베이스가 아닌 데이터 '분석을 목적'으로 하는 DW와 유사합니다. 다만 DW는 정형 데이터를 DB화해서 분석하는 반면, 빅데이터는 방대한 비정형 데이터를 파일 형태에서 분석하는 것이 다릅니다.

> **빅데이터의 활용 사례**
> 미국 대통령 오바마의 선거 캠페인은 빅데이터의 유명한 사례다. 오바마 캠프는 다양한 형태의 유권자 데이터를 확보하여 이를 분석, 활용한 '유권자 맞춤형 선거 전략'을 전개했다. 기본적인 인종, 종교, 나이 등과 같은 인구 통계학적 데이터 이외에도 구독하는 잡지, 마시는 음료, 소셜 미디어 등을 분석하여 유권자 정보를 수집하여 분석하였다. 이러한 분석 결과를 토대로 유권자 행동을 예측하여 '유권자 지도'를 작성하여 선거 전략에 활용하였다.

빅데이터 초기, 활용에 멈칫하던 기업들은 빅데이터와 머신러닝, AI와 결합하면서 빠르게 활용도를 높이기 시작했습니다. AI 알고리즘과 결합한 빅데이터 분석을 통해 나보다 나를 더 잘 아는 유튜브, 넷플릭스, 아마존의 온라인 쇼핑 몰 서비스에 적용되었습니다. 빅데이터를 통해 모든 개인의 행동을 예측하고 또 통제까지 하는 빅브라더가 되지 않을까 걱정스러울 정도가 되었습니다.

일반 데이터베이스와 빅데이터의 차이

일반적인 또는 전통적인 데이터베이스와 빅데이터는 데이터를 다루는 기술이라는 점에서는 같습니다. 데이터를 통해 정보를 얻는 것이 목적입니다. 그러나 데이터에서 얻고자 하는 정보의 관점이 약간 다르고, 또 적용되는 기술도 상당히 달라, 구성되는 시스템 또한 완전히 다릅니다.

| 데이터의 중요도 |

일반 데이터베이스는 데이터의 정확성이 중요합니다. 은행 잔액과 거래 내역 하나하나는 모두 소중한 데이터이므로 정확하게 저장되어야 합니다. 또한 거래시스템에서 분석을 위해 적재된 DW의 데이터도 정확해야 모든 수치가 완벽합니다. 데이터의 손실과 변형이 있다면 데이터 시스템의 신뢰성에 치명적인 영향을 미칩니다.

빅데이터는 트위트와 같은 SNS, 웹, IoT 센스 기기들이 만들어 내는 데이터입니다. 이들 데이터는 서비스에 따라 계속 발생하여 저장되는 기록 데이터입니다. 짧은 시간에 수없이 많은 데이터가 발생하여 쌓입니다. 따라서 데이터 하나하나의 가치보다 데이터 전체적인 관점에서의 분석이 중요합니다. 일반 데이터베이스에서 데이터 하나의 손실이 치명적이라면, 빅데이터에서는 데이터 일부 손상이 있다 하더라도 전체의 아주 적은 부분이라면 분석의 결과에 크게 영향을 미치지 않습니다. 빅데이터에서는 데이터 하나하나의 값보다는 전체적인 데이터 값의 유형, 변동, 변화를 분석하는 것에 더 초점을 두기 때문입니다.

| 데이터의 원천과 형태 |

일반 데이터베이스는 기업 내부의 업무 시스템(예: ERP와 같은 전사적 자원 관리 시스템, 영업 시스템)에서 발생한 데이터를 관리합니다. 이러한 데이터는 정형적인 구조를 가지고 있습니다. 정형적인 데이터는 DBMS의 체계화된 구조에서 안정적으로 관리됩니다.

빅데이터는 소셜 미디어, IoT 장치 및 센서에서 발생하는 데이터, 미디어 파일 등 다양한 기업 내·외부에서 파생되는 데이터로, 데이터의 형태가 다양하고 비정형적입니다. 그래서 대부분 파일로 저장되어 있습니다.

| 데이터 처리 기술 |

일반 데이터베이스는 정형적 데이터를 테이블 형태로 구조화하여 DBMS로 관리합니다. 오라클, MySQL과 같은 관계형 DBMS가 데이터 관리하고, SQL과 OLAP, 리포팅 툴 등으로 데이터를 활용합니다.

빅데이터는 다양한 형태의 비정형적인 구조가 대부분입니다. 따라서 관계형 데이터베이스가 아닌 비 관계형 데이터베이스를 이용하거나 파일로 관리합니다. 대용량 데이터를 일반 데이터베이스인 관계형 데이터로 관리하기에는 부적합합니다. 오히려 파일로 관리하는 것이 더 효율적입니다.

방대한 빅데이터를 처리하기 위해서는 특별한 기술이 필요합니다. 검색엔진으로 유명한 구글은 폭증하는 검색 데이터를 처리하기 위해 파일로 데이터를 처리하는 방식을 개발했고, 이것이 발전하여 '하둡'과 같은 빅데이터 처리 플랫폼으로 정착되면서 본격적인 빅데이터 시대를 열었습니다.

빅데이터 플랫폼 '하둡(Hadoop)'

하둡은 정형, 비정형 데이터를 수집하고 분석 하기 위한 오픈 소스, 자바 기반 SW 플랫폼입니다. 플랫폼이라고 하는 것은 하나의 SW가 아닌 여러 SW로 구성된 시스템을 의미합니다.

빅데이터 사이즈는 엄청나게 커 처리하려면 대용량의 서버가 필요합니다. 파일 사이즈가 워낙 커서 처리하는 데 시간이 오래 걸립니다. 하지만 하둡 플랫폼은 대용량 빅데이터 처리를 위해 작업을 쪼갠 후 작은 성능의 서버 여러 대에서 병렬적으로 처리를 한 다음 다시 모아 전체의 일이 완성될 수 있도록 합니다. 이러한 방식을 '분산처리'라 하는데, 큰 작업을 쪼개고 작은 서버 여러 대를 이용하여 병렬 처리한 다음 다시 모아서 처리를 완료하는 것이 플랫폼 기술의 핵심입니다. 구글에서 시작된 이러한 기술이 모델로 발전하여 하둡 플랫폼이 만들어졌고, 저 사양의 여러대의 서버를 이용하여 대용량의 빅데이터를 분산 처리할 수 있게 되었습니다.

분산 처리 플랫폼 하둡에서 알아야 할 두 가지 기술은,

- 하둡 분산형 파일시스템(Hadoop Distributed FileSystem, HDFS) : 하둡 네트워크에 연결된 기기에 데이터를 저장하는 분산형 파일시스템 (빅데이터는 데이터를 파일로 저장한다고 했는데, 파일 형식이 HDFS라고 보면 된다. 우리가 워드 파일을. doc로 저장하는 것과 같은 파일 포맷이라 생각하면 됨)
- 맵리듀스(MapReduce) : 대용량의 데이터 처리를 위한 분산 프로그래밍 모델. 소프트웨어 프레임워크 맵리듀스 프레임워크를 이용하면 대규모 분산 컴퓨팅 환경에서, 대량의 데이터를 병렬로 분석 가능하며, 프로그래머가 직접 작성하는 맵과 리듀스라는 두 개의 메서드로 구성

무슨 말인지 다 이해하기 어려울 것이다. 그냥 이런 것이 있다는 정도로 알고가자.

하둡 에코 플랫폼은 하둡을 구성하는 오픈 소스 SW로 구성되어 있습니다. 빅데이터를 처리하기 위해서는 이렇게 많은 SW가 필요합니다(그림 하나하나가 하나의 SW라고 보면 됨).

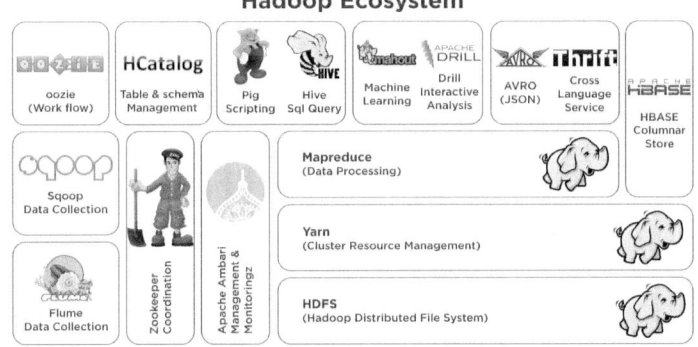

다양한 오픈 소스 SW로 구성된 하둡 에코 플랫폼

데이터를 수집, 분석, 저장, 조회, 그리고 시스템을 관리하는 많은 SW 조합이 필요합니다. 방대한 데이터를 쪼개 분산처리 하기 위해 많은 수의 서버를 연결하여 구성해야 합니다.

빅데이터에서 당장 황금이라도 찾아낼 것 같았던 기업들이 이런 방대한 시스템을 갖추기는 쉽지 않습니다. 아무리 매스컴에서 빅데이터가 중요하다고 떠들어 대도, 내부에 시스템을 구축하고 운영할 인적 자원이 없다면 현실에서 하둡과 같은 빅데이터 플랫폼을 구축하는 일은 쉽지 않습니다.

하둡 에코 시스템과 같은 오픈 소스 시스템이 좋기는 하지만 현실적으로 어렵다면 상업용 빅데이터 솔루션을 활용할 수 있습니다. 또 굳이 조직 내 빅데이터 시스템을 구축하지 않고 아마존, 네이버와 같은 클라우드에서 빅데이터 시스템을 빌려 쓸 수도 있습니다. 처음 어렵게 느껴졌던 빅데이터 기술은 다양한 솔루션과 지원 서비스가 많아져서 환경에 맞게 선택할 수 있게 되었습니다.

빅데이터 관련 직업

일반 데이터베이스 관련 대표 직업으로 데이터 아키텍트(DA)와 데이터베이스 운영자(DBA)가 있었는데, 빅데이터 관련 직업은 더 세분되었습니다.

| 데이터 엔지니어 |

빅데이터를 관리하는 직무를 데이터 엔지니어라 합니다. 데이터 관리는 데이터 수집, 저장, 유지, 보수와 같은 일이 포함됩니다.

처음 수집한 데이터는 잡다한 것이 많이 있습니다. 불필요한 데이터를 제거하고 이상하거나 적합하지 않은 데이터를 변환하는 등 데이터 분석가가 분석할 수 있는 형태로 데이터를 처리해야 합니다. 이처럼 초기 데이터를 요구사항에 맞게 처리하는 데이터 전처리가 데이터 엔지니어의 주요 업무라 할 수 있습니다.

> 예를 들어 '빅데이터'라는 용어의 언급 횟수를 분석하기 위해 웹 페이지 데이터를 추출하면, '빅데이터', '빅 데이터', 'Big데이터', 'BigData'와 같이 다양하다. 이런 단어를 '빅데이터'로 통일해야 온전한 분석이 가능하다. 데이터 엔지니어는 이와 같이 분석이 제대로 되게 프로그램으로 데이터를 처리하는 작업을 한다.

파일에 있는 엄청난 데이터 가공 작업은 자바를 사용하기도 하지만, 대용량 파일을 관리하기 위해서는 파이썬이 더 적합해서 많이 사용합니다. 데이터 엔지니어 직무를 하기 위해서 적어도 파이썬이 기본으로 되어 있어야 합니다. 또 파일 데이터를 DB에 적재하거나 반대로 DB에서 데이터를 추출하여 파일로 만드는 경우도 많아 DB와 SQL도 알고 있어야 합니다.

| 데이터 분석가 |

데이터 분석가는 목적에 맞는 분석 결과를 내기 위해 데이터를 분석하는 직무입니다.

데이터 엔지니어가 전처리한 데이터를 프로그래밍하여 통계적으로 분석하여 Insight를 도출하고 업무에 적용합니다. 또한 분석 결과를 일반인이 이해할 수 있도록 시각화하여 표현할 수 있어야 합니다.

이러한 분석 업무를 수행하기 위해 업무에 대한 지식, 통계 지식을 갖추고 있어야 하며, 파이썬과 R과 같은 빅데이터 프로그래밍 언어와 시각화 툴을 다룰 수 있어야 합니다.

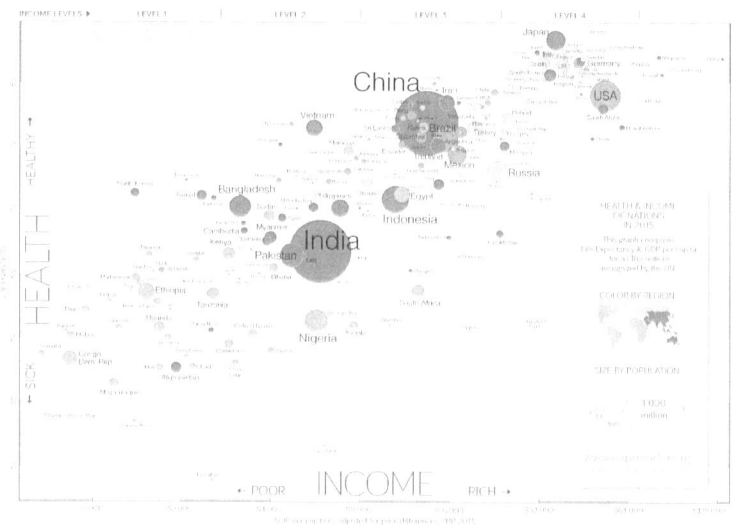

빅데이터 분석 결과의 데이터 시각화(자료: 2015년 Gapminder 재단)

| 데이터 과학자(사이언티스트) |

데이터 분석 결과를 토대로 딥러닝 기술을 적용하여 미래를 예측할 수 있는 예측 모델을 구축하는 직무입니다. 분석가가 기존의 데이터에서 Insight를 찾는다면 데이터 과학자는 미래를 예측하는 모델을 만드는 데 초점을 둡니다. 예를 들어 데이터 분석가가 카드 사용량에 대해 연령, 지역, 날씨 등과 같은 연관관계를 분석했을 때, 데이터 과학자는 이들 변수로 예측

모델을 만들고 미래 예측에 활용할 수 있게 해야 합니다. 기업이 어떤 부분에 집중해서 마케팅할 수 있도록 제안할 수 있어야 하겠지요.

데이터 과학자는 통계에 대한 상당한 지식이 필요하고, 머신 러닝과 알고리듬에 대한 지식을 갖추어야 합니다. 데이터 엔지니어가 데이터를 준비해 주지만 기본적으로 파이썬을 익혀 직접 데이터를 다룰 수 있어야 합니다. 또 무엇보다도 중요한 것은 업무 지식, 즉 인더스트리 도메인 지식입니다. 통계와 알고리듬을 아무리 잘 안다고 해서 업무를 모른다면 데이터를 해석할 수 없고 당연히 미래 모델을 만드는 데 어려움이 있습니다.

일반 데이터베이스 역시 지금까지 해온 역할을 충실히 해 오고 있으며, 빅데이터도 독자적인 영역을 확보하고 계속 새롭게 진화하고 있습니다. 기술적으로 이분화된 두 영역이 진화하면서 서로 융합되고 있습니다.

> 빅데이터 분석 결과를 DB에 저장하기도 하고, DB데이터와 빅데이터을 통합하여 분석하는 것이 일반적이다.

어떤 길을 가든 데이터를 다루는 측면에서 두 분야는 수렴하겠지요. 따라서 데이터를 다루는 엔지니어가 되겠다면 기존 DBMS에 대한 지식과 빅데이터를 다루는 기술을 습득해야 하겠습니다. 나아가 아키텍트나 분석가가 되겠다면 모델링, 업무 지식, 통계 지식 습득에 힘써야 할 것입니다.

프로젝트는 대표적인 IT 종사자들이 일하는 방식입니다. 일상적인 운영을 제외하면 대부분의 일은 크고 작은 프로젝트의 형태로 일을 합니다. IT 인력의 일하는 방식인 프로젝트를 이해하고, 성공적인 프로젝트를 수행하기 위해 프로젝트를 관리하는 프로젝트 관리자의 업무를 살펴봅니다.

IT 인력이
일하는 방식

17장 SI와 SM
18장 IT 프로젝트의 이해
19장 프로젝트 관리 직종
20장 IT 컨설턴트

17장

SI와 SM

개발뿐만 아니라 IT 일자리를 찾을 때 알아야 할 것 중 하나가 SI 업무인지, SM 업무인지를 아는 것입니다. 취업하는 처지에서 SI든, SM이든 무엇이면 어때? 취업만 되면 된다고 생각하겠지만, SI와 SM이 무엇이 다른지 안다면 더 본인에게 적합한 일을 찾을 수 있겠지요.

대부분 IT기업은 SI와 SM을 구분해서 뽑기도 하지만, 신입인 경우는 굳이 구분하지 않고 채용 후 교육이 끝나면 인원이 부족한 부서로 배정하는 경우가 많습니다.

같은 개발자라도 SI와 SM의 일하는 방식에는 차이가 있습니다. 이 둘의 방식이 어떻게 다르고 어떤 장단점이 있는지 살펴 보겠습니다.

SI 업무

SI는 쉽게 말해 '시스템을 구축하는 업무'입니다. 대개 SI 업무는 프로젝트 단위로 수행됩니다. 모바일 뱅킹과 같은 대형 시스템 구축 프로젝트에서 기존 시스템 일부 개발과 같은 작은 개발에 이르기까지 현재 시스템을 운영하는 개발자가 아닌 다른 개발자가 시스템을 개발하는 것이 SI 업무입니다.

> **SI (System Integration, 시스템 통합)**
> 사용자 요구에 따라 하드웨어·소프트웨어·네트워크 등 유형의 제품과 컨설팅·시스템 설계 및 유지보수 등 무형 서비스 기술을 통합, 의뢰자의 전산 및 경영환경에 맞는 종합전산해결책을 제공하는 전문정보처리 시스템 사업을 말한다. 〈위키백과〉

시스템 통합(System Integration)이라는 용어를 쓰는 이유는, 시스템 구축은 HW, NW, SW, 개발 등 여러 유무형 자원과 기술이 결합하여야 하나의 시스템으로 완성됩니다. 원칙적으로 SI는 이러한 시스템 요소의 결합을 통한 개발을 의미하지만, 확대되어서 시스템 통합과 관계 없이 프로젝트 형태와 상관없이 외부 개발자가 개발하는 것을 통칭하여 SI라 하고 있습니다.

| SI의 장점 |

프로젝트 경험

IT 프로젝트는 일정한 기간 내에 시스템 구축, 개발과 같은 정해진 일을 수행하는 것입니다.

SI 개발자는 프로젝트에서 개발 전체 과정(분석에서 검수에 이르는)을 경험할 수 있어, 개발자로서 역량을 쌓을 수 있습니다. 시스템 구축 과정에서 개발 이외 타 부분과의 협력, 갈등 조정과 같은 다양한 사람들과의 교류를 경험할 수 있습니다. 이를 통해 시스템 구축 전반적인 기술의 이해와 현장 적응력을 높일 수 있습니다.

프로젝트가 끝나면 개발자의 가장 중요한 자산이라고 할 수 있는 프로젝트 수행 경력을 본인의 이력서에 넣을 수 있습니다.

다양한 분야의 기술과 도메인 지식

SI 개발은 프로젝트 단위로 수행됩니다. 프로젝트가 끝나면 또 다른 프로젝트가 시작됩니다. 지구상에서 한번 했던 프로젝트와 똑같은 프로젝트는 있을 수 없습니다. 따라서 프로젝트별 다양한 환경, 업무, 기술 등을 접할 수 있어 개발자로서 역량을 키울 수 있습니다.

처음 한 가지만 알던 개발 언어도 프로젝트를 하다 보면 다양한 개발 언어를 접하고 익힐 수 있습니다. 그런 경험이 쌓이다 보면 소위 말하는 Full Stack 개발자가 될 수 있지요.

개발 기술 이외에 다양한 업무 지식, 즉 도메인 지식을 습득할 수 있습니다. 금융 프로젝트에서 금융업무를, 통신 프로젝트에서 통신 업무를, 유통 프로젝트에서 유통 업무와 같은 다양한 도메인 지식을 파악할 기회를 가질 수 있어, 차후 특정 도메인 전문 개발자로 경력을 만들 수 있습니다.

상대적으로 많은 일자리

개발인력 구인의 대부분은 SI 부분입니다. 프로젝트에서 필요한 인력으로 맞추어 구성하기란 언제나 쉽지 않습니다. 프로젝트에서 개발자를 찾는 구인 광고를 많이 보았을 겁니다. 실력 있는 경력직 개발자도 필요하지만, 대형 프로젝트에서는 많은 일을 소화할 초급 개발자도 많이 필요합니다.

| SI의 단점 |

장점이 있으면 반드시 단점이 있기 마련이겠지요. SI 개발자 단점의 대부분은 프로젝트 수행에서 오는 것이 많습니다.

높은 업무 강도

프로젝트는 기한이 있는 일이라서 SI 개발자는 프로젝트 일정에 구속 받습니다. 그러다 보니 프로젝트 후반부에는 연일 야근하는 경우가 많습니다. (최근 주 52시간제로 약간 좋아졌다고 함) 기간 내 해야 하는 업무라 업무 강도는 SM보다 높습니다(그래서 SI 단가가 SM보다 높다).

다양한 이해관계자가 모인 프로젝트에서는 당연히 갈등이 많겠지요. 고객의 개발자에 대한 부당한 대우, 프로젝트 업체 간의 이해관계에서 오는 갈등으로 힘든 경우가 많습니다. 이런 것 때문에 마음고생을 하기도 합니다. 워크 앤 라이프, 즉 워라밸을 유지하기가 쉽지 않습니다. 이런 연유로 초기 SI 개발자로 열심히 하다가 번 아웃되어 SM이 되고자 하는 개발자들이 많습니다.

프로젝트가 없으면 불안

SI 개발자는 프로젝트에 외주로 투입되어 돈을 벌어야 월급을 받을 수 있습니다. 회사 소속이든 프리랜서든 프로젝트가 있어야 개발자로 제값을 할 수 있습니다. SI 개발자는 프로젝트 현장도 힘들지만, 프로젝트가 없는 것도 힘듭니다. 프로젝트가 없어 투입되지 않고 회사에서 잡다한 일을 하고 있으면 몸은 편한지 몰라도 마음이 힘듭니다. 프로젝트 수주는 개발자의 역할이 아님에도 프로젝트에 못 나가고 회사에 죽치고(?) 있다면 눈치가 많이 보이지요. 월급이 안 나오는 것이 아니지만 그래도 마음이 불안합니다.

SI 개발자는 시간 대부분을 프로젝트 현장에서 보냅니다. 프로젝트가 끝나고 회사로 복귀하면 회사가 불편합니다. 그래서 SI 직원들은 상대적으로 회사에 대한 소속감이 낮습니다. 막상 회사로 복귀하면 몸은 편하지만, 마음은 다시 불편하지요. 개발자는 이런 시기에 다른 회사로 이직하는 경우가 많습니다. SI 개발자는 일자리도 상대적으로 많아 이직도 쉽게 하지요.

| SI회사 현황 |

프로젝트는 규모가 다양합니다. 프로젝트 규모에 따라 수행 가능한 SI 회사 규모도 달라집니다. 은행 차세대 시스템 구축과 같은 1000억대가 넘는 대형 프로젝트는 프로젝트 규모에 걸맞은 대형 SI 회사가 수행합니다. 그런 대형 SI 회사 아래 여러 회사가 협력해서 프로젝트가 구성되지요.

대형 프로젝트는 대형 SI사가 프로젝트 관리, 주요 기술을 담당하고, 개발자 대부분은 중소 SI개발업체가 공급합니다.

중소규모 SI 업체의 개발자는 일부만 정직원이고 대부분 계약직이거나 프로젝트 단위로 계약한 프리랜서입니다. 프리랜서는 인력공급 업체를 통해 계약하는 경우도 많아, IT 프로젝트도 건설 현장 못지않은 다단계 계약 관계로 이루어져 있습니다.

회사 규모를 불문하고 SI 업계에서는 정직원 개발자 수를 최소화하려 합니다. 프로젝트 수주 상황에 따라 회사 운영이 가변적이기 때문입니다. 고정 인력을 최소화하고, 인력이 필요한 경우 외부 업체나 프리랜서를 이용하는 것이 일반화되어 있습니다. 그러다 보니 프로젝트 개발자 대부분이 프리랜서인 경우도 많습니다.

정직원보다 프리랜서는 아무래도 관리가 쉽지 않습니다. 프리랜서가 많을수록 개발 품질은 나빠질 가능성이 높습니다. 그만큼 많은 IT 회사가 프로젝트에서 정직원 개발자를 투입할 수 있는 여건이 안 되는, 어려운 현실을 알 수 있습니다.

SM 업무

SI는 프로젝트라는 일회성으로 끝나는 일이고, SM은 SI가 개발한 시스템을 운영, 관리하는 지속적이고 장기적인 업무입니다.

개발자 관점에서 본다면 SI는 새로운 시스템을 구축하거나, 대규모로 변경하는 개발이고, SM은 현재 운영 중인 시스템이 잘 돌아가도록 일상적인 시스템의 문제를 해결하는 것입니다.

SI에 의해 시스템 개발이 완료되면 시스템은 오픈하고, 본격적인 운영이 시작됩니다. 오픈 후 시스템이 정상적으로 가동되면 프로젝트는 끝나고 SI 개발자는 철수하겠지요. 이후 시스템은 SM 조직이 인수하여 운영하게 됩니다. 그래서 프로젝트 조직이 떠난 후 SM 조직이 시스템 운영에 문제가 없도록, 프로젝트 종료 전 SM의 시스템 인수 기간을 가집니다.

> **SM (System Management, 시스템 유지보수)**
> SM은 일반적으로 고객의 정보시스템 기능을 장기 계약 하에 지속적으로 관리하고 운영하는 것으로 하드웨어, 소프트웨어, 하드웨어와 컴퓨팅, 비즈니스 애플리케이션, 네트워크, 인프라 등을 개발·운영·유지보수하고 이를 향상하는 서비스를 말한다. 〈한경 경제용어사전〉

시스템을 운영하고 관리·유지보수하는 데 개발자가 하는 일은 어떤 것일까요? 한번 만들어진 시스템은 알아서 잘 돌아갈 것인데 하드웨어라면 낡거나 고장나기라도 하지만 소프트웨어는 어떤것을 관리해야 할까요?

매일 운전하는 자동차도 잘 돌아가기 위해서는 주유 말고도 엔진 오일 교환에서 부품 교체와 같은 정비를 해야 오래 문제없이 사용할 수 있는 것처럼, 시스템도 마찬가지입니다. 한번 개발된 소프트웨어도 하드웨어 장비처럼 낡거나 고장이 나지는 않지만, 계속 관리를 하여야 합니다.

SM 개발자의 주요 역할을 살펴보면,

- 운영 중에 발생한 프로그램의 오류를 수정해야 한다.
- 시스템 운영 중 업무 추가/변경과 같은 일은 항상 발생한다.

- 일상적인 SM 업무 중 가장 큰 비중을 차지하는 것은 현업의 전화 문의에 응대하는 것이다.
- 대부분의 업무는 정기적인 일/월/분기/연 작업이 있기 마련이다. 현업의 정기적인 업무 지원과 정기적인 시스템 작업을 수행한다.

프로젝트에서 SI 개발자 투입 인원은 많지만, 시스템 오픈 후 SM 인력은 아주 소수이다. 하나의 시스템에 SM 인력이 2~3명 정도면 대형 시스템이라 할 수 있고, SM 1명이 여러 개의 작은 시스템을 맡아 운영하는 경우도 많다.

즉, 프로젝트 중에 SI 개발자 인력이 10여 명이 개발한 것을 SM 1~2명이 인수하여 운영을 하여야 한다. 따라서 SM은 새로운 개발보다 기존 개발의 유지와 운영에 초점을 둔다.

| SM의 장점 |

상대적으로 좋은 워라밸

SM 개발자가 되겠다는 가장 큰 현실적인 이유는 워라밸이라 생각합니다. SI 개발자가 시간 제약이 있는 강도 높은 프로젝트에서 워라밸 챙기기가 힘든 반면, SM은 일상적인 환경에서 시스템을 운영하므로 워라밸을 좀 더 챙길 수 있습니다. 물론 월말 작업 같은 일이 몰리는 시기도 있지만, 대부분의 SM은 SI에 비해 노동강도가 낮습니다.

깊은 도메인(업무) 지식 습득

시스템을 운영하다 보면 개발자로서 개발 기술보다 업무에 대한 지식을 더 알아야 합니다. 업무를 이해하지 못하면 시스템을 운영할 수 없습니다.

SM 개발자는 현업 업무 담당자와 긴밀히 밀착될 수밖에 없어 IT 기술보다 업무 지향적으로 될 수밖에 없습니다. 따라서 장기간 운영을 하다 보면 업무에 대한 지식을 자연스럽게 습득할 수 있게 됩니다. 업무 지식과 경험은 향후 개발자로서 개발 기술보다 더 중요한 자산이 되기도 합니다.

| SM의 단점 |

개발 기술의 경험 부족

SM 개발자는 개발 기술보다 업무 중심적입니다. 또 한 회사에 오래 있다 보면 동일한 기술만 접할 수 있습니다. 신규 업무의 개발보다 SI 개발자가 개발해 놓은 많은 코드를 다 파악하지 못한 채, 수정하는 일만 하다 보면 심층적인 개발 기술을 제대로 파악할 기회가 부족합니다.

다양한 IT 기술에 대한 기술력을 키울 수 없어 자칫 경력은 많으나 개발력이 부족한 개발자가 될 수 있습니다. 그래서 SI 개발자 채용 시 SM 경력이 오래된 경력자를 기피하기도 합니다. 개발 연수는 많으나 개발자로 개발 실력이 부족한 경우도 많습니다.

감정 노동의 가능성

SM 개발자가 대응해야 할 대상은 고객, 현업 담당자, (만약 SM 개발자가 외주 회사라면) 고객사의 IT 담당자입니다. SM 개발자는 이들로부터 문의나 업무지시를 받습니다. 고객이나 현업담당자의 문의는 문제가 발생했을 경우가 대부분이라, 상대방으로부터 불만을 듣는 일이 많습니다.

대부분의 기업은 자체 SM보다 외주 SM이 많은데, 외주 SM 개발자는 고객사 IT 담당자와 긴밀한 관계가 될 수밖에 없습니다. 서로 관계가 좋으면 괜찮은데 그렇지 않으면 담당자로부터 부당한 대우를 받는 일도 있습니다. SI 개발자는 고객과 관계가 안 좋아도 프로젝트가 끝나면 관계가 끝나지만, SM은 관계를 유지할 수밖에 없어 감정적으로 힘들 수 있습니다.

| SM회사 현황 |

국내 대기업 IT 회사는 SI와 SM을 모두 서비스합니다. 대기업 IT 회사는 대형 SI 사업을 주도하기도 하지만, 계열사의 시스템을 운영하므로 SI보다 계열사 SM 업무 비중이 더 큽니다. 작은 회사는 자체 인력으로 SM 업무를 하지만 대부분의 회사는 외부 IT 업체에게 SM업무를 위탁합니다.

따라서 SM 개발자는 이러한 계약 관계에 따라 다층 구조로 이루어집니다. SM 개발자로 중소 IT 기업 A라는 회사에 입사하였지만, 일하는 곳은 회사 B에서 하게 되죠. 따라서 소속은 A지만 B회사에서 생활해야 하는, 이방인(?)과 같은 생활에 잘 적응해야 하는 어려움도 있습니다.

개발자로서 처음 도전한다면 SI 개발자로 하는 것이 좋다고 생각합니다. 쉽지 않은 환경이지만 그만큼 배울 것도 많습니다. 도전해야 빠른 시간에 많은 것을 배울 수 있습니다. 배울 때는 열정을 가지고 한꺼번에 집중적으로 배워야 합니다. 그러지 않고는 방대한 IT 기술을 빨리 습득하기가 쉽지 않습니다.

SI 개발자로서 어느 정도 기술을 습득했다면, SM으로 전환하여 워라밸을 챙기는 것도 좋습니다. SM이 되면 맡은 업무를 잘 파악하여 업무와 개발을 다 갖춘 개발자가 되기 위해 노력해야 합니다. 특정 업무 지식이 있는 개발자는 그 업무의 신규 시스템의 개발이나 타사의 동일 시스템의 개발자 결원이 생겼을 때 정규직 채용 제안과 같은 좋은 기회를 만날 수도 있습니다. 또 맡고 있던 업무의 IT 담당자로 채용되는 기회가 생기기도 합니다. 은행의 대출 담당 외주 SM 개발자가 타 은행 대출 IT 담당자로 경력 채용되는 것 같은 사례도 제법 발생한답니다.

SI, SM에 대한 편견

개발자로서 SI, SM 어떤 것인지 알아보았습니다. 각기 그 나름의 장단점이 있습니다. 하지만 이런 장단점은 일반적인데도, 단편적인 편견으로 작용하기도 합니다.

편견은 의사결정에 좋지 않은 영향을 줍니다. 단순 이분법적으로 장단점을 나누지 말고, 케이스에 따라 다를 수 있다는 것을 고려해야 합니다.

| SM의 개발 실력은 SI보다 낮다 |

개발자 실력이 향상되는 조건은 무엇일까요? 새로운 기술이나 더 어려운 개발 기회를 가질 수 있고, 또 실력이 더 좋은 개발자로부터 도움을 받을 수 있을 때 실력이 향상됩니다. SI 개발자라도, 빠듯한 프로젝트 일정이라는 제한에 얽매이다 보면, 개발 품질보다 개발 물량 해소에 매달립니다. 그래서 누구도 초급자 코딩을 봐줄 시간이 없습니다. 오류만 없다면 넘어갑니다. 이런 현장에서는 코딩 실력을 키우기 어렵습니다. 현장에서 학습할 여유가 없다면 실력을 키우기가 당연히 어렵겠지요. 반면 SM 개발자라도 주변에 좋은 선임 개발자가 있으면, 하나하나 배울 수 있는 더 좋은 기회를 가질 수 있습니다. 프로젝트에서 SI 개발은 일회성이지만, SM은 장기간의 관계를 유지할 수 있어 지속적인 지원과 학습이 가능합니다.

개발자 실력은 이런 환경적인 요소도 무시 못 하지만, 더 중요한 것은 실력을 키우겠다는 본인 의지가 더 중요하겠지요. 주변에 실력자는 어디에든 있기 마련이니, 찾아가서 배우려고 하면 대부분 마다하지 않고 잘 가르쳐 줍니다. 찾아가서 한 수 배울 수 있는 자세가 중요합니다.

| SI가 SM보다 야근이 많다 |

일반적으로 맞습니다. 일정이 있는 프로젝트를 하다 보면 개발 시간이 부족하기 마련이고, 야근으로 시간을 벌충합니다. 그러나 최근 근로 시간 규제에 따라 근무 환경이 많이 변했습니다. 예전보다 야근이 준 것은 확실하지만, 오픈 전 최종 테스트와 같은, 업무가 긴박하고 집중이 필요한 시기는 야근이 불가피할 수밖에 없습니다.

평소 유지보수를 하는 SM이라도 담당하는 시스템이 많으면, 매일 야근하는 때도 많습니다. 업무 시간 중에는 고객과 현업의 전화로 시달리다가, 업무가 끝나고 난 저녁에 쌓여있는 수정 요구사항을 개발해야 합니다. 업무시간은 전화응대, 밤에는 프로그램 개발과 같은 식으로 야근이 자연스레 고착되지요.

프로그램 수정의 요구사항 양이 많으면 별도 SI 프로젝트로 해결해야 하는데, 비용을 절약하기 위해 유지보수 인력인 SM을 활용하는 회사도 많아 SM의 야근을 당연시하는 현장도 있습니다. 좋은 환경을 만나는 것이 뜻대로 되지는 않지만, 그래도 사전에 파악해서 피할 수 있다면 좋겠지요.

| 경력 면에서 SI 개발자가 유리하다 |

개발자는 움직이는 직업이라 경력관리에 신경 써야 합니다. 개발자는 과거의 경력으로 평가받습니다. 초급 시절에는 개발력으로 평가받지만, 개발 경력이 쌓이다 보면 개발 능력 이외에 다른 능력도 요구됩니다. 따라서 초급 이후 어떤 능력을 전략적으로 키워야 할지, 심사숙고해야 합니다.

SI 개발자는 짧은 기간에 많은 프로젝트를 할 수 있어 많은 경력을 쌓을 수 있는 반면, SM 개발자는 한 업무에 오랫동안 유지 보수를 하므로 경력 가짓수가 상대적으로 적습니다. 프로젝트 수에서는 SM 개발자가 불리하지만, SM 개발자는 도메인 업무에 대한 전문성이 있습니다.

개발자가 일정 경력이 넘어서면 단순 개발 실력뿐만 아니라 업무 전문성을 가진 개발자를 더 선호하는 경우가 많습니다. SM 개발은 업무 전문성을 키우기에 SI에 비해 유리합니다. 원활한 유지보수를 위해 업무 관련 공부를 지원하기도 합니다.

> 은행 업무 SM 같은 경우 금융 연수나 금융 관련 자격증을 취득하도록 지원한다.

SI, SM 선택 가이드

SI, SM 개발자의 직무 특성에 대해 상세하게 알아보았습니다. 그러면 어떤 선택을 하는 것이 좋을까요? 개발자로서 어떤 길을 가고 싶은가, 또 나는 어떤 성향인가에 따라 선택 기준을 세울 수 있겠지요.

먼저 SI 직무가 유리한 적성은,

- 힘들더라도 다양한 개발 사이트에서 개발 기술을 익히고 싶다.
- 프로젝트 전체 과정을 경험하고 싶다.
- 한 가지 일을 끝없이 계속하는 것보다 짧은 기간 집중해서 일을 완성하는 것이 좋다.
- 보통의 일상적인 휴일보다 야근하더라도 한 번씩 장기간의 휴가를 가는 것이 좋다.
- 낯선 환경과 새로운 사람을 만나는 것을 좋아하는 편이다.
- 회사 소속 개발자로 보다 자유로운 프리랜서 개발자가 좋다.

반면 SM 직무가 유리한 적성은,

- 변화무쌍한 업무보다 안정된 테두리에서 일하는 것이 좋다.
- 개발 기술도 중요하지만, 도메인 지식이 더 적성에 맞다.
- 주변 사람들과 안정적이고 원활한 인간관계를 형성할 수 있다.
- 상대의 불만에도 잘 흥분하지 않고 차근차근 조리있게 설명한다.
- 일상적인 소소한 불만을 잘 인내하는 편이다.

신입이나 초급 개발자는 프로젝트를 경험하는 것이 좋다고 생각합니다. 프로젝트에서 본인의 역할이 아주 제한적이겠지만, 처음부터 남이 만든 코드를 보는 것보다 본인이 직접 처음부터 개발하는 경험을 많이 해봐야 합니다. 또한 시스템이 만들어지는 프로젝트의 전체 과정과 개발자 이외 다양한 직군의 사람들이 하는 일을 보면서 두루두루 많은 것을 배워야 합니다.

힘들더라도 적어도 3~5년간 프로젝트 기간을 가지는 것이 좋습니다. 이 시기에 다양한 프로젝트를 통해 적어도 두 가지이상 개발 언어와 관련 프레임워크, 개발환경을 접할 수 있으면 좋습니다. 개발 기술은 짧은 시간(밤을 새워서라도)에 집중적으로 흡수하여, 특정 기술을 본인 주무기로 만들어 놓아야 합니다. 기술은 한번 익히면 그 다음은 쉽게 확장할 수 있습니다.

초급 이후에 본인의 판단에 따라 SI 개발자로 계속 가든지, SM을 하든지 선택할 수 있습니다. SI 개발자로 계속 가면, 중급 개발자로서 좀 더 어려운 비즈니스 로직 중심의 개발자로 성장할 수 있을 것이고, 이후 고급 개발자 레벨이 되면, 개발자 외에도 프로젝트 관리자(PM), SW 아키텍트, 또 업무 개발자가 아닌 공통 개발자로 역할을 고도화할 수 있습니다.

SM 개발자는 업무 전문성이 더 깊어지게 되면, 고급 개발자가 된 경우에도 조직 차원에서 의존성이 더 높아집니다. 따라서 그 일을 자의 반 타의 반 떠나기 어려운 경우가 많습니다. SM개발자가 아니면 도메인 전문가로서 업무 전문가가 필요한 프로젝트에서 업무 설계 역할을 하던지, 컨설팅으로 직무를 전환할 수 있습니다.

한번 SI, SM 선택이 되었다고 해서 계속 그렇게 해야 하는 것은 아닙니다. SI 하다가 SM 할 수도 있고 또 반대일 수도 있습니다. 하지만, 직장이다 보니 마음대로 선택 못 할 수도 있습니다. 그러나 본인이 정말 원한다면 회사를 옮겨서라도 바꿀 수 있겠지요.

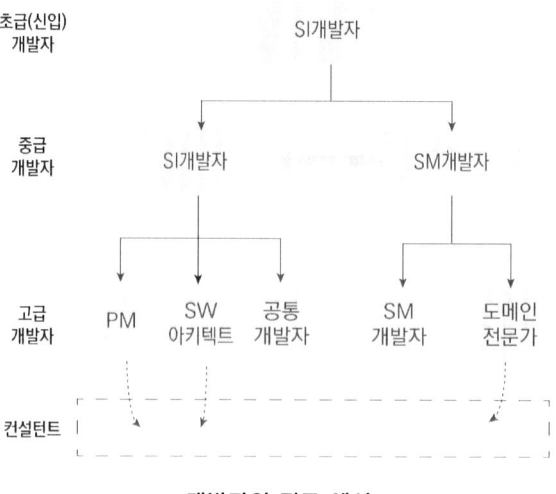

개발자의 진로 예시

나의 길을 직무 환경에 맡겨 두지 말고, 내 의지 문제로 생각하는 긍정의 마음을 갖고 기다릴 필요도 있습니다. 실력을 갖추고 있으면 기회는 오기 마련입니다. 처음 생각대로 안 되었다고 실망하지 말고, 기회를 만들면서, 또 기다리면서 실력을 쌓도록 합시다.

18장

IT 프로젝트의 이해

해외 출장을 제법 다니던 시절, 미국 국내선 비행기를 탔는데, 옆 좌석 사람과 이야기하게 되었습니다. 알고 보니 그는 호주 국가대표 경보 선수였습니다. 당시 경보가 장거리를 걷는 경기라는 것 이외 아는 것도 없어, 내가 물어볼 수 있는 것은 이 정도였습니다.

"그렇게 긴 거리를 걸어야 하는데, 매우 힘들겠어요. 오랜 시간 힘들게 걸으면서 무슨 생각을 하나요?"

그는 싱긋이 웃으면서 입을 내 귓가에 대고 살며시 말했습니다.

"Finish"

그의 대답에 나도 같이 웃었습니다. 선수로서 일반인이 모르는 뭔가 다른, 고상한 이야기가 나올 줄 알았는데, 너무도 당연한, 그렇지만 누구나 고개를 끄덕일 수밖에 없는 답이었습니다.

필자도 컨설턴트 시절 프로젝트를 신물 나게 했습니다. 그것도 가장 힘든 프로젝트를 책임지는 프로젝트 관리자(PM)였습니다. 프로젝트 시작과 동시에 제가 꿈꾸었던 것도 그 선수처럼 'Finish'였습니다.

세상이 바뀌면서 프로젝트의 형태도 많이 달라졌고, 구성원이 일하는 방식도 변했습니다. 그러나 프로젝트만이 갖는 고유의 속성은 변할 수 없습니다. 프로젝트는 아직도 여전히 참여하는 사람들에게는 도전해야 하는 어려운 과제입니다.

프로젝트라는 말이 워낙 다양한 곳에서 쓰이지만, 여기서는 전형적인 IT 프로젝트의 형태를 갖춘 대형 SI사에 의한 대규모 프로젝트를 중심으로 IT 인력이 일하는 방식을 알아볼까 합니다.

프로젝트란?

일정한 기간에 특별한 목적을 달성하는 것을 프로젝트라 합니다. 프로젝트에는 반드시 예산(돈)과 시간이라는 제한이 있고, 그 제한된 자원 내에서 목적물을 만들어야 합니다. 앱 개발 프로젝트는 앱을 개발해서 서비스하도록 해야 하고, 차세대 뱅킹 시스템 구축 프로젝트는 새로운 뱅킹 시스템을 만들어야 합니다.

그러면 정해진 예산과 시간 안에 요구사항을 수행하지 못하면 어떻게 될까요? 그럴 땐 일이 복잡해집니다. 어떻게 해결해야 할지 PM은 골머리를 싸매야겠지요. 완성을 못 했으니 먼저 프로젝트 기간을 늘려야 합니다. 기간이 늘어나면 개발자 투입 기간이 늘어나고 추가 비용이 발생합니다. 그러면 그 추가 비용은 누가 지불해야 할까요? 또 현업부서에서는 오픈 일정에 맞춰 마케팅하기로 했다면 모든 일정을 변경해야 하고, 일정 지연에 따른 영업 손실이 발생하면 그 손실은 어떻게 보상해야 할까요? 정말 해결하기가 쉽지 않습니다. 프로젝트는 항상 이런 일이 일어나고 또 어떻게 하든 해결되는 과정입니다.

> **프로젝트(Project)**
> 일정한 기간 안에 일정한 목적을 달성하기 위해 수행하는 업무의 묶음을 말한다. 하나의 프로젝트는 정해진 기간, 배정된 금액, 투입인력 등 일정한 제약조건 하에서 각종 요구사항(requirement)을 수행하는 방식으로 진행된다.
> 〈출처:위키백과〉

프로젝트를 통해 IT 종사자들이 어떻게 일을 하고, 프로젝트를 효율적으로 관리하기 위한 어떤 직무들이 있는지 알아보도록 하겠습니다.

프로젝트 방법론

IT에서는 흔히 방법론(methodology), 접근법(approach), 프레임워크(framework), 로드맵(roadmap) 등 문서나 방안을 많이 활용하는데, 이는 시스템 구축과 같은 일은 많은 비용이 소요되는 위험이 큰 사업이다 보니, 검증된 방법과 과정을 담은 문서를 참고하는 경향이 있습니다. 프로젝트의 방법론이란 프로젝트 수행을 위한 체계적으로 정리한 방법입니다.

최근에는 새롭게 대두된 다양한 프로젝트 방법론이 활용이 약간 유행처럼 되고 있기도 한데, 여기서는 프로젝트 수행에 활용되는 가장 보편적인 두 가지의 방법론, 즉 모델에 대해 간단히 짚고 넘어가겠습니다.

| 폭포수(Waterfall) 모델 |

프로젝트의 각 단계에서 한 단계가 완료되면 다음 단계로 실행하는 선형적이고 순차적인 모델입니다. 쉽게 말해 폭포 물이 내려와 위의 항아리를 채우고 넘쳐서 다음 아래 항아리를 채우는 것처럼, 앞 단계가 끝나고 나면 다음 단계로 넘어간다는 방법론입니다.

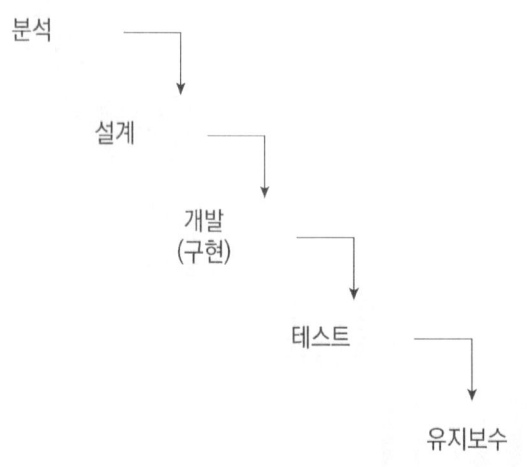

폭포수 모델

폭포수 모델에 따른 프로젝트는,

요구사항 분석 → 설계 → 개발 → 테스트 → 운영 및 유지보수

의 단계로 진행됩니다.

폭포수 모델은 이러한 단계를 하나하나 완료해 나가는 방법입니다. 요구사항 분석이 완료되면 설계, 설계 다음은 개발하는 순으로 진행합니다.

[장점]
- 개발 순서에 따라 프로젝트를 진행하므로 모델의 이해가 용이함
- 프로젝트 시작부터 요구사항이 명확하고, 예산과 기간이 예상이 정확할 때 유리함
- 프로젝트 시작 시점에 업무 범위와 목적이 명확하게 할 수 있음

[단점]
- 계획 단계에서 전체 시간과 비용을 초기에 정해야 하나, 초기에는 명확하게 요구사항을 정하기가 어려움
- 프로젝트 요구사항이 중간에 발생, 변경되면 반영이 쉽지 않음
- 프로젝트 기간이 길다면, 프로젝트 완료 후 산출물이 낡은 것이 될 가능성이 있음

폭포수 모델은 요구사항이 명확하고 일정, 예산을 초기에 잘 예상할 수 있으면 좋지만, 프로젝트의 요구사항이 제대로 구현되었는지 여부를 결과물을 받아 보기 전에는 알 수 없습니다. 또 처음의 요구사항은 프로젝트 중 변

경될 가능성이 큽니다. 은행의 차세대 뱅킹 구축 프로젝트는 적어도 1년 이상 소요되는데, 프로젝트 처음 요구사항이 1년 동안 변하지 않는다는 것이 이상하겠지요. 프로젝트 기간 중 요구사항 변경, 기술의 변화 등으로 오픈하고 나면 차세대 시스템은 더 이상 차세대가 아닌 구세대 시스템이 된다는 우스갯소리도 있습니다.

| 애자일(Agile) 모델 |

영어 Agile은 '민첩한, 날렵한'이라는 뜻으로(IT에서는 이 말을 좋아하는데, 기업 환경의 변화에 민첩하게 대응할 수 있다는 식의 자사 제품에 Agile 용어를 쓰기 좋아한다) 폭포수 방법론의 유연성 부족을 개선하기 위해 개발되었습니다.

폭포수 모델이 초기에 요구사항을 정하고 시작하는 것과 달리, 애자일은 일정한 주기를 가지고 계속 요구사항을 검토해 나가며 필요할 때마다 요구사항을 더하고 수정하여 살을 붙이면서 개발 과정을 반복하는 방식입니다.

즉, 폭포수 모델이 요구사항 분석 → 설계 → 개발 등의 과정을 완벽하게 순차적으로 단계를 진행하지만(폭포는 물을 거슬러 올라 못 감), 애자일은 이

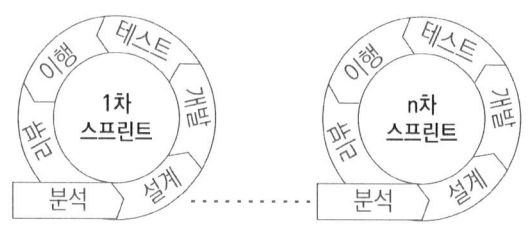

애자일 모델

러한 과정을 여러 번 반복합니다. 따라서 반복할 때마다 새로운 요구사항을 반영할 수 있고, 또 중간 중간 개발 결과를 확인할 수 있습니다.

[장점]
- 프로젝트 초기에 요구사항을 명확하게 할 수 없을 때 유리함(일단 시작하면서 요구사항을 구체화함)
- 프로젝트에 요구사항을 전달하는 현업의 깊은 참여로 현업이 원하는 결과를 만들 수 있음
- 프로젝트 결과를 짧은 시간에 볼 수 있고, 또 문제점을 빨리 확인할 수 있음

[단점]
- 예산과 시간의 제약으로 요구사항을 프로젝트 기간 내 달성하지 못할 가능성이 큼
- 현업 담당자 참여가 중요한데, 적극적인 참여 유도가 쉽지 않음
- 계속적인 프로젝트의 과정이 반복되어 개발자를 비롯한 참여자의 피로도가 높음

전통적인 폭포수 방법론의 단점을 개선하기 위해 애자일 방법론 활용이 꾸준히 시도되었습니다. 최근 IT 현장에 어느 정도 자리를 잡아 가고 있기는 한데, 여전히 적용이 쉽지 않습니다.

프로젝트를 시작하려면, 요구사항이 네모 모양 두부같이 명확하지는 않지만, 그래도 어느 정도 윤곽이 있어야 그에 맞는 프로젝트 예산과 기간을 정할 수 있습니다. 하지만 애자일은 요구사항을 처음부터 명확하게 할 수 없고, 예산과 기간을 한정하지 않습니다. 그러다 보니 프로젝트 시작할 때 예

산을 얼마나 잡아야 할지, 어느 순간에 프로젝트를 끝내야 하는지 정하기가 쉽지 않습니다. 요구사항이 완료되기도 전에 예산이 동이 날 수도 있다면, 다시 처음부터 프로젝트를 기획해야 합니다.

필자도 애자일 도입 초기 시절 애자일 방법론으로 프로젝트를 했는데(고객이 애자일 방법론으로 프로젝트를 해달라고 했음), 당시 방법론에 대해 SI나 고객이나 다 잘 알지 못한 상태라 겨우 흉내만 냈던 것 같습니다. 애자일을 한다고 했지만, 실질적인 진행은 폭포수 방법론을 적용하지 않을 수 없었습니다.

애자일이 이론적으로는 좋으나, 현실적으로 기업은 어떤 사업을 하기 위해 무한정, 또는 미확정 상태로 프로젝트를 추진하기 힘듭니다. 이런 이유로 모든 것이 미확정인 애자일은 출발부터 쉽지않습니다.

이것 말고도 애자일은 계속 과정을 반복하다 보니 개발자의 노동 강도가 폭포수보다 훨씬 높고, 현업의 참여가 절대적인데 현실적으로 현업담당자가 자기 일을 제쳐두고 프로젝트에 올인하기도 어렵습니다. 또한 애자일에는 더 유능한 개발자가 필요하고, 개발자의 노동 강도도 일반 개발 프로젝트보다 높은 편이라, 그런 유능한 개발자 확보도 쉽지 않고, 행여 확보한 개발자도 힘들어 그만둔다든지, 현업은 자기 일이 바빠 프로젝트를 나 몰라라 한다면, 프로젝트는 산으로 가기에 십상입니다.

애자일 방법론은 새로운 시스템을 구축하는 프로젝트 보다, 현재 운영중인 서비스 시스템에 새로운 서비스를 추가하는 것과 같은 프로젝트에 적합한 방법론으로, 현장에서 활용이 점점 보편화되고 있습니다.

프로젝트 추진 과정

프로젝트는 IT 인력이 집대성되는 IT 일의 전시장 같은 곳입니다. 전반적인 대형 SI 프로젝트 과정을 살펴 보면 IT 인력들이 어떻게 일을 하는지를 파악할 수 있습니다.

1단계 : 프로젝트 기획	업무 시스템 개발 사업 추진의 일환으로 프로젝트 추진을 위한 관련 IT현황을 파악하여 소요 예산을 수립하고, 관련 IT 업체의 제안을 요청한다.
2단계 : 제안 및 업체 선정	IT업체는 제안을 하고, 발주사는 제안을 평가한 후 우선 협상 대상자를 선정한 후 협상을 통해 계약을 체결한다.
3단계 : 프로젝트 수행	프로젝트 조직을 만들고 계획에 따라 프로젝트를 추진한다. 프로젝트 중에서 발생한 이슈를 해결하고 개발/테스트를 한다.
4단계 : 프로젝트 완료 및 운영	개발과 테스트 완료에 따라 시스템을 오픈한다. 오픈 후 안정화가 되면 프로젝트를 완료한다. SM에 의해 시스템 운영이 시작된다.

프로젝트 추진 단계

| 1단계 : 프로젝트 기획 |

1단계는 프로젝트를 추진하고자 하는 발주사가 프로젝트를 기획하는 단계입니다. 내부적으로 프로젝트 예산을 확보하고, 사업추진 승인을 받고, 프로젝트 수행할 업체에 제안을 요청하는 단계입니다

사업을 추진하려면 예산이 필요합니다. IT사업은 경비가 많이 들기 때문에 담당자는 프로젝트 수행을 위해 대부분 예산을 미리 전년도에 잡아 놓아야 합니다. 담당자는 예산 수립 시기에 여러 IT업체에 대략의 사업 내용을 설명하고 예산용 사업 견적서를 받아서 적절하게 예산을 신청합니다. 행여 사업 예산이 부족할 수 있어 넉넉하게 신청을 하지만, 예산 심의 과정에서 축소되는 경우가 많습니다.

사전 정보 요청(RFI, Request For Information)

사업 추진을 위해 현업 담당자는 본격적인 프로젝트 기획을 합니다. 사업 추진 기획서를 만들기 위해 담당자는 프로젝트 추진 범위, 일정, 경비, 기술 및 효과 등을 검토하여야 합니다. 이러한 과정은 현업 부서 담당자 혼자 할 수 없습니다. 기술적인 부분은 IT 부서의 도움을 받기도 하지만, 가장 많은 도움을 받는 곳이 관련 IT 업체입니다. 현업부서 담당자는 사업 수행이 가능한 IT업체를 물색하여 사업 추진 내용을 담은 사전 정보 요청서를 (RFI, Request For Information) IT업체에 발송하여, 프로젝트 추진비용, 소요기간, 기술 등에 대한 정보를 수집합니다.

RFI를 받은 IT업체는 고객사가 참조할 수 있는 내용을 제한받지 않고 충실하게 작성을 해서 고객사에 전달합니다. RFI는 IT사의 실력을 보여 주는 사전 단계 작업이고, RFI를 제출한 업체만 제안서 요청을 하는 경우도 많으므로 별다른 사항이 없다면 대부분 IT업체는 RFI 자료를 제출합니다.

> **RFI(Request for Information, 사전정보 요청)**
> 관련 업체로부터 회사소개, 제품/서비스 소개, 간단한 시장 동향, 주요 경쟁사 정보 등을 제공받아 추진 사업에 대한 정보를 미리 수집하고 비교 분석하여 사업 기획 자료로 활용하기 위해서다. RFI에는 많은 요구사항을 담지는 않고, 추진하고자 하는 업무(프로젝트)에 대한 간단한 개요, 목적, 기간 정도를 표시하고, 필요로 하는 정보에 대해 리스트업 한 후 제출 날짜를 기재한 공문을 보내고, IT업체는 자신들이 생각하는 사업에 대한 제안을 자유롭게 제출한다.

제안 요청서 작성(RFP, Request For Proposal)

RFI를 활용하여 사업 추진 기획서 만들고, 사업 추진 내용을 담은 제안 요청서(RFP)를 작성합니다. RFI가 단순한 정보를 위한 요청이라면 RFP는 정식 제안 요청서이기 때문에 법적인 구속력을 가질 수 있습니다. 따라서 담당자는 프로젝트의 범위, 프로젝트 일정, 관련 기술, 상호 책임의 범위 등을 명확하게 기술하여야 합니다. RFP가 명확하고 구체적일수록 제안 내용이 구체적이며, 따라서 사업 추진 담당자는 더 정확하게 제안 내용을 평가할 수 있습니다.

모호한 RFP는 법적인 문제가 될 수도 있습니다. 예를 들어 '인터넷 뱅킹 홈페이지 디자인 개선'이라 한다면, A 제안 업체는 단순히 색상과 일부 디자인 정도만 범위로 잡고 제안하고, B 업체는 디자인 콘셉트에서 모든 것을 다 바꾸는 것을 범위로 해서 제안했다면, 당연히 A 업체가 비용이 적을 것이고, 제안 평가도 A 업체가 유리할 것입니다. 그러면 B 업체는 피해를 봅니다. 이러한 모호한 RFP 내용은 추후 문제가 될 수 있습니다. 따라서 개선이라면 어느 수준에서 어떤 범위에까지 개선을 요구하는지 구체적으로 표현 하여야 합니다.

> **RFP(Request for Proposal, 제안 요청서)**
> 사업추진을 위해 발주사가 IT업체에게 사업 제안을 요청하는 제안 요청서이다. RFP에는 해당 업무(프로젝트)에 대한 자세한 정보, 추진 일정, 예산, 그리고 제안서의 목차, 제안 평가 기준 등을 구체적으로 명시해야 한다.

RFP가 완성되면, 내부 승인 절차를 거쳐서 RFP를 IT 업체에게 공지합니다. RFP는 RFI 단계에서 RFI를 받은 업체만 RFP를 주는 경우도 있고, 상관없이 모든 업체에 오픈하기도 합니다. 중요하고 큰 프로젝트인 경우는 관련 업체에게 통지를 하고 업체 대상으로 RFP에 대한 설명회를 개최하여, 사업 내용이 제안 업체에 충분히 전달될 수 있도록 합니다.

| 2단계 : 제안 및 업체 선정 |

제안서 작성

RFP를 받은 IT업체는 본격적인 제안 작업에 돌입합니다.

여기서 잠깐 IT업체의 조직과 역할에 대해 알아볼까요. 회사마다 약간씩 다르겠지만, 일반적으로 SI 사업을 수행하는 IT회사는 크게 영업 조직과 개발 조직(대기업은 컨설팅 조직이라 하는 곳이 많다)으로 구분됩니다. 영업조직은 대고객 영업을 하는 조직으로, 보통 대기업 같은 큰 고객은 SI 회사의 담당 영업 직원이 있습니다. 이러한 고객을 어카운트(Account)라 하는

데, 국내 주요 어카운트로는 제조의 삼성전자, 금융의 국민, 신한, 통신의 SKT, KT 등과 같은 회사입니다.

대고객 접촉(어카운트 관리), 사업 수주, 계약과 같은 주체는 영업조직이 합니다. 개발 조직은 컨설턴트나 개발자로 구성되어 있고 실제 프로젝트를 수행하는 조직입니다. 그래서 개발 조직을 딜리버리(Delivery, 배달이라는 뜻) 조직이라 하고, 프로젝트를 수행하는 것을 'Delivery'라 합니다.

대 고객 영업을 담당하는 영업 조직과 딜리버리 조직의 컨설턴트나 개발자가 협력하여 제안 조직을 만들고, 제안 작업을 진행합니다. 제안 조직은 당연히 제안 내용에 전문성이 있는 개발 조직 인력으로 구성됩니다 (현실은 프로젝트 안 들어가고 남은 인력이 하는 경우가 많다). 가장 중요한 담당자는 제안 PM이라 할 수 있는데, 제안 PM은 제안만 하기도 하지만, 제안 이후 프로젝트를 수주하게 되면 프로젝트 PM을 하는 것이 일반적입니다.

제안서 작성 기간은 제안의 범위와 내용에 따라 다르지만, 최소 1주일 이상은 됩니다. 하지만 발주사는 그렇게 넉넉한 제안 기간을 주지도 않습니다. 어떤 고객사는 사업추진이 급하다며 제안 기간을 연휴가 끼는 날을 포함해서 1주일을 주기도 하는데 이럴 때 제안팀의 불평은...... (상상하시길)

협력업체 구성

제안 과정은 프로젝트 기획과 수행 조직을 만드는 과정입니다. SI라는 용어의 뜻을 다시 한번 생각해 보면, 많은 IT 요소가 통합하여 시스템이 만들어진다는 의미입니다. 따라서 SI 업체 제안은 단독으로 할 수 없고, 관련 IT업체와 협력이 필요합니다. SI 업체는 혼자서 프로젝트를 못하므로 같이 프로젝트 할 협력업체를 찾아야 합니다.

RFP 제안 내용은 대개 업무 개발, 소프트웨어, 하드웨어 및 기타 부분으로 구성됩니다. '인터넷 뱅킹 구축 프로젝트'를 예로서 본다면,

- 업무 개발 – 인터넷 뱅킹 시스템 개발과 같은 업무 개발 내용과 범위를 말한다. 예를 들면, 수신, 여신, 외환 등과 같은 업무 개발 범위를 명시한다.
- 소프트웨어 – 인터넷 뱅킹 구축을 위해 필요한 소프트웨어이다. OS, DBMS와 같은 시스템 소프트웨어뿐만 아니라, 솔루션, 보안 소프트웨어에 이르기까지 RFP 요구와 시스템 구축에 필요한 모든 소프트웨어가 검토되어야 한다.
- 하드웨어 – 인터넷 뱅킹 구축에 필요한 하드웨어 서버, 저장 장치, 네트워크 장비 등의 검토가 필요하다. 은행의 고객 수, 접속자 수와 같은 데이터를 바탕으로 시스템 용량을 산정한다. (시스템 용량 산정을 위한 데이터를 제공하여야 한다)

SI사는 제안 기간에 부분별 수행이 가능한 협력사를 찾고 협력관계를 맺어야 하겠지요. 협력사와 제안 부분 역할을 나누어서 책임지고 제안을 할 수 있도록 해야 합니다. 주관 SI사 역할 중 가장 중요한 역할은 일을 쪼개고 할 수 있는 업체를 찾아서 맡기는 것입니다. 빠지는 영역이 있거나 중복되는 부분이 없도록 관리하는 것이 중요합니다.

제안서 제출

SI사는 협력사가 작성한 제안서를 취합하여 제안서를 완성하고, 협력사 견적과 합쳐 전체 견적을 구성합니다.

발주사 제안 평가는 제안 내용과 가격으로 구성되기 때문에 제안 가격은 매우 중요한 평가 요소입니다. 개발자 단가와 투입 기간으로 구성된 개발자와 SW, HW로 구성된 제안 가격이 너무 높으면 제안 경쟁에서 불리하므로 때로는 주관 SI사는 협력사의 견적을 깍기도 합니다. 그런 가격 치기는 개발자의 단가에 영향을 미치기도 한답니다.

제안서 내용은 법적인 효력이 있어, 제안내용에 신중을 기해야 합니다. 구현 불가능한 것을 제안한다든지, 또 시스템 구성에 필요한 부분이 누락되어 시스템이 제대로 돌아가지 못하면 그에 대해 책임져야 합니다. 따라서 전체적인 시스템 구성을 제대로 파악할 수 있는(업무적인 측면, 소프트웨어적인 측면, 하드웨어적인 측면, 또 이를 전체적으로 아우르는 통합적인 관점에서) SI사 내부 전문가가 필요합니다.

제안서가 제출되면, 발주사는 제안 발표일을 통보합니다. 제안발표 순서는 대개 제안서 제출 순서와 반대로 합니다. 제안서 일정에 맞추어 제안서와 별도로 제안 발표 PPT를 작성하는데, 제안서가 내용 중심이라면, 제안발표 PPT는 좀 더 발표에 적합하게 재 구성합니다. 또 사업 수주의 가능성을 높이기 위해 제안서에 포함되지 않았던 특별한 제안을 고객사에게 제안 발표때 제시하기도 합니다.

제안발표는 당락에 중요한 요소이기 때문에 준비에 만전을 기해야 합니다. 발표자는 제안 내용을 잘 숙지하고 있어야 하며, 모르는 부분에 대해서는 협력사 담당자가 참석하여 고객의 질문에 답을 할 수 있도록 합니다. 평가자인 고객의 질문에 제대로 대답을 못 하면 평가에 많은 영향을 주므로 사전에 질문지를 작성하고 협력사에 답변을 준비하도록 하여야 합니다. 제안

발표는 제안 PM이 하는 것이 보통인데, 발주사가 프로젝트 PM이 제안발표를 해야 한다는 요건을 제시하는 경우도 많습니다.

제안 당일은 SI사의 사업 담당 임원과 협력사의 대표가 참여하여 프로젝트 수행 의지를 발주사에게 표명하기도 합니다.

제안평가

발주사는 제안 평가 기준을 사전에 정해서 RFP에 명시합니다. 예를 들어 기술 70%, 가격 30% 식이지요. 발주사 담당자는 제안 기간중 제안 설명회에서 평가할 평가 위원을 선정합니다. 제안 평가 위원 구성은 매우 민감한 사안으로 사업 추진 품의 시 평가 위원 구성에 대한 품의를 획득해 두고, 기밀 유지에 신중을 기합니다. 일반적으로 제안 평가 위원은 업무 담당자 70%, IT 담당자 30% 비율로 구성합니다.

제안 참가업체는 제안 설명회를 마친 후 회사가 요구한 서류와 견적을 밀봉하여 회사에 제출합니다. 제안 설명회가 끝나면, 평가 위원이 평가한 평가서와 견적을 개봉하여 평가 기준에 따라 최종 제안평가 결과를 도출합니다.

제안 설명회 이후 보통 2일 안에 결과가 나오는데 제안사 중에서 최고로 평가점수를 받은 제안사를 '우선협상 대상자'로 선정하고 통보합니다. 아직 계약까지 많은 변수가 남았기 때문에 계약 당사자가 아닌 우선협상 대상자로 선정합니다.

프로젝트 수행 업체 선정은 위와 같이 제안을 통한 평가로 하는 것이 가장 일반적입니다 (제안을 통한 협상의 방법). 그러나 프로젝트의 규모가 아주 작거나, 특수한 기술이 필요하며, 그 기술을 특정 업체가 가진 경우와 같은 특별한 경우는 특정 회사와 직접계약 하는 '수의계약'이 가능합니다. 수의계약은 업체 선정의 공정성이 문제가 될 소지가 많기 때문에, 공기업, 금융기관에서는 특별한 제한 규정을 두고 있습니다. 제안이 아닌 특정 업체와 수의계약을 하려면 규정에 적합한 사유가 반드시 있어야 합니다.

계약

우선 협상자로 선정된 기쁨도 잠시, 힘든 프로젝트를 해야 하는 본 게임은 아직 시작도 안 했고 가야 할 길이 멉니다. 우선 협상 대상자로 선정된 IT 업체와 발주사 현업 담당자, IT 담당자와 본격적인 협의가 시작됩니다. 사업 추진 범위와 기술적인 부분에 대한 깊은 논의가 진행됩니다. 이 과정에서 처음 RFP의 내용과 다른 요구사항이 나오거나 발견되기도 해서 상호 마찰이 발생하기도 합니다.

업무와 기술 관련 검토와 협상이 끝났으면 다음으로 하는 것이 가격 협상입니다. 대개 SI의 제안 가격은 발주사의 사업 예산을 초과합니다. 따라서 발주사는 사업 예산 내에 제안 가격이 들어오도록 협상을 합니다. 협상 과정에서 제안사는 여러 번 할인된 견적을 새로 제시할 수밖에 없습니다.

그러는 중 시간은 하염없이 흐르고, 프로젝트 착수도 지연되죠. 원칙적으로 계약이 이루어지고 나서 인력이 투입되어야 하나 시간이 많이 지연되면 프로젝트 진행이 서로 힘들 수 있어 상호 합의(?)하에 인력을 먼저 투입하는 것이 예전에는 관행이었지만, 최근 계약 전 인력 사전 투입은 불공정한 행위로 문제가 되고 있어 그러한 관행은 많이 줄었습니다.

결렬될 것 같은 협상이 마침내 성사되어 계약이 완료됩니다. 본격적인 프로젝트가 착수되고, 이제 'Finish'를 위해 달려갈 일만 남았습니다.

| 3단계 : 프로젝트 수행 |

계약도 완료되고 하면 본격적인 프로젝트 일정이 시작됩니다. 앞서 살펴본 프로젝트의 방법론에 따라 모든 일정과 업무(Task)를 관리합니다.

마일즈 스톤(Milestone)관리

프로젝트 방법론이 폭포수 모형이라면, 프로젝트 일정은 분석 → 설계 → 개발 → 테스트 → 오픈의 단계로 진행되겠지요. 프로젝트 관리에서 가장 중요한 것은 프로젝트 일정 관리입니다. 프로젝트의 중요한 일정을 잘 지키는 것이 무엇보다 중요합니다. 프로젝트 관리자가 중요 일정 관리를 하는 것을 마일즈 스톤 관리라고 합니다.

> **마일즈 스톤(Milestone)**
> 프로젝트 진행 과정에서 특정한 주요한 일정을 말한다. 예를 들어, 프로젝트 계약 착수, 인력투입, 선금 수령, 중간보고, 감리, 종료, 잔금 수령 등 프로젝트 진행과정에서 반드시 거쳐야 하는 중요한 일정 및 지점을 말한다.

일반적인 발주사가 프로젝트 수행사에 지급하는 대금은 프로젝트 착수 시 30%, 중간보고 30%, 완료 40% 비율입니다. 프로젝트 착수와 더불어 30%의 대금이 지급되고, 중간보고를 해야 30%받을 수 있습니다. 보통 중간보고는 설계가 완료되는 시점을 잡습니다. 만약 분석, 설계가 지연되면 중간

보고도 지연되고, 중도금 30% 지급도 지연됩니다. 이러한 대금 지급 시기가 늦어지면 대형 SI사는 문제가 없더라도 작은 협력사는 문제가 될 수 있습니다. 재무 여건이 좋지 않은 작은 개발사들은 개발자 급여를 못 주는 상황이 발생하기도 합니다. 이런 경우 개발자들이 프로젝트를 떠나게 되고, 개발 일정은 더 지연될 수 있습니다. 따라서 프로젝트 관리자는 프로젝트 마일즈 스톤을 지킬 수 있도록 관리에 온 힘을 쏟을 수밖에 없습니다.

개발 및 테스트

리더급 개발자는 프로젝트 초기 설계단계에서 투입되지만, 대부분의 개발자는 개발단계에 투입됩니다. 개발자 투입으로 프로젝트 인원이 많아지고 본격적인 개발에 들어갑니다.

개발이 완료되고 테스트 일정이 시작됩니다. 프로젝트 일정 중 가장 힘든 시기가 테스트 시기인 것 같습니다. 테스트 기간에는 개발할 것이 여전히 남아 있어 개발과 테스트를 같이 해야하는 경우가 많습니다. 따라서 지연된 개발과 테스트, 오류 수정을 동시에 하는, 일이 겹치는 시기입니다.

테스트는 단위 테스트 → 통합 테스트 → 인수 테스트로 진행됩니다. 단위 테스트는 개발자가 하는 테스트이고, 통합 테스트는 고객사의 IT 담당과 같이 진행하며, 인수 테스트는 마지막으로 현업 담당자가 하는 테스트입니다. 테스트는 개발에서 가장 중요한 단계이므로 목적과 방법에 따라 다양한 테스트 방법론과 종류가 있습니다.

현업이나 최종 사용자 테스트가 끝나면 최종 오픈 일을 확정하고 시스템은 오픈을 준비합니다.

| 4단계 : 프로젝트 완료 및 운영 |

최종 인수 테스트가 끝나고 최종 데이터 마이그레이션도 완료되면 시스템 오픈을 위한 준비가 되었습니다. 인터넷뱅킹과 같은 대고객 크리티컬한 시스템인 경우, 대 고객 오픈 이전에 내부적으로 오픈하는 파일럿 오픈을 합니다. 또 오픈 후 발생할 위기 상황에 대처하기 위한 상황실을 만들고 운영하기도 합니다.

시스템 오픈 및 안정화

오픈 이후에는 예상하지 못했던 오류나 상황이 발생하기 마련입니다. 그래서 보통 안정화 기간을 프로젝트 일정에 넣습니다. 안정화 기간에는 주요 개발자를 유지하여, 서비스 중에 발생하는 상황을 빨리 처리할 수 있도록 합니다. 시스템이 문제 없이 잘 돌아가면 안정화 기간은 편안히 시간 보내는 기간이지만, 문제 많은 프로젝트라면 안정화 기간은 전쟁터를 방불합니다.

시스템이 안정화되면, 시스템 운영자인 SM 담당자에게 인도합니다. 담당 SM은 보통 프로젝트 끝에 참여하는데, 오픈 후에 안정화 기간에는 SI 개발자와 같이 운영하다가 안정화 기간이 끝나면 전체를 맡아 운영합니다.

안정화 기간이 종료되면 프로젝트 일정도 끝납니다. 모든 프로젝트 참여자는 프로젝트 사이트에서 철수하고, 프로젝트 관리자는 최종 산출물을 제출하고 프로젝트 완료를 보고합니다. 이렇게 하나의 프로젝트가 'Finish'되었습니다.

19장

프로젝트 관리 직종

프로젝트는 IT 업계 인력이 전형적으로 일하는 방식입니다. 많은 IT의 일은 크고 작은 프로젝트를 통해 일을 수행합니다. 프로젝트의 성공은 발주사와 수행사(SI사) 그리고 협력사 모두에게 매우 중요합니다. 따라서 프로젝트를 성공적으로 관리하는 일은 조직 차원에서나 개인 차원에서나 소중합니다.

프로젝트 관리와 관련된 직무는 PM으로 불리는 프로젝트 관리와 프로젝트 사업 관리가 있습니다.

프로젝트 관리자

프로젝트 관리자는 프로젝트를 관리하는 관리자이며, 프로젝트의 성공을 책임지는 책임자입니다. 항해를 책임지는 선장과 같은 역할입니다. 선장에는 많은 권한이 있는지는 모르지만, IT 프로젝트의 PM은 권한보다 책임이 많은 자리인 것 같아요.

ITSQF 직종	직무	ITSQF 직종	직무
IT컨설팅 및 기획	정보기술컨설팅	SW개발	임베디드SW개발
	정보보호컨설팅		빅데이터개발
	데이터분석		인공지능SW개발
	업무분석		데이터베이스관리
	정보기술기획	시스템 구축 및 운영	NW엔지니어링
	빅데이터기획		IT시스템관리
	UI/UX기획		IT시스템기술지원
	인공지능서비스기획		빅데이터엔지니어링
IT프로젝트관리	IT프로젝트관리		인공지능서비스관리
	* IT프로젝트사업관리		SW제품기획
IT아키텍처	SW아키텍처	IT마케팅	IT기술영업
	인프라스트럭처아키텍처		IT서비스기획
	데이터아키텍처	IT품질관리	IT품질관리
	빅데이터아키텍처		IT테스트
	인공지능아키텍처		IT감리
SW개발	UI/UX디자인	정보보호	* IT감사
	UI/UX개발		정보보호관리
	응용SW개발		보안사고대응
	시스템SW개발	IT기술교육	IT기술교육

프로젝트 관리직무(KOSA ITSQF)

IT 조직에서 개발자로서 어느 정도 연수가 차면 PM 역할을 자연스레 할 수밖에 없습니다. 작은 개발 프로젝트를 책임지는 것으로 시작해서 차츰 큰 프로젝트를 맡는 식으로 역할이 커지지요. PM을 하기 시작했다는 것은 본인 경력이 개발자에서 관리자의 역할로 전환되어야 할 때라는 것을 의미합니다.

| 프로젝트 관리자의 직무 |

프로젝트 관리 직무는 개발자나 데이터 관리자 같은 엔지니어 업무가 아닙니다. 관리 업무라는 것이 명확하게 특정하기 쉽지 않습니다. 어떻게 보면 프로젝트에서 일어나는 모든 일이 관리의 영역이라 할 수 있겠죠. 관리라는 것이 일을 리딩하고, 발생한 문제를 해결하고, 의사결정을 하고, 진행을 돕는 지원자의 역할을 모두 수행해야 하는 직무입니다.

프로젝트 관리자 직무 정의에 따르면, "IT 프로젝트 인도물의 납기 준수를 위하여 IT 프로젝트를 기획하고, 범위, 일정, 원가, 인적자원, 품질, 위험, 의사소통, 조달, 변경, 보안, 정보시스템, 성과 등을 통합하는 일이다"라고 되어 있습니다. 아닌 말로 모든 것을 다 통달해야 하는 직무이네요.

오케스트라의 지휘자가 음악과 모든 악기를 이해하는 것은 기본이고, 단원들을 잘 통솔해서 최고의 연주를 할 수 있도록 관리하는 것과 비슷하다 할 수 있습니다. 프로젝트 관리자도 IT 전반의 지식과 기술과 더불어 관리라는 전문적인 역량을 두루 갖추어야 하는 직무입니다.

일정(Miles Stone) 관리

프로젝트 일정 관리는 프로젝트 목적을 달성하기 위해 적합한 공정을 정의하고, 그 공정에 맞는 인적자원을 할당하여 전체 일정을 수립합니다. 계획된 일정에 따라 일정이 진행되도록 관리해야 합니다. 일정이 늦어지면 그 원인을 찾아서 자원을 더 투입해서라도 일정이 늦어지지 않도록 해야 합니다. 일정 관리야말로 프로젝트에서 가장 중요한 PM의 역할이라 할 수 있습니다.

원가 관리

프로젝트는 제한된 프로젝트 예산이 있습니다. 예산이란, 발주사가 발주한 프로젝트 비용입니다. 당연히 PM은 프로젝트 예산 범위 내에서 프로젝트가 완성되도록 관리하여야 하겠지요. 예상하지 못한 이슈나 리스크로 인해 비용이 발생하는 것을 최소화하도록 관리해야 합니다.

고객 요구사항이 계획 대비 많을 때도 협상으로 비용이나 일정이 늘어나지 않도록 해야 합니다. 추가 예산이 불가피한 경우, 비용을 확보하는 방안을 적극 마련하여야 합니다. 일정 지연이나 기타 이유로 추가 비용이 발생할 것에 대비해 이슈에 대한 원인을 정확하게 파악해 두어야만 책임에 대한 시시비비를 가릴 수 있습니다.

의사 소통관리

관리는 의사소통에서 의사소통으로 끝난다고 해도 과언이 아닙니다. PM은 프로젝트의 대표로서 다양한 프로젝트 내·외부와 의사소통을 해야 합니다. 고객, 프로젝트 팀원, 프로젝트 참여 업체, 회사 내부 조직 등 대상은 다양합니다. 고객에게 프로젝트 진척을 보고하는 주간, 월간, 중간보고 같은 공식적인 의사소통은 매우 중요한 업무입니다. 프로젝트에 참여하는 협력사의 리더와 조직원들과의 비공식적인 의사소통도 역시 원활한 프로젝트 수행을 위해 중요합니다.

의사소통이 많다는 것은 그만큼 사람을 대하는 일이 많다는 의미이겠지요. 일 중에서 가장 힘든 일이 사람을 대하는 일이라고 하는데, 그래서 개발자들이 힘든 PM 역할을 꺼려하는 이유이기도 합니다.

| **프로젝트 관리자의 역량** |

프로젝트 관리 직무는 정형적인 업무보다 비정형적인 업무가 많습니다. 어떤 자질은 지식과 같은 학습으로 습득할 수도 있고, 또 어떤 자질은 많은 경험이 필요합니다. 어려운 일을 풀어내는 끈질긴 개인 성향도 필요합니다.

프로젝트 관리자의 자질이 중요하다고는 하지만, 모든 것을 완벽하게 해낼 수 있는 PM은 많지 않습니다. 하지만 그러한 전문적인 PM 관련 관리 기술의 학습과 경험과 노력을 통해 좀 더 유능한 PM이 될 수 있습니다.

IT 지식과 기술

프로젝트 관리는 개발을 알아야 하지만 개발과 다릅니다. 개발자 출신이 아니더라도 PM이 될 수 있습니다. (현장에서는 개발 출신이 아닌 PM도 많은 데, 특히 프로젝트 규모가 큰 경우는 더 그렇다)

PM이 개발자 출신이든 아니든 간에 PM은 IT 전반에 대한 지식을 갖고 있어야 합니다. IT 프로젝트이므로 IT 전반에 대한 지식과 경험이 있어야 합니다. 개발 프로젝트에서는 개발자 경험이 도움이 됩니다. 그러나 개발자 경험 이외에도 SW, HW와 같은 지식과 기술의 이해도 있어야 합니다.

IT의 기술적인 면과 IT업계와 산업의 동향에 대한 지식을 갖추기 위해 일정 기간의 경력이 필요합니다. 프로젝트 규모에 따라 경력의 요구사항이 달라지는데, 작은 개발 프로젝트라면 3~5년 정도, 대형 프로젝트는 10년 이상이 되어야 관리 능력을 갖출 수 있을 것 같습니다.

프로젝트 관리 지식

일정 관리, 원가 관리와 같은 직무는 개발자나 다른 IT 직군의 역량과 다른 관리 지식입니다. 따라서 IT 기술과 별개로 PM은 이와 같은 프로젝트 관리 지식을 학습하여야 합니다.

PM 양성 교육기관 또는 교육 프로그램은 많이 있습니다. 나름대로 강의 수준도 다양하게 있어 적절한 프로그램을 선정해서 수강을 하는 것도 좋습니다. 현장의 경험과 체계화된 이론 교육을 병행할 때 유능한 PM이 될 수 있습니다.

PM 교육과 별개로 PMP라는 프로젝트 관리자 자격증이 있습니다. IT 이외에도 다양한 산업에서 프로젝트가 있지만, 프로젝트의 속성은 동일합니다. PMP 자격증은 전 산업에 통용되는 프로젝트 관리 전문가를 인증하는 자격증입니다.

> **PMP(Project Management Professional)**
> 프로젝트 경영(이하 'PM') 분야의 자격증으로 미국 PM 전문기관인 PMI(Project Management Institute) 가 1984년부터 PM의 전문성 확보와 체계적인 PM 기법을 알리기 위해 시행하고 있는 자격증이다. 현재 전 세계적으로 800,000명 이상의 PMP® 가 각 산업 분야에서 활동하고 있으며, 국내의 경우 대중적인 관심 고조와 함께 10,000명 이상이 자격증 보유하고 있다.

국제 자격증으로 한 때 국내 대형 SI사에서는 PMP 자격증을 취득하는 것을 장려했습니다. 자격증이 없다고 해서 유능한 PM이 될 수 없는 것은 아니지만, 이왕 공부한다면 자격증도 취득해 놓는다면 PM지식은 기본적으로 있다고 인정을 받을 수 있습니다. 다만, 교육과정과 시험 비용이 만만치는 않습니다.

도메인 지식

IT 지식, 프로젝트 관리 지식 이외에 프로젝트 관리자는 도메인 지식, 즉 현업 업무에 대한 지식과 경험이 있어야 합니다.

특히 업무 시스템을 구축한다면 PM은 해당 업무 도메인에 대한 지식과 경험이 있어야 프로젝트를 제대로 이끌어 갈 수 있습니다. 발주사 고객도 업무를 이해하는 PM을 원합니다. 인터넷 뱅킹 시스템을 구축하는데 PM이 금융 업무에 대한 경험이 전혀 없다면 프로젝트 PM이 되기도 어렵거니와 설령 된다 해도 제대로 대응하는데 한계가 있습니다.

IT업계에서 PM이 될 정도의 경력이 쌓이면 보통 전문 업종이 생깁니다. IT 기술, 업무 경력과 커뮤니케이션이 좋으면 환영받는 프로젝트 관리자가 될 수 있습니다. 업무 지식에다 새로운 기술과 트렌드를 고객에게 제시할 수 있는 컨설팅할 정도의 도메인 지식이 있다면 더할 나위 없겠지요.

프로젝트 사업 관리자

프로젝트 사업 관리자는 프로젝트 관리자의 직무를 보조하는 역할입니다. 프로젝트 관리자의 일은 무궁무진합니다. 개발자 몇 명 안 되는 개발 프로젝트는 고급 개발자가 프로젝트 관리자 역할을 겸하기도 하지만, 100명 이상 투입되는 대형 프로젝트에는 PM을 보조하는 프로젝트 관리 조직이 별도로 있습니다(이를 PMO라 한다). 프로젝트 사업관리자는 일정 규모 이상의 프로젝트에서 PM을 보조하는 직무입니다.

기본적인 직무는 PM의 지시에 따라 프로젝트 관리를 위한 자료를 만들고, 프로젝트 원들과 행정적인 소통 역할을 합니다. 경력이 적은 직원이 프로젝트 사업 관리자 역할을 수행하는데, 개발자와 다른 커리어 패스를 밟는다고 할 수 있습니다.

| 프로젝트 사업 관리자의 직무와 역량 |

주요 업무로는 공식적인 보고서 작성, 각종 자료의 취합, 분석 및 통계 자료 작성, 프로젝트에 필요한 사무처리 등이 있습니다.

프로젝트에서 PM이 요구하는 직무를 수행하기 위해 문서 작업 능력을 갖추어야 합니다. 일정 관리, 진척 관리를 위해 프로젝트 관리 툴(MS Project와 같은)을 사용할 수 있어야 하고, 다양한 분석을 위해 엑셀 작업을 잘한다면, 진척 분석 등 다양한 분석을 할 수 있고 리포트를 작성할 수 있습니다.

장기적으로는 프로젝트 관리자가 되기 위한 PM 교육과정이나 PMP 자격증을 취득하기 위한 과정을 밟는 것도 필요하겠지요.

프로젝트 관리 직종으로 진로

프로젝트 관리 직종은 개발자와 같은 엔지니어 직종이 아닌, 관리 직종입니다. 개발자가 아니어도 IT 엔지니어가 아니어도 IT에 대한 지식이 있으면 IT업계에서 일할 수 있는 직종 중 하나입니다. 따라서 개발할 줄 몰라도 IT 지식을 배울 수 있는 경영학이나 산업공학을 전공한 학생들에게 적합한 직종일 수 있습니다. 경영학과 산업공학은 원가 관리나 공정관리 같은 프로젝트에 필요한 과정이 많습니다. 오히려 이러한 전공을 공부한 학생들이 IT 개발 지식을 갖춘다면 더 유리할 수 있습니다.

프로젝트 관리 직종에서도 IT 경험이 중요합니다. 개발자에서 프로젝트 관리 직종으로 진로를 계획하는 것도 좋습니다. 개발자로 경력이 쌓이면 아무래도 프로젝트를 맡는 프로젝트 관리자 역할이 싫으나 좋으나 할 수밖에 없는데, 기술적으로 전문가가 되지 못할 것 같으면 적극적으로 프로젝트 관리자로서 진로를 정하는 것이 IT 전문가로서 수명을 연장할 수 있습니다. 컨설턴트로 진로를 바꿀 기회도 생깁니다.

프로젝트 관리는 IT 업종에서 매우 중요한 직무입니다. 따라서 웹 퍼블리셔, 프런트 엔드 개발자로 시작했지만, 개발자로 적성이 맞지 않는다면, 과감히 사업 관리자로 직무를 바꾸는 것도 좋은 방법입니다. 개발자만 기술자가 아닙니다. 사업 관리도 고유의 관리 기술이 필요합니다.

프로젝트 관리 직무는 사람을 대하는 일이 대부분이다 보니 개발자들이 힘들어합니다. 개발자는 그저 개발 요구사항에 따라 개발하고 테스트하는 자기 일만 하면 되는 그런 일을 좋아합니다. 그러나 어떤 사람은 협의하고 논의하고 의견을 모아 추진하는 일을 좋아합니다.

관리의 기술, 관리의 능력은 IT뿐만 프로젝트가 있는 곳이라면 이러한 관리의 기술은 통용됩니다. 프로젝트 관리자 직무는 현장에서 PM 역할 뿐만 아니라, 회사라는 조직에서 관리자로 될 기회가 더 많은 직무이기도 합니다. 따라서 IT 회사의 관리자나 임원이 되고자 한다면 프로젝트 관리자의 경력은 필수라 할 수 있습니다.

20장

IT 컨설턴트

IT 컨설턴트는 IT 관련 컨설팅을 하는 직종입니다. 컨설턴트가 어떤 일을 하는지 명확히 모르지만, 개발자보다 뭔가 더 어렵고 전문적인 일을 하는 것 같습니다.

IT 컨설턴트는 개발자나 IT 엔지니어의 커리어 패스로 할 수 있는 직무이기도 합니다. 하지만 개발자와 엔지니어가 컨설턴트로 자리 잡기 위해서는 직무에 맞는 자질과 경력이 필요합니다.

필자도 개발자로서 컨설턴트가 되었습니다. 쉽지 않았지만, 꾸준히 목표를 가지고 경력과 역량을 관리한다면 충분히 해 볼 수 있는 직업입니다. IT 업계에 몸담았다면 충분히 도전해 볼 만한 가치가 있다고 생각합니다.

IT 컨설턴트의 직무와 자질

【SW기술자 평균임금】

(단위: 원)

구 분	일평균임금 (M/D)	월평균임금 (M/M)	시간평균임금 (M/H)	포함직무
① IT기획자	419,656	8,644,914	52,457	
② IT컨설턴트	476,007	9,805,744	59,501	정보보호컨설턴트
③ 업무분석가	544,972	11,226,423	68,122	
④ 데이터분석가	347,476	7,158,006	43,435	
⑤ IT PM	463,265	9,543,259	57,908	
⑥ IT아키텍트	518,084	10,672,530	64,761	SW아키텍트, 데이터아키텍트, Infrastructure아키텍트, 데이터베이스아키텍트
⑦ UI/UX기획/개발자	291,414	6,003,128	36,427	UI/UX기획자, UI/UX개발자
⑧ UI/UX디자이너	217,843	4,487,566	27,230	
⑨ 응용SW개발자	311,962	6,426,417	38,995	빅데이터개발자, 인공지능개발자
⑩ 시스템SW개발자	247,590	5,100,354	30,949	임베디드SW개발자
⑪ 정보시스템운용자	326,653	6,729,052	40,832	데이터베이스운용자, NW엔지니어, IT시스템운용자
⑫ IT지원기술자	190,219	3,918,511	23,777	
⑬ IT마케터	378,726	7,801,756	47,341	SW제품기획자, IT서비스기획자, IT기술영업
⑭ IT품질관리자	402,626	8,294,096	50,328	
⑮ IT테스터	208,959	4,304,555	26,120	
⑯ IT감리	456,540	9,404,724	57,068	
⑰ 정보보안전문가	362,961	7,476,997	45,370	정보보호관리자, 침해사고대응전문가

IT컨설턴트 평균 임금(2022, 한국 소프트웨어 협회)

한국 소프트웨어 협회가 조사한 자료에서는 IT 컨설턴트는 개발자 직군에 비해 평균임금이 30% 정도 높습니다.

IT컨설턴트는 어떤 일을 하는 직종일까요? IT의 어떤 것을 컨설팅하는지, 개발자 직무와 무엇이 다른지 궁금합니다.

개발자 또는 엔지니어와 IT컨설턴트를 나누는 명확한 기준은 없습니다. 다만 IT컨설턴트는 개발자처럼 코딩한다든지, 시스템 관리자 같이 시스템을 설치하는 것과 같은 실무적인 일이 아닌, 주로 파워포인트로 문서나 보고서를 작성하는 것이 주된 일입니다.

IT 컨설턴트는 전문적인 IT 지식으로 고객을 리드하여 새로운 방안을 제시하거나, 고객의 요구를 정확하게 파악해서 정의를 하는 것이 컨설턴트의 주된 일입니다. 따라서 앞서 본 SW기술자 평균 임금 표에서 IT 컨설턴로 표시된 직무 이외의 IT 기획자, 업무 분석가 등 둥근 네모 박스 안의 직무들이 현장에서는 컨설턴트 일이라고 봅니다.

| IT 컨설팅 직무 분류 |

IT 컨설팅 업무는 개발자와 구분되지만, 직무를 명확하게 규정할 수 없습니다. IT 컨설팅 직무에 대한 일반적인 설명으로 컨설팅이 어떤 것인지 알기 어렵습니다. 그래서 지금까지 여러 현장 경험을 통해 저 나름대로 IT 컨설팅 업무를 크게 세 가지 범주로 나누어 보았습니다.

업무 컨설팅

조직 내 업무들은 대부분 IT시스템으로 처리합니다. 재무 담당자는 재무관리 시스템, 마케팅 담당자는 고객 관계 관리 시스템으로 대고객 캠페인을 실행합니다.

조직 현업 담당자들은 업무에 대해서는 잘 알지만, 업무를 어떻게 시스템으로 구축해야 하는지는 IT 업계 전문가 도움이 필요합니다. 업무 지식과 IT 지식을 가진 컨설턴트의 도움을 받아 시스템을 구축하거나 개선하는 방안을 도출할 수 있습니다. 업무 처리를 더 고도화하기 위한 전략, 프로세스, 시스템 구축 방법 등에 대해 컨설팅 받을 수 있습니다. 예를 들어 고객 관계 관리를 위해서 CRM (고객관계관리, Customer Relationship Management) 컨설턴트로부터 CRM 전략, 프로세스, 고객 DW 구축 방안과 같은 컨설팅을 받습니다.

업무 전문 컨설턴트는 그 분야의 업무에 대해 현업 담당자에 못지않은 업무 지식을 갖추고 있어야 합니다. 업무 지식과 IT 지식, 선진 사례 등을 결합한 컨설팅이 가능해야 합니다.

앞쪽의 SW 기술자 평균 임금 표에서 ③업무분석가 ④데이터분석가가 업무 컨설팅 유형과 유사한 직무로 파악됩니다.

관리 컨설팅

관리 컨설팅은 프로젝트 관리자(PM) 업무를 수행하는 컨설턴트입니다. 작은 프로젝트는 개발자가 프로젝트를 관리하지만, 대형 프로젝트는 컨설턴트가 PM 역할을 합니다. 프로젝트 관리를 위해 PM은 별도의 프로젝트 관리 조직(PMO, Project Management Organization)을 두기도 합니다. 이러한 대규모 프로젝트 수행은 대형 SI사나 외국계 IT 회사가 수행하는데, 이들 회사의 인력은 개발자와 달리 컨설턴트로 분류합니다.

SW기술자 평균 임금 표에서 ⑤IT PM이 여기에 해당합니다.

아키텍처 및 기술 컨설팅

IT에서 아키텍처란 개발 같은 시스템 구현 이전에 수행하는 설계를 의미합니다. 대부분의 일이 그렇듯 IT도 구현이 되기 전에 반드시 설계 과정이 있어야 합니다. 설계를 과정에서 고객이나 사용자의 요구사항과 전략을 반영하여야겠지요.

아키텍처는 IT 각 부분에서 수행합니다. 즉, 응용SW개발을 위해 SW 아키텍처가 마련되어야 하고, 데이터베이스 구축 이전에 데이터 아키텍처의 모델링 작업이 있어야 하고, IT 인프라 구성을 위해 시스템 아키텍처의 시스템 설계가 있어야 합니다. 이처럼 구현 이전 아키텍처 작업과 구현 과정에 필요한 기술 자문이 이 유형에 속하는 컨설팅이라 하겠습니다.

아키텍처 및 기술 컨설팅은 주로 엔지니어 출신들이 많습니다. 즉, 개발자 출신이 SW아키텍처 컨설턴트로, DBA 출신이 데이터 아키텍처(DA)로, 시스템 담당자가 시스템 아키텍처(SA) 및 테크니컬 아키텍처(TA)로 전문화하는 경우가 많습니다. 그 분야의 전문성을 키운다면, 컨설턴트에 적합한 일을 할 수 있겠지요.

SW기술자 평균임금 표에서 ①IT기획자 ②IT컨설턴트 ⑥IT아키텍처가 이 유형에 속합니다.

| IT 컨설턴트의 자질 |

IT컨설턴트의 자질은 개발자처럼 갖추어야 할 스펙이 명확하지는 않습니다. 예를 들어 웹 개발자라면 HTML, CSS, 자바스크립트 같은 최소 갖추어야 하는 기술이 있습니다.

그러나 IT컨설턴트의 자격은 명확하지 않습니다. 분야의 전문가이고 고객과 커뮤니케이션이 좋고, 업무도 잘 알고, 문서도 잘 만들고, 리딩 능력이 있는 엔지니어가 컨설턴트로 되는 경우도 많습니다. 물론, 엔지니어 출신이 아닌 처음부터 컨설턴트로 진입하는 경우도 많습니다. 어느 경우든지 컨설턴트가 되기 위해 기본적으로 갖추어야 할 자질과 성향은 다음과 같이 정리할 수 있습니다.

전문성

IT 컨설팅은 컨설팅받는 이에게 지식적인 도움을 줄 수 있어야 합니다. 따라서 그 업무에 대한 전문성과 충분한 경험이 있어야 합니다. 업무 컨설턴트이든 아키텍트든, 각자의 영역에 대해서는 전문성이 있어야 고객도 인정하고 컨설팅을 수용할 수 있겠지요.

커뮤니케이션 능력

컨설팅은 어떤 다른 직업에 비해 고객과의 커뮤니케이션을 많이 하는 직업입니다. 직무에 대한 지식만으로는 좋은 컨설팅을 할 수 없습니다. 고객이 원하는 것을 잘 끌어내야하며, 필요시 고객을 잘 설득할 수도 있어야 합니다. 대화 방식의 커뮤니케이션 이외에도 문서를 통한 커뮤니케이션 능력도 중요합니다. 컨설팅의 결과는 문서 형태로 제출합니다. 따라서 파워포인트와 같은 문서를 잘 만들고, 프레젠테이션하는 능력이 있어야 합니다. 어떠한 형태이든 본인의 지식을 충분히 전달하고, 고객을 리드할 수 있는 커뮤니케이션 자질을 갖추어야 합니다.

끈질기고 적극적인 자세

개발자가 요구사항 명세대로 개발을 하는 수동적인 입장이라면, 컨설턴트는 적극적으로 스스로 알아서 일을 추진해야 합니다. 대부분의 고객은 과제에 대해 구체적이지 않고 어렴풋한 방향만 가지고 있습니다. 흐릿한 요구사항을 듣고 구체화하여 명확한 방안을 제시하여야 합니다. 고객보다 먼저 앞서 사안을 파악하고 고객이 충분히 받아 들일 수 있는 새로운 방법을 제시할 수 있어야 합니다. 무에서 유를 창조할 수 있는 끈질기고 적극적인 성향이 없으면 쉽게 할 수 없는 일입니다.

외국어 능력

구체적으로 말하면 영어 능력입니다.

IT 용어 대부분이 영어이지만 굳이 영어 실력이 없어도 개발하는데 크게 문제가 되지 않습니다. 그러나 개발 연수가 올라가서 고급 개발자나 아키텍트가 되었을 때 영어 능력을 갖추고 있으면 다양한 영어 자료를 볼 수 있어 실력을 키우는 데 유리합니다.

마찬가지로 컨설턴트도 기본적인 영어 실력을 갖추고 있어야 합니다. 해외 출장이나 세미나 참여도 많고, 또 고객에게 새로운 선진 사례를 소개하려면 영어로 된 문서를 접할 수밖에 없습니다. 문서를 올바르게 이해하고 컨설팅하기 위해서 영어가 어느 정도 필요합니다. 특히 외국회사에서 유창한 영어 실력은 조직에서 실력을 인정받는 필수요건이 되기도 합니다.

| IT 컨설턴트의 진로 |

IT에서는 일반적으로 개발 업무보다는 업무 분석, 설계, 프로젝트 관리와 같은 컨설턴트 일을 더 어려운 일로 여깁니다. 그래서 이들 직무 평균 임금은 IT 내에서 높은 편입니다. 경력이 쌓인다면 개발자로 계속 있는 것도 좋지만 이왕이면 연봉이 높은 컨설턴트로 도전을 해 봐야겠지요.

본인이 컨설턴트가 될 수 있는 충분한 역량이 있다 하더라도 개발 회사에 있다면 대외적으로 컨설턴트로 대우받기가 쉽지 않습니다. 따라서 컨설턴트가 되려면 컨설턴트로 대우하는 IT기업으로 들어가야 합니다. 컨설턴트라고 인정하는 기업은 주로 국내 대기업 IT회사(예:삼성 SDS, LG C&S 등)나 외국계 회사, 또는 국내 전문 IT 컨설팅 회사(예:빅데이터, 클라우드 전문 회사 등)입니다.

이들 회사는 당연히 전문성이 있는 인력을 채용하겠지요. 따라서 이러한 회사에서 요구하는 컨설턴트로 자질을 키워야 합니다. 개발자로 시작했다 하더라도 이들 회사가 요구하는 역량과 경력을 미리 파악하고, 꾸준히 쌓아 가는 것이 중요합니다. 진로 목표를 정하고 경력(프로젝트 경력 등)을 관리해야 합니다.

신입으로 컨설턴트로 지원하기 위해서는 소위 말하는 학벌이나 스펙이 있어야 합니다. 그런 학력이나 스펙이 있으면 좋겠지만 그렇지 않으면 쉽지 않습니다. 그러나 IT에서는 다른 업계보다 경력을 중시하므로 실망하지 말고 경력으로 도전해 봅시다. 컨설턴트 회사가 요구하는 적합한 경력과 전문성만 인정된다면 학벌 같은 스펙은 조금 덜 민감하게 작용하므로 충분히 컨설턴트가 될 수 있습니다.

컨설턴트가 어렵고 힘든 일이지만, 컨설턴트는 개발자와 또 다른 IT 업계를 경험할 수 있습니다. 컨설턴트가 된다면 좀 더 차원 높은 관점에서 IT 업계를 바라볼 수 있고 더 많은 기회를 가질 수 있지요.

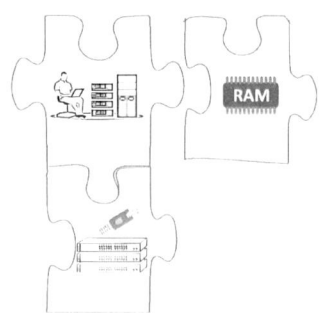

IT 인프라는 서비스를 위한 기반 구조로서 전산 시설 및 다양한 장비로 구성됩니다. IT서비스를 위해 서버 외 다양한 하드웨어를 구성하고, 유지·관리를 하여야 합니다. 조직의 내외부 시스템은 네트워크로 연결되어야만 합니다. 하드웨어와 네트워크 관리에 주요 부분을 알아보고, 클라우드 환경에 따라 더욱 복잡해진 시스템 관리자와 네트워크 관리자의 업무에 대해 살펴봅니다.

5부

IT인프라, 서비스의 기반

21장 IT 인프라의 이해
22장 IT 인프라의 직무

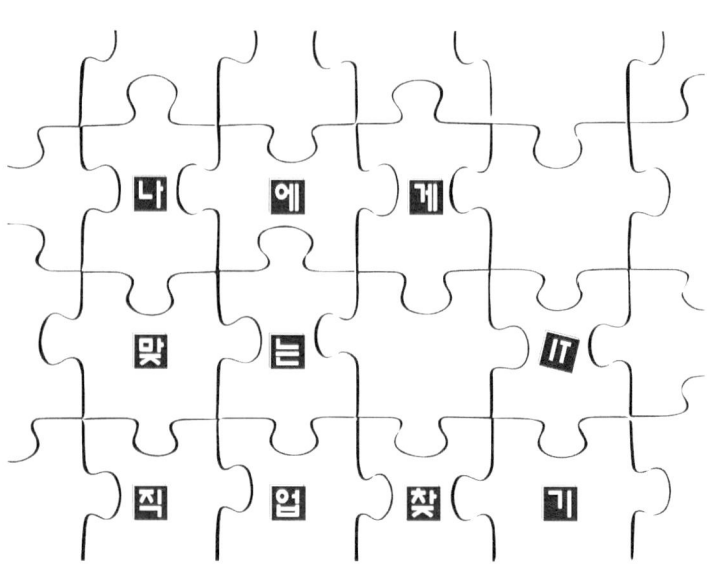

21장

IT 인프라의 이해

IT 생태계를 크게 하드웨어, 소프트웨어, 서비스를 수행하는 인력의 3가지로 구분을 하였습니다. 우리는 IT 생태계에서 먼저 소프트웨어와 관련된 개발자와 데이터 관련 직종에 대해서 파악했으며, 인력과 관련해서 IT 인력이 일하는 방식 중 하나인 프로젝트를 이해하고, 프로젝트를 관리하는 프로젝트 관리자 직무에 대해서 알아보았습니다. 마지막으로 하드웨어 관련 직군을 살펴 보고자 합니다.

하드웨어는 물리적으로 눈에 보이는 장치입니다. IT 서비스를 위해 필요한 하드웨어에는 서버와 같은 컴퓨팅 장치를 비롯하여, 네트워크 장비, 나아가 전산실을 구성하는 냉각 장치에 이르기까지 다양합니다.

하드웨어는 소프트웨어를 구동하는 기반 장치 또는 시설이라고 할 수 있습니다. 하드웨어를 폭넓게 IT 기반이라는 의미에서 'IT 인프라'라 합니다.

IT 인프라 구성요소

IT 인프라의 범위는 넓고 명확하게 정해진 것은 없지만, 일반적인 IT의 주요 인프라 구성 요소는 다음과 같이 분류할 수 있습니다.

서버

가장 대표적인 하드웨어는 서버입니다. 서버는 서비스를 처리하는 중앙 컴퓨터입니다. 따라서 IT 서비스의 핵심적인 역할을 하는 하드웨어라고 할 수 있습니다. 앞서 본 바와 같이 서버는 성능에 따라 다양한 급이 있으며, 형태에 따라 타워형, 랙 마운트형이 있고, 랙에 설치가 가능한 랙 마운트형 서버를 많이 사용합니다.

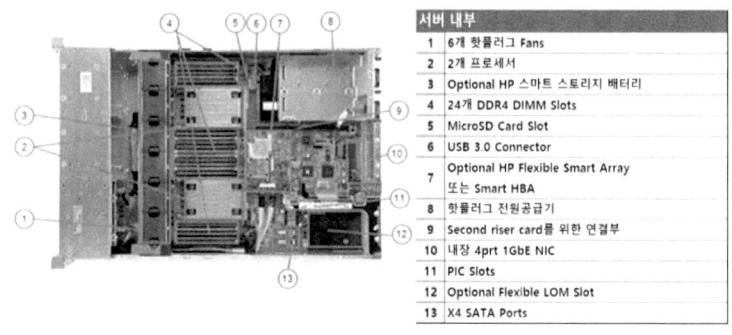

HPE의 DL380 서버의 내부 구조

운영체제(Operating System, OS)

서버 운영체제는 엄밀히 말해 SW이지만, 서버의 장비와 긴밀하게 연계되어 있습니다. 특정 서버는 특정 운영체제용으로 생산되는 경우가 많습니다. 그래서 서버의 운영체제는 서버와 동일시 하여 IT 인프라로 간주합니다. 서버 운영체제는 서버 하드웨어와 함께 서버 제조사에 발주합니다.

예: HP 서버 DL360, O/S: Window Server

이미 알고 있는 것 같이 주요 서버 운영체제로는 리눅스, 유닉스, 윈도가 있습니다. 운영체제에 따라 서버가 정해지고, 서버에 따라 운영체제가 정해집니다. 그러나 최근에는 모든 운영체계 사용이가능한 서버가 보편화되고 있어 서버 사양을 선택하고 운영체제를 결정하는 형태로 구성합니다.

미들웨어(Middleware)

미들웨어도 SW이지만, OS와 같이 서버의 운영에 밀접합니다. 미들웨어는 OS와 응용 SW 사이에 위치하여 서버가 특정 역할을 하도록 기능을 제공하는 SW입니다. 즉 DBMS는 서버가 DB 서버로 역할을 하도록 하고, 웹 서버는 서버가 웹 서비스 기능을 수행하도록 하며, 웹 애플리케이션 SW는 서버가 웹 애플리케이션 서버로서 역할을 하도록 합니다.

DBMS, 웹 서버, 웹 애플리케이션 서버 등은 애플리케이션을 구동하기 위한 기반이 되는 미들웨어 SW입니다.

저장장치(Storage)

저장장치는 서버가 데이터를 저장하는 물리적 장치입니다. 시스템의 데이터 용량이 적으면 대개 서버 내부에 달린 저장장치를 이용하지만, 데이터 양이 많으면 별도 저장 장치를 이용합니다. 대개 DB 서버는 데이터 저장량이 많으므로 별도 저장장치와 연결해서 데이터를 저장합니다.

PC에서와 마찬가지로 서버도 지금까지 하드 디스크 저장장치를 사용했으나, 최근에는 반도체 저장장치인 SSD 사용이 일반화되고 있습니다.

델 EMC 플래쉬 스토리지 어레이

네트워크(Network)

네트워크 장비와 장비를 연결하는 케이블입니다. 네트워크 장비로는 라우터, 스위치, 방화벽, 케이블 및 네트워크 보안 장치 등이 있습니다. 네트워크는 내외부 연계에 따라 구성이 복잡해지고, 구간별 다양한 보안 장비가 필요합니다. 또한 서버 구성에 따라 다양한 레벨의 네트워크 스위치 장비가 필요합니다. 조직의 복잡한 네트워크 구성을 하기 위해서는 네트워크에 대한 전문적인 지식이 있어야 합니다.

서버와 서버의 연결, 서버와 저장장치의 연결에는 특별한 케이블을 사용합니다. 네트워크 환경에 따라 동축 케이블이 아닌 광케이블과 같은 고성능 케이블을 사용해야 합니다.

유틸리티 및 기반 시설

하드웨어 장비가 구동하기 위해서는 기반 시설이 필요합니다. 서버를 설치하기 위한 랙, 장비에 전원을 공급하는 전원 장치, 정전에 대비한 무정전 전원 장치(UPS, Uninterruptible Power Supply)와 같은 지원 장치가 있어야 합니다.

크든 작든 장비를 두는 전산실 공간, 항온 항습기, 보안장치, 방화시설 등과 같은 시설도 넓은 의미에서는 IT 인프라라 할 수 있습니다.

> 전산센터의 전기, 공조, 소화, 건물 관리 · 보안과 같은 업무는 IT 고유 직무가 아닌 총무부서의 업무로 분류하는 것이 일반적이다.

시스템 아키텍처 과정

IT시스템을 구축한다면 어떻게 구성할지가 결정되어야 합니다. 막연하게 들릴 수 있는데 시스템을 구성하기 위해서 결정되어야 할 사항이 많습니다. 시스템 구축을 위해 시스템 구성을 결정하는 것이 시스템 아키텍처라 할 수 있습니다(테크니컬 아키텍처, TA라고 하기도 한다).

홈페이지 시스템 구축과 같은 구체적인 사례로서 시스템 아키텍처 구성 과정을 간단하게 살펴보겠습니다. 이 과정에서 시스템 관리자, 네트워크 관리자의 역할을 이해할 수 있습니다.

서비스 요구사항 정의

홈페이지 시스템은 조직 외부에서도 사용이 가능한 대외 서비스 시스템입니다. 홈페이지에 접속한 사용자는 홈페이지 조회뿐 아니라 멤버쉽 기능이 있으며 1일 평균 접속 사용자의 수는 100명 정도라고 합시다. 이러한 홈페이지 시스템을 구성하기 위해서 어떤 과정을 거치는지 간단한 인프라 구성을 해보도록 하겠습니다.

- 서버 구성 : 웹 서버 – 애플리케이션 서버 – DB 서버로 구성
- 물리적 구성 : 접속자가 많지 않지만, 안정성을 위해 웹 서버, 애플리케이션 서버, DB 서버를 별도로 물리적 서버로 구성함(서버 3대 필요)
- 네트워크 구성 : 외부 접속할 수 있는 외부 도메인 생성(www.abc.co.kr), 네트워크 구간에 방화벽 설치

운영체제(OS) 및 미들웨어 선정

서버 운영체제 선정은 서버 관리에서 매우 중요합니다. 서버의 운영체제가 결정되면 운영체제에 맞는 서버 하드웨어, 미들웨어를 선정해야 하고, 또 개발 방식도 결정됩니다.

- 웹 서버
  - 운영 체제 : 오픈 소스인 리눅스를 선정함
  - 웹 서버(미들웨어) : 리눅스에 적합한 리눅스 버전 아파치 선정
- 웹 애플리케이션 서버(WAS)
  - 운영체제 : 자바로 개발하므로 Window보다 리눅스가 적합
    웹 서버와 동일하게 리눅스로 선정
  - 웹 애플리케이션 서버(미들웨어) : 리눅스 버전 상업용 WAS선정

- DB 서버
  - 운영체제 : 안정성과 서비스 유지보수 지원을 위해 유닉스 선정
  - DBMS : 유지보수 지원이 가능한 유닉스, 상용 DBMS 선정
- 저장 장치 : 홈페이지에서 멤버쉽 관리를 하므로 멤버쉽 관리에 필요한 데이터 양을 산정함. 외부 디스크를 활용하기 위해 기존 외부 디스크 장치에 필요한 디스크 추가 하기로함
- 네트워크 등 : 서버에는 네트워크 카드 장착 필요. 서버 연계, 저장 장치를 연결하기 위한 필요한 케이블 종류와 길이 산정
- 기타 : 현재 운영 중인 랙에는 슬롯이 부족하므로 추가 랙 도입

홈페이지 시스템을 위한 간단한 인프라 구성을 예시하였습니다. 물론 규모가 크고 복잡한 시스템은 더 많은 전문적인 인프라 아키텍트의 세밀한 검토가 필요합니다. 새로운 시스템이지만 현재 운영중인 인프라에 구성되어야 하므로 반드시 인프라 운영자로서 시스템 관리자가 참여해야합니다.

서버 선정

각 서버의 운영체제와 미들웨어가 정해졌습니다. 운영체제와 미들웨어 설치가 가능한 하드웨어와 서비스 성능을 고려한 CPU, 메모리를 용량 결정하고 시스템 구성에 필요한 네트워크 카드 및 케이블 등의 구성품과 함께 하드웨어 업체에 견적을 요청합니다.

서버 설치

시스템 담당자는 서버가 들어오면, 지정된 위치 또는 랙에 서버를 설치합니다. 서버에 필요한 OS와 미들웨어(웹 서버, 웹 애플리케이션 서버 등)를 설치하고 외부 디스크가 있으면 서로 연계해서 서버 시스템을 준비합니다.

네트워크 구성

시스템은 내부 네트워크와 연계가 되어야 하므로 연계되는 시스템을 리스트업하고 시스템 연계가 될 수 있도록 네트워크 구성합니다.

홈페이지 시스템은 조직 외부에서도 사용이 가능한 대외 서비스 시스템입니다. 따라서 네트워크 담당자는 외부에서 접근하도록 네트워크를 구성하고, 보안을 위해 적정한 구간에 방화벽을 설치합니다.

개발 및 운영 환경 구성

시스템관리자와 네트워크 관리자는 먼저 개발자를 위한 개발 시스템을 구성합니다. 개발 시스템은 실제 서비스가 돌아가는 운영 환경에 비해 작은 규모의 시스템으로 구성되고 네트워크는 일부만 갖추어진 상태입니다.

개발 환경과 별도로 시스템 관리자와 네트워크 담당자는 실제 운영이 될 시스템을 구성합니다. 내부 서버와 연계는 물론, 대외적인 접속이 가능하도록 네트워크를 구성하고, 서버는 실제 환경에서 구동되는 OS와 미들웨어를 설치합니다.

개발이 완료되면 개발자는 프로그램을 운영 시스템으로 프로그램을 이관하여 운영시스템에서 프로그램이 제대로 작동하는지 최종 점검을 합니다. 프로그램이 문제가 없으면 운영 시스템은 운영에 들어갑니다.

22장

IT 인프라의 직무

IT 인프라를 운영 관점에서 본다면, 직무를 서버 관리, 네트워크 관리, 기반 시설 관리 세 가지로 나눌 수 있습니다. 서버 관리와 네트워크 관리는 기술 영역이 달라 직무를 구분합니다. 시설 관리는 엔지니어적인 IT 기술적인 요소보다는 건물, 소방 관리와 같은 역할이 많으므로 IT 전문직업으로 분류하지 않는 경우도 많습니다. 따라서 IT 인프라 관리 직무로는 시스템 관리자와 네트워크 관리자로 구분할 수 있습니다.

IT 인프라 담당자

IT인프라를 운영하는 담당자는 크게 두 직종으로 나눌 수 있습니다.

- 시스템 관리자 – 하드웨어(서버, 스토리지 등), 운영체제, 미들웨어 구축 및 운영
- 네트워크 관리자 – 네트워크 구성 및 네트워크 장비 운용

ITSQF 직종	직무	ITSQF 직종	직무
IT컨설팅 및 기획	정보기술컨설팅	SW개발	임베디드SW개발
	정보보호컨설팅		빅데이터개발
	데이터분석		인공지능SW개발
	업무분석	시스템 구축 및 운영	데이터베이스관리
	정보기술기획		NW엔지니어링
	빅데이터기획		IT시스템관리
	UI/UX기획		IT시스템기술지원
	인공지능서비스기획		빅데이터엔지니어링
IT프로젝트관리	IT프로젝트관리		인공지능서비스관리
	IT프로젝트사업관리		SW제품기획
IT아키텍처	SW아키텍처	IT마케팅	IT기술영업
	인프라스트럭처아키텍처		IT서비스기획
	데이터아키텍처	IT품질관리	IT품질관리
	빅데이터아키텍처		IT테스트
	인공지능아키텍처		IT감리
SW개발	UI/UX디자인	정보보호	IT감리
	UI/UX개발		정보보호관리
	응용SW개발		보안사고대응
	시스템SW개발	IT기술교육	IT기술교육

인프라 운영 직종(KOSA ITSQF)

네트워크 관리는 보안과 밀접한 관련이 있다. 보안 위험의 대부분은 외부 네트워크로부터 오는 것이므로, 방화벽 설치가 중요하다. 따라서 작은 규모의 조직은 네트워크 관리자와 보안 관리자가 겸임하는 경우도 많다.

보안 관리도 IT에 있어 중요한 직무이며, 최근 중요성이 더 높아지고 범위가 넓어져 별도 분야로 다루어야 할 정도로 전문적인 분야이다. 따라서 이 책에서는 포함하지 않는다.

시스템 관리자

IT 인프라 아키텍처 과정에서 시스템 관리자의 역할을 어느 정도 이해했습니다. 인프라 아키텍처는 새로운 시스템을 도입할 때의 과정으로, 시스템 담당자의 주요 역할은 도입 시 역할도 중요하지만, 보통 운영 중인 시스템을 유지하는 것이 주 역할입니다.

| 시스템 관리자의 직무 |

시스템 관리자(System Administrator)는 전산실 내 컴퓨터 환경을 관리하고 IT서비스가 최고의 성능으로 실행되도록 관리하는 직업입니다.

시스템 관리 및 모니터링

시스템 관리자는 IT 서비스가 중단되지 않도록 서버 및 관련 인프라를 항상 최적의 가동 상태로 유지할 책임이 있습니다. 운영 중인 시스템에 문제가 발생하면 일차로 시스템 담당자가 책임을 집니다. 빠른 시스템 복구를 우선으로 하고 문제를 분석하여 문제를 해결하여야 하겠지요. 때론 응용 SW가 문제가 된다면 개발자가 문제를 해결하도록 해야 합니다.

시스템 관리자의 일상은 모니터링이 주입니다. 시스템이 제대로 작동하는지 상태를 모니터링 SW를 통해 즉시, 사전에 파악할 수 있어야 합니다. 예를 들어 디스크 공간이 부족하여 SW가 오류가 발생하기 전에 디스크 공간을 매일 체크하고, 필요 없는 로그 파일을 삭제하거나 필요시 추가 디스크를 설치하는 등 일상적인 점검을 하여야 합니다.

또한 디스크와 같은 부품은 일정 시간이 지나면 손상되기 쉬우므로 일정 기간이 지난 디스크를 교체하여야 합니다. 다른 자원도 수명을 관리하여 문제가 되기 전에 교체하여 시스템이 최상으로 유지되도록 하여야 합니다.

시스템 권한 관리

운영 중인 시스템은 시스템 관리자에 의해 통제됩니다. 시스템에 대한 접속 권한은 시스템 관리자가 가지고 있으며, 시스템의 새로운 사용자, 계정은 시스템 관리자가 합니다.

일반 사용자 측면에서 보면, 신규 사용자의 등록, 해제 및 수정과 패스워드 관리와 같은 사용자 관리는 시스템 관리자 관리합니다.

시스템에 관한 모든 권한을 시스템 관리자가 가지고 있으므로 시스템 관리자는 그러한 권한에 맞는 책임이 있습니다. 그래서 조직에서는 시스템 관리자를 통제하기 위한 정책이 있어야 합니다. 중요 시스템은 시스템 관리자의 서버 접속과 작업을 로그로 관리하여 시스템 관리자의 행위를 감독할 수 있도록 합니다.

백업

시스템 관리자의 중요한 업무 중에 하나가 백업입니다. 백업은 문제 발생에 대비하여 시스템의 프로그램, 파일, 데이터를 별도 저장하는 것입니다. 시스템 담당자는 시스템의 중요도에 따라 백업 정책을 만들고, 정책에 따라 백업을 주기적으로 하여야 하겠지요. 백업된 저장 매체는 별도 안전한 공간에 보관하여야 합니다. 또 주기적으로 백업된 파일을 시스템에 복구하는 테스트를 하여, 시스템이 문제가 발생해도 복구될 수 있는 준비와 훈련을 하여야 합니다.

소프트웨어의 유지, 업데이트 및 설치

시스템에 설치되어 있는 다양한 SW 업데이트 관리를 하여야 합니다. 특히 OS는 설치 이후에도 지속적인 업데이트가 되기 때문에, 시스템 담당자는 최신 버전 관리를 해야 합니다. 그러나 새로 설치된 최신 버전 OS가 기존 다른 SW와 문제가 발생하는 때도 많아 업데이트 여부를 사전에 테스트하고 신중히 결정해야 합니다.

OS 이외에도 버그 및 보안 문제를 해결한 최신 버전이 지속적으로 나오기 때문에 이를 잘 분석해서 시스템에 적용해야 합니다.

> 말은 쉽지만, SW업데이트 관리는 쉽지 않다. 잘 돌아가는 시스템을 업데이트했다가 문제가 발생하여 다시 원복하려 하지만, 잘 안 되어 고생하는 경우도 많다. 따라서 최신 버전을 함부로 업데이트하기가 어렵다. 그러다 보니 오래된 시스템은 OS 버전이 오래되었지만 문제가 발생할 수 있어 쉽게 손을 대지 못한다.

신규 시스템 구성 및 기획

시스템 관리자는 신규 시스템 구축보다 기존 시스템 운영이 주된 업무입니다. 하지만, 새로운 시스템 구축이 있을 때는 시스템 구성에 관여하여야 합니다. 신규 시스템 구성은 시스템 관리자가 아닌 외부 SI 시스템 아키텍처의 역할이기도 하지만, 작은 프로젝트는 현 시스템 관리자가 직접 하는 경우도 많습니다. 또한 프로젝트를 외주 SI가 하더라도 시스템 관리자는 IT인프라의 운영자로서 신규 시스템 구성에 관여할 수밖에 없습니다.

시스템 관리자는 시스템 운영 이외에도 새로운 IT 인프라의 기술 변화를 잘 캐치하여 적극적으로 대응을 해야 합니다. 예를 들어 IT 인프라가 기존의 서버 구성에서 클라우드 같은 새로운 기술을 이해하고 적용하는 IT 기획을 하여야 합니다.

| 시스템 관리자의 기술 및 자질 |

하드웨어에 대한 이해

시스템 관리자의 주요 관리 대상은 서버입니다. 서버를 구성하는 CPU, RAM 등 하드웨어에 대한 지식을 갖추어야 합니다. 서버의 스펙을 보고 서버의 성능을 가늠할 수 있어야 합니다. 주요 서버 제조사(예: IBM, HPE 등 서버 제품)의 서버 모델을 알아야 현장에서 활용할 수 있습니다.

운영체제(OS) 운영 능력

서버는 서버에 설치된 운영체제(OS)를 통해 관리합니다. 시스템 관리자의 가장 중요한 기술은 서버 운영체제에 대한 지식입니다. 시스템 관리자의 운영 체계 지식은 일반 사용자보다 매우 전문적이고 광범위합니다. 시스템 관리자로 해야 하는 기능(예:사용자 관리, 권한관리, 백업 관리 등)을 다 이해하고 있어야 합니다. 운영체제의 이러한 기능을 이용하여 시스템을 관리할 수 있어야 합니다.

전산실 내에 많은 서버는 하나의 운영체제로만 운영될 수 없습니다. 다양한 운영체계의 서버가 있으며, 시스템 관리자는 주요한 운영체제를 잘 다룰 줄 알아야 합니다. 리눅스와 윈도뿐만 아니라 유닉스에 대해서도 기본 사항을 알고 있어야 일차적인 장애 대처를 할 수 있습니다.

> 시스템 모니터링은 기본적으로 운영체제를 통해 하지만, 시스템마다 일일이 접속해서 시스템 상태를 체크해야 한다. 시스템 수가 적으면 문제가 안되지만 시스템 수가 많아지면 관리가 힘들다. 따라서 많은 시스템을 효율적으로 관제하기 위해 전문 시스템 모니터링 SW를 사용한다. 전문 SW와 모니터 월 스크린으로 통합관제 시스템을 구축하면 한눈에 시스템 상태를 모니터링할 수 있다.

통합관제 센터〈출처 : BNK금융그룹〉

스크립트 프로그래밍

스크립트는 간단한 명령어로 된 프로그램입니다. 시스템 관리자가 개발자처럼 Java나 C#을 해야 하는 것은 아니지만, 시스템 관리를 자동화하기 위해 시스템 명령어로 된 스크립트 프로그래밍 능력이 필요합니다.

시스템을 관리하기 위해 매번 일일이 OS에서 명령어를 실행하기보다는 반복되는 일을 스크립트로 프로그래밍하여 자동으로 실행할 수 있도록 합니다. 최근에는 스크립트를 이용하여 시스템 관리자의 업무를 자동화하는 SW가 많이 나와서 시스템 관리자 업무 생산성을 높이고 있습니다. 시스템 스크립트 프로그래밍 능력이 없으면 이러한 도구를 사용하는데 제한이 될 수밖에 없습니다.

클라우드에 대한 이해

일반적인 시스템 관리자는 전산실에 있는 물리적인 서버나 장비를 관리하는 일입니다. IT 인프라는 기술 변화가 가장 심한 분야입니다. 서버로 전산실을 가득 채우던 시대는 클라우드의 등장으로 많은 변화를 맞게 되었습니다. 인프라를 사서 쓰던 시대에서 빌려 쓰는 시대가 도래했습니다.

클라우드는 기업이나 조직에 고가의 서버와 같은 IT 인프라를 갖추지 않아도 IT 서비스를 가능하게 하였습니다. IT 인프라를 빌려 쓸 수 있어 조직은 중요한 서비스만 개발하는 데만 집중할 수 있습니다. 따라서 조직 내 IT 인프라는 전산실에 설치된 서버와 클라우드로 빌려 쓰는 서버가 혼재되는 시기가 되었습니다. 시스템 관리자는 클라우드에 대해 알지 못한다면 클라우드와 결합한 IT 인프라를 운영할 수 없게 되었습니다.

클라우드에서 사용하는 가상화 기술, 클라우드 환경 구성, 아마존과 같은 클라우드 서비스를 이용하는 법 등에 대해 알아야 합니다. 앞으로 클라우드 환경이 더 보편적으로 되면, 기업 내 IT 인프라 담당자는 클라우드 업체에게 일자리를 뺏길 수도 있습니다. 미리 클라우드에 관한 공부를 해서 이러한 변화에 적극적으로 대처할 수 있어야겠지요.

성실함과 세심함

많은 시스템은 24x365로 운영됩니다. 이 말은 24시간 365일 무중단으로 운영된다는 의미입니다. 시스템이 돌고 있다면, 시스템 관리자도 같이 일을 할 수 밖에 없습니다. 24시간 항상 장애가 없도록 정상적인 상태를 유지해야 합니다. 문제 없이 시스템을 운영하기 위해 담당자는 다른 사람들이 쉬는 시간에도 끊임없이 시스템을 돌봐야 합니다. 일반 직원보다 일찍 출근해서 시스템이 문제 없도록 미리 살펴야 하고, 시스템 사용이 적은 주말을 이용하여 밀렸던 작업을 합니다.

남과 다른 시간에 일하고, 남들이 잘 알아 주지 않더라도 묵묵히 본인 일을 하는 직업입니다. 시스템 문제가 발생하면 먼저 시스템 담당자가 나서야 합니다. 이러한 일의 성향으로 인해 시스템 담당자는 성실성과 인내심을 갖추어야 합니다.

시스템 관리자에 대한 시선이 많이 달라지고 있습니다. 예전에는 시스템 담당자는 수동적인 운영자 위치에서 조용히 일하는 자리였지만, 최근 클라우드, 데브옵스와 같은 IT 인프라 기술과 운영 방법의 변화로 인프라 운영도 소프트웨어와 결합되어 더 유연해 졌습니다. 따라서 뒤에서 항상 백업하던 위치에서, 지금은 앞에서 트렌드를 선도하는 위치가 되었습니다.

> **데브옵스(DevOps)**
> 소프트웨어의 개발(Development)과 운영(Operations)의 합성어로서, 소프트웨어 개발자와 정보기술 전문가 간의 소통, 협업 및 통합을 강조하는 개발 환경이나 문화를 말한다. 데브옵스는 소프트웨어 개발조직과 운영조직간의 상호 의존적 대응이며 조직이 소프트웨어 제품과 서비스를 빠른 시간에 개발 및 배포하는 것을 목적으로 한다. 〈출처 : 위키백과〉

네트워크 관리자

규모가 작은 조직은 시스템 담당자가 네트워크와 보안을 같이 담당하는 경우가 많습니다. 작은 조직은 네트워크 구성이 간단해서 운영에는 큰 무리가 없습니다. 그러나 조직 규모가 커지고, 시스템이 많아지면 자연히 네트워크 구성도 복잡해집니다. 시스템 관리자가 네트워크까지 관리하기에는 인력적인 면에서나 기술적인 면에서 무리일 수 있습니다.

네트워크는 IT 인프라에서 독립된 부분으로 보안 관리와 함께 매우 중요한 역할을 합니다. 외부 인터넷이 안 되는 오늘날의 사무환경을 상상하기 어렵고, 하나의 서비스를 위해 시스템이 서로 연계되지 않으면 불가능합니다. 아무리 시스템이 정상적이라고 해도 네트워크가 문제라면 할 수 있는 것이 없습니다. 얼마 전 통신회사 네트워크 문제로 SNS, 카드 결제 등이 안 되어서 온 나라가 문제 되었던 일을 생각해 보면 네트워크 관리가 얼마나 중요한지, 또 얼마나 어려운지 알 수 있을 겁니다.

| 시스템 및 네트워크 관리자의 진로 |

시스템 및 네트워크 관리자는 데이터 센터에서는 필수적인 직무입니다. 최근 국내 기업과 글로벌 기업의 데이터 센터 구축이 많아서 인프라 관리자에 대한 수요도 많아지고 있습니다. 특히 클라우드 확산으로 클라우드 지식을 가진 시스템 엔지니어의 가치는 더 높아지고 있습니다.

자격증

시스템 담당자의 가장 중요한 기술은 운영체제에 관한 지식입니다. 운영체계를 가르치는 전문학원 등을 통해 운영체제 관련 자격증을 취득하는 것도 하나의 방법입니다. 가장 많이 취득하는 자격증으로 '리눅스 마스터'가 있습니다.

네트워크 자격증으로 가장 일반적인 것은 네트워크 전문회사인 Cisco 사의 CCNA, CCNP가 있으며, 국내 자격증으로 네트워크 관리사가 있습니다. 네트워크 분야로 관심이 있다면 이들 자격증은 취득해 놓을 필요가 있습니다.

전문 교육기관

전산을 전공하지 않은 비전공자도 시스템과 네트워크를 전문과정 교육을 통해 기술을 배울 수 있습니다. 기본 과정을 이수하면서 하나씩 본인이 원하는 분야로 레벨업 할 수 있습니다.

본인의 적성이 개발자보다 시스템을 다루는 엔지니어적인 적성이 더 적합하다면, 인프라 운영자를 생각해 보는 것도 좋을 것입니다.

앞에서도 잠깐 언급한 것처럼, 기존에 시스템 담당자는 하드웨어 장비를 다루는 엔지니어적인 측면이 강해 좀 보수적인 면이 많았지만, 최근 IT 인프라 기술의 급속한 발전으로 변화가 가장 많은 부분이라 새로운 기술을 가진 엔지니어에 대한 수요도 많아 전문가로 도전해볼 수 있습니다.

가상화, 클라우드, 데브옵스, 인프라 운영의 자동화 등으로 IT 인프라도 개발자 못지않게 시스템 SW에 대한 지식을 습득해야만 인프라 운영 기술을 쫓아 갈 수 있습니다. 따라서 보수적이고 안정적인 직종이 이제는 가장 선도적이고 첨단적인 기술의 첨병 역할을 하는 직종이 되었습니다.

마치며

"우리 아들이 IT하면 도시락 싸 다니면서 말릴 거야."

살얼음을 딛는 것 같은 일과를 끝낸 후 동료와 술 한잔할 때 어김없이 나오는 하소연입니다. 하루하루 바뀌는 달력을 보면서 다가오는 오픈 일정에 매일 긴장감은 더해지고, 주춤했던 신경성 위장병이 다시 살아납니다.

한때 IT는 더럽고 힘들고 위험하다는 신종 3D업종으로 소문이 나서 개발자가 눈에 띄게 부족했습니다. 40 넘으면 개발에서 싫든 좋든 손을 뗄 수밖에 없다고 서로 이야기했는데, 젊은 개발자가 없어 50 넘어도 개발한다며 쓴 웃음 짓는 동료를 보면서, 좋아해야 하는 일인지 잘 모르겠습니다.

세월이 지나도 IT에 대한 인식 변화는 크지 않은 것 같습니다. 세계에서 제일 잘 나가는 기업과 미국의 실리콘 밸리를 동경하면서도 IT 종사자에 대한 인식과 처우는 그렇지 않습니다. 자칭 IT 강국이라고 자부심은 높으면서도, 디지털 시대와 4차 혁명을 부르짖으면서도, IT 종사자에 대한 처우를 개선해야 한다는 말은 찾기가 힘듭니다.

원인이 무엇이든, 누구의 잘못이든, 세월이 지나도 편견이 여전한 것에 대해 IT업에 오랜 시간을 보낸 선배로서 책임감을 느낍니다. 좀 더 좋은 환경을 만들기 위해 노력을 했는데도 좋아진 것이 많지 않아 안타깝습니다. 나름 내 주변 개발자의 자부심 향상, 환경 개선을 위해 노력한다고 했지만, 개인적 감상주의적 행동에 국한되지 않았나 하는 자책감도 듭니다.

하지만 IT는 결코 3D직종이 아닙니다. 창의적이고 과학적인 전문 직업입니다. 개발자가 흔하다고 해서 누구나 쉽게 개발자가 될 수 없습니다. 적어도 몇 년간의 교육훈련과 경험이 있어야 제대로 된 개발을 할 수 있습니다. 이들이 없으면 한순간을 지내는 것도 불가능한 것이 오늘의 세상입니다. 손안의 스마트폰부터, 도시를 움직이는 지하철, 또 우리 아파트를 오르내리는 엘리베이터에 이르기까지 세상은 개발자가 만든 코드로 움직입니다.

IT는 여전히 기회의 땅이라고 생각합니다. IT의 미래는 밝을 것이며, 진로를 찾는 이에게, 새로운 기회를 찾는 이에게 언제나 기회를 줄 것이라 믿습니다. 아직 길을 못 찾았으면 IT에서 기회를 찾아보길 바랍니다. 개발자 이외에도 매력적인 직업이 IT에는 많습니다. 길을 찾았으면 어렵더라도, 힘들더라도 나를 맞추어 가면서 내 직업을 즐길 수 있도록 했으면 합니다. 힘들겠지만 그럴 수 있다면 IT는 여러분에게 계속 좋은 기회를 줄 것입니다.

처음 IT를 대하는 이도 쉽게 이해할 수 있도록 글을 쓰고자 했습니다. 시중에 IT 교양서가 많지만, 백과사전식 용어 설명 위주라 전체를 알기가 어렵더군요. IT 용어 하나를 아는 것도 중요하지만, IT 전체, 즉 IT 생태계라는 숲을 보아야 합니다. IT에서 직업을 가지려고 하는데, IT 숲을 모른 체 숲에 들어가면 내 눈앞의 것이 전부라 생각할 수 있고, 어디 있는지, 어디로 가는지 알 수 없습니다. 따라서 IT의 큰 그림을 이해하고 하나씩 알아가는 방법이 필요합니다. 특히 직업을 가지려고 하는 이는 전체를 보는 것이 중요합니다. 그래야 내가 디뎌야 할 첫발이 어딘지 알 수 있습니다.

쉽게 쓰려다 보니 전문 용어 하나로 끝낼 수 있는 것도 돌려 말해야 해서 다소 꼬이기도 했고, 일부 잘못 전달될 우려도 있었습니다. 하지만 전문 용어 하나가 튀어나오면 고구마 줄기에 주렁주렁 매달린 고구마처럼 용어 하나를 위해 많은 것이 설명되어야 해서 힘들더라도 전문 용어를 피하려 했습니다. IT 비전공자도 이해하는 글을 쓰자는 처음 생각을 끝까지 가져가려 했습니다. 그런 이유로 IT에 대해 어느 정도 이해가 있는 분은 싱겁거나 설명이 부족한 부분도 있을 수 있습니다. 이 점은 그렇게 이해 하기를 바랍니다.

지난 시간을 생각해 보면 IT는 힘들었지만 재미있고 매력적인 직업이었습니다. 그런 직업을 가졌다는 것에 항상 감사를 느낍니다. 나에게 맞는 직업을 찾은 행운이 있었는지, 아니면 내가 IT 직업에 잘 적응해서 그런지 이유는 잘 모르겠지만 힘들면서도 일에서 오는 보람이 즐거웠습니다. IT에서 기회를 찾고자 하는 여러분도 그러한 감정을 느꼈으면 바랍니다.

IT에 대한 인식이 최근 많이 개선되기는 했지만, 아직도 많이 부족합니다. 여전히 꼬리표 처럼 따라다니는 편견과 오명을 이제 여러분이 없애주기 바랍니다. 사람들이 부러워하는 스마트한 전문 직업으로 인식되었으면 합니다.

이 책이 IT에서 길을 찾는 이에게 작은 도움이 되기를 바랍니다. 또 일터에서 IT와 함께 협업해야 하는 담당자, IT에 관한 기본 지식을 얻고자 하는 이들에게도 도움이 될 것으로 생각합니다. 이 책이 독자 여러분이 가는 길에 등 뒤에서 부는 약간의 순풍이 되었으면 합니다.

IT에서 새로운 기회를 찾는 이와,
IT를 이해하고자 하는 여러분을 응원하며

2023년 10월
나정호

비전공자도 이해하는 IT지식과
나에게 맞은 IT직업 찾기

초판 1쇄 인쇄 : 2023년 10월 10일
초판 2쇄 인쇄 : 2023년 10월 25일
초판 3쇄 인쇄 : 2023년 11월 24일
초판 4쇄 인쇄 : 2024년 4월 24일

지은이 : 나정호
펴낸곳 : 나앤북
등 록 : 2023년 5월 3일 제 333-2023-00014호
주 소 : 부산시 해운대구 해운대 해변로 115
메 일 : naandbook@gmail.com
ISBN 979-11-983366-0-6

이 책은 저작권법에 따라 보호받는 저작물이므로 무단 전재와 무단 복제를 금지하며,
책 내용의 전부 또는 일부를 이용하려면 반드시 저작권자와 나앤북의 서면 동의를 받아야 합니다.
잘못 된 책은 구입하신 곳에서 바꿔드립니다.
책값은 뒤 표지에 있습니다.